名畫饗宴100

藝術中的首飾

Jewe

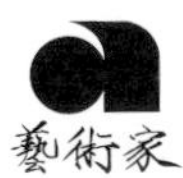

前言

從圖像發現美的奧祕

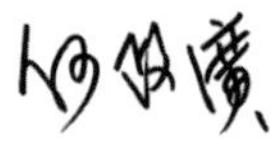

西方評論家將文藝復興之後的近代稱為「書的文化」，從 20 世紀末葉到 21 世紀的現代稱作「圖像的文化」。這種對圖像的興趣、迷戀，甚至有時候是膜拜，醞釀了藝術在現代的盛行。

法國美學家勒內．于格（René Huyghe）指出：因為藝術訴諸視覺，而視覺往往渴望一種源源不斷的食糧，於是視覺發現了繪畫的魅力。而藝術博物館連續的名畫展覽，有機會使觀眾一飽眼福、欣賞到藝術傑作。圖像深受歡迎，這反映了人們念念不忘的圖像已風靡世界，而藝術的基本手段就是圖像。在藝術中，圖像表達了藝術家創造一種新視覺的能力，它是一種自由的符號，擴展了世界，超出一般人所能達到的界限。在藝術中，圖像也是一種敲擊，它喚醒每個人的意識，觀者如具備敏銳的觀察力即可進入它，從而欣賞並評判它。當觀者的感覺上升為一種必需的自我感覺時，他就能領會繪畫作品的內涵。

「名畫饗宴 100」系列套書，是以藝術主題來表現藝術文化圖像的欣賞讀物。每一冊專攻一項與生活貼近的主題，從這項主題中，精選世界名「畫」為主角，將歷史上同類主題在不同時代、不同畫家的彩筆下呈現不同風格的藝術品，邀約到讀者眼前，使我們能夠多面向地體會到全然不同的藝術趣味與內涵；全書並配合優美筆調與流暢的文字解說，來闡述畫作與畫家的相關背景資料，以及介紹如何賞析每幅畫作的內涵，讓作品直接扣動您的心弦並與您對話。

「名畫饗宴 100」系列套書的出版，也是為了拉近生活與美學的距離，每冊介紹一百幅精彩的世界藝術作品。讓您親炙名畫，並透過古今藝術大師對同一主題的描繪與表達，看看生活現實世界，從圖像發現美的奧祕，進一步瞭解人類的藝術文化。期盼以這種生動方式推介給您的藝術名作，能使您在輕鬆又自然的閱讀與欣賞之中，展開您走進藝術的一道光彩喜悅之門。這套書適合各階層人士閱讀欣賞與蒐存。

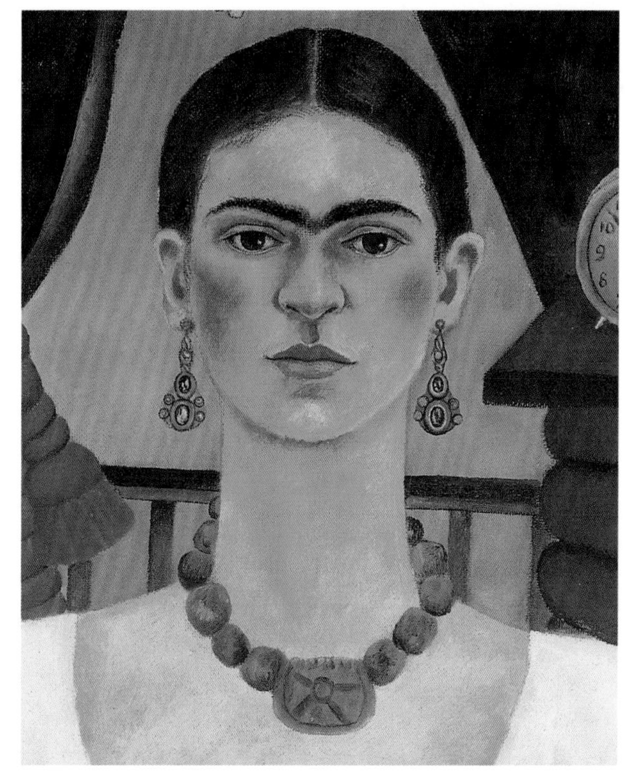

卡蘿　時光飛逝（局部）　1929年　油畫　77.5×61cm　私人收藏

《藝術中的首飾》精選了世界知名藝術家的100幅畫作，創作年代從1482年波蒂切利的〈春〉到1940年卡蘿〈戴著荊棘頸鍊與蜂鳥的自畫像〉。藝術家當中，不乏西洋美術史巨匠，有得到皇室貴族寵愛者，有出身藝匠家庭者，有藝術運動領導者，有一生與殘疾或悲情對抗者，他們因創作生涯的身分和際遇，產生了許多女性題材畫作，連帶地也在畫中呈現各式各樣材質和設計的珠寶首飾。

人類在史前時代便使用動物的牙齒或貝殼來裝扮，發展到今天，首飾更成為女性摯愛。從《藝術中的首飾》的百幅名作，我們可以看到15至20世紀上半期的首飾樣式及藝術家品味。我們也可以從畫中人物的飾物分享其心情起伏或生活情調。

珠寶首飾不但象徵身分地位，其實和風土民情、宗教信仰、政經格局和時尚潮流等都有密切關係。《藝術中的首飾》由資深媒體人陳長華撰寫，並由她挑選該主題中的百幅畫作，揭開這一層美麗而充滿綺想和趣味的面紗。

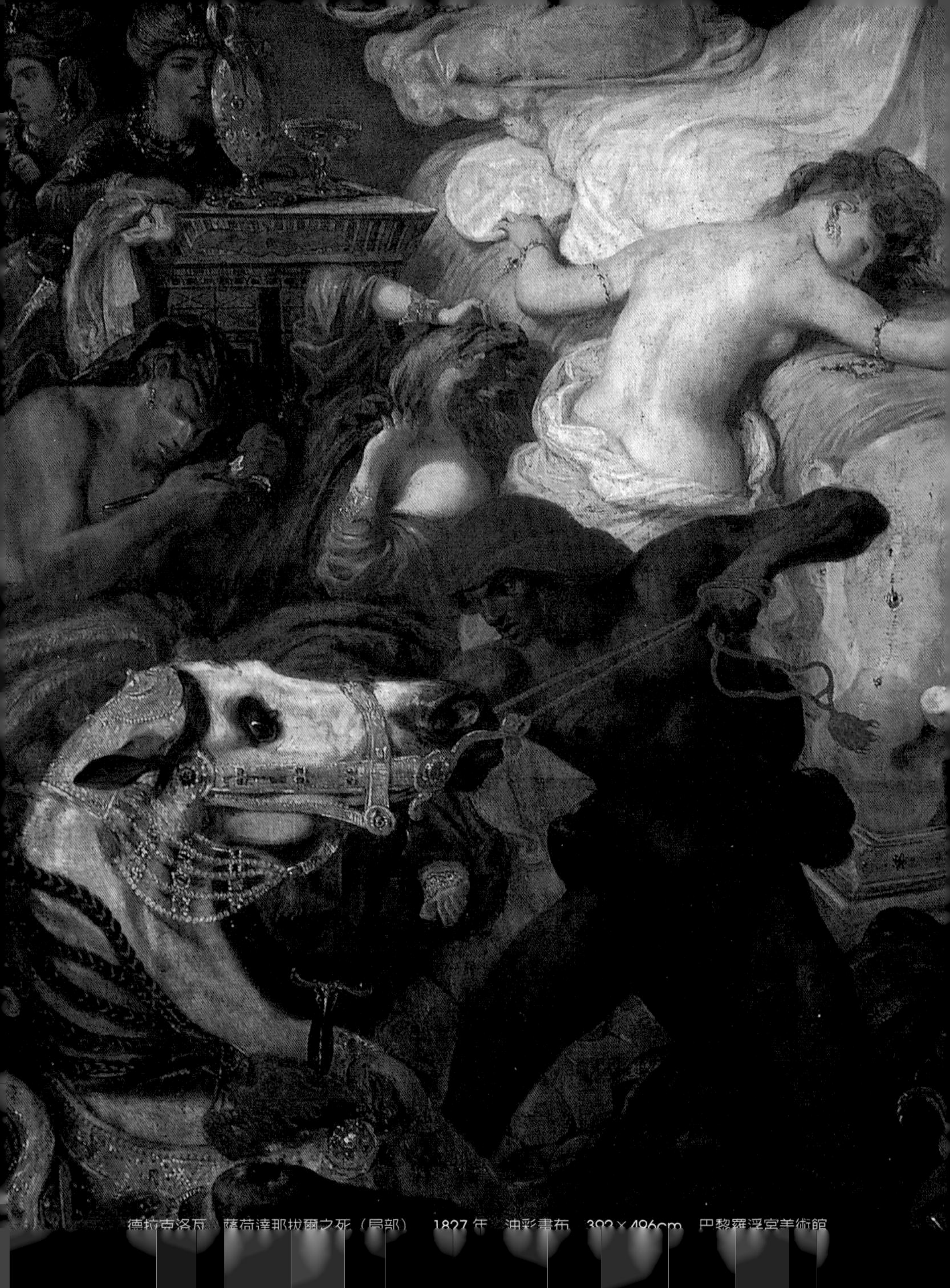

德拉克洛瓦　薩荷達那拔爾之死（局部）　1827 年　油彩畫布　392×496cm　巴黎羅浮宮美術館

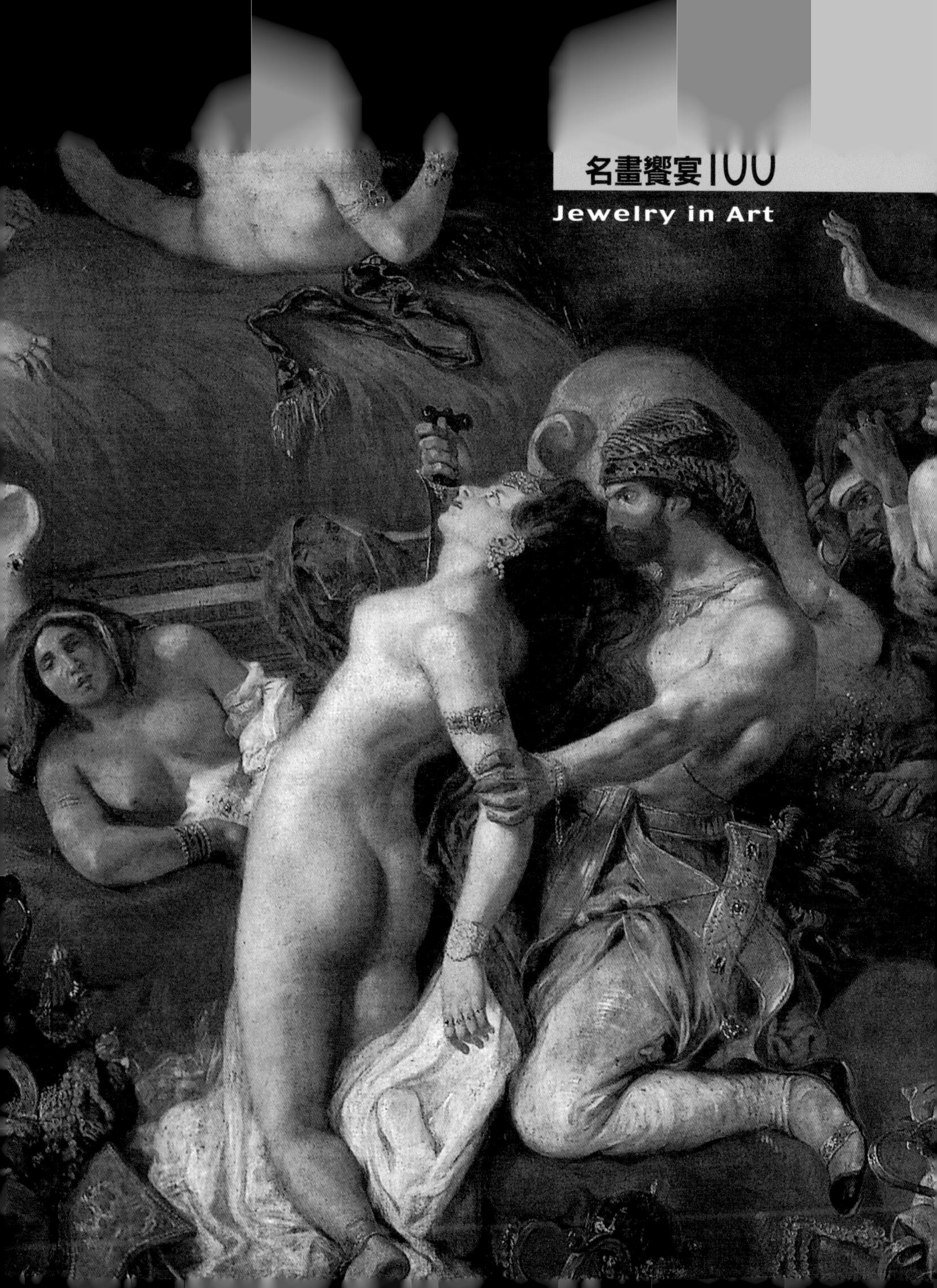
名畫饗宴100
Jewelry in Art

目次

PLATE I

波蒂切利

Sandro Botticelli,1445-1510

春

—

約 1482 年　蛋彩木板

203×314cm　翡冷翠烏菲茲美術館

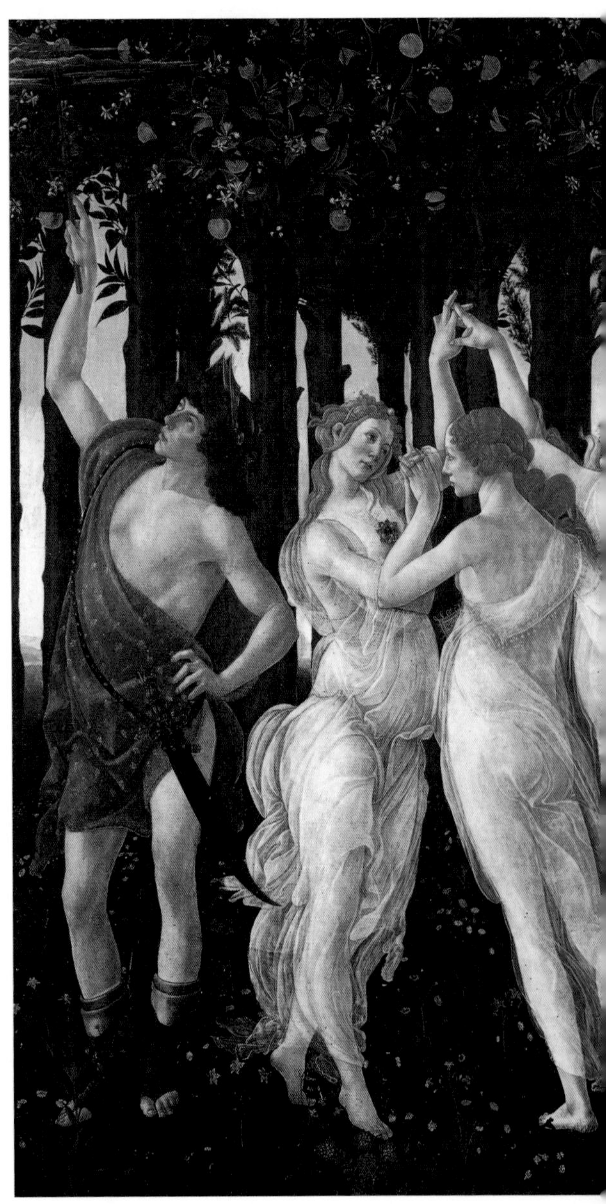

波蒂切利是義大利文藝復興早期的偉大畫家。他在當時縱橫政經、熱愛藝術的梅迪奇家族禮遇下，完成了許多傳世不朽的創作。這一幅描繪維納斯統治花神、春神及三美神為主題的〈春〉，就是他有名的代表作之一。

〈春〉，刻劃象徵愛與美的維納斯，在瀰漫著花香與果實芬芳的樂園裡，靜靜地觀看著周遭活動的女神、風神、愛神和使者。她居中如領導者之姿，露出微鼓的腹圍，似乎在等待迎接新生命。代表著美麗、貞潔和歡愉的優美三女神在她右側翩翩起舞。站在她左手邊的依次是花神、春神和風神。蒙眼的愛神丘比特在她頭上方，對著優美三女神正要射出愛情的箭，一旁的使者無視於女神的歡樂，伸手正準備採擷果實。

包括維納斯和兩位舞蹈中的女神都配戴著珠寶飾物，襯托出薄紗衣裳如羽翼般的輕柔。

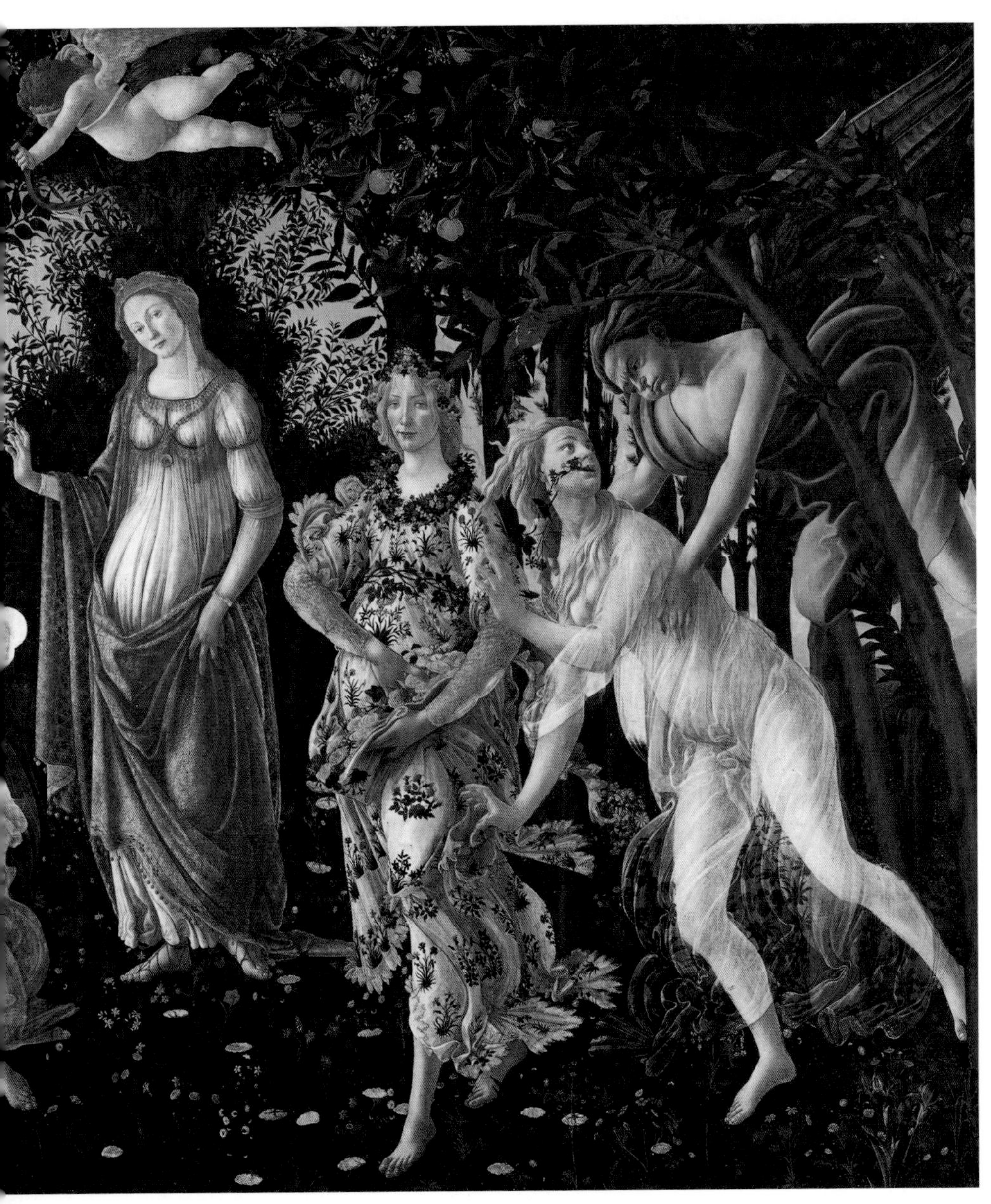

PLATE 2

吉蘭岱奧（Domenico Ghirlandaio, 1448/49-1494）

喬宛娜．杜娜布奧妮肖像　1489-90 年　複合媒材、畫板　77×49cm　馬德里泰森美術館

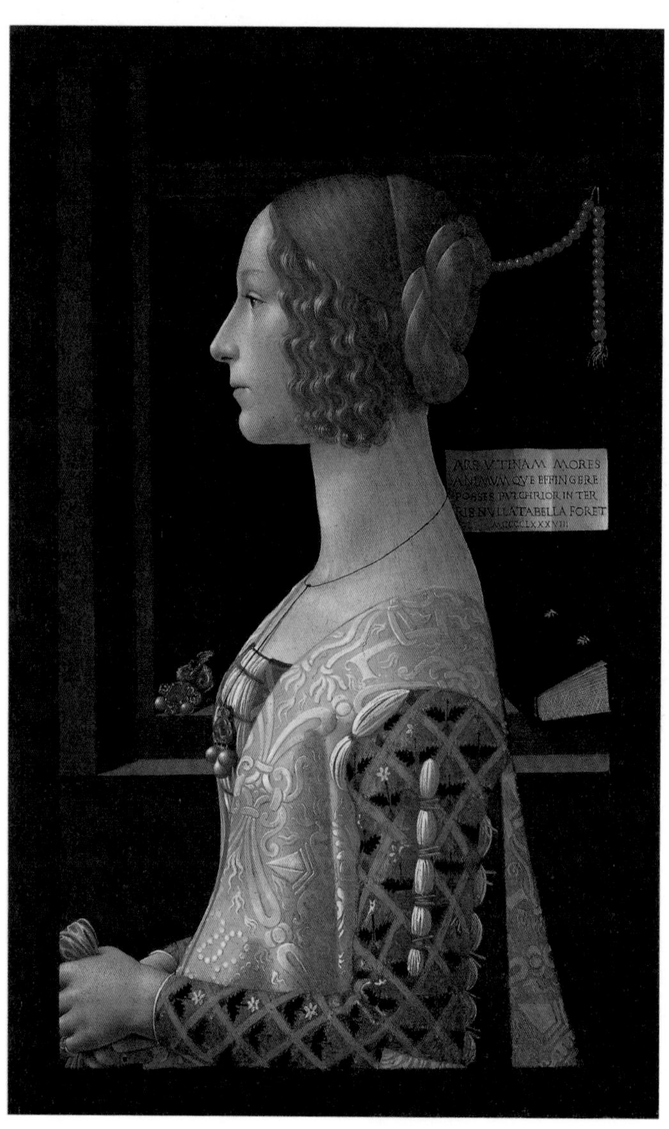

吉蘭岱奧是 15 世紀翡冷翠的名家，以宗教壁畫和民俗畫受到尊崇，他曾經參與梵諦岡西斯汀禮拜堂壁面第一時期的繪製工作，也曾是文藝復興巨匠米開朗基羅的老師。

身為金工雕刻師之子的吉蘭岱奧，繪製肖像遵從著古典手法，並以嚴謹的態度約束自己，他重視色彩的調配及明暗對比等的精純美感。這一幅為銀行家女兒喬宛娜所作的畫像，正是他典型的肖像畫風格。無論髮型或服裝的鋪陳都忠於畫中人特質，顯露她的不凡的出身背景。

喬宛娜．杜娜布奧妮所配戴的飾物，則是那時代義大利精緻的金工產品。

PLATE 3

拉斐爾（Raphael, 1483-1520）

優雅三美神

1504-05 年
油彩畫板
17.1×17.1cm
尚蒂伊孔德親王美術館

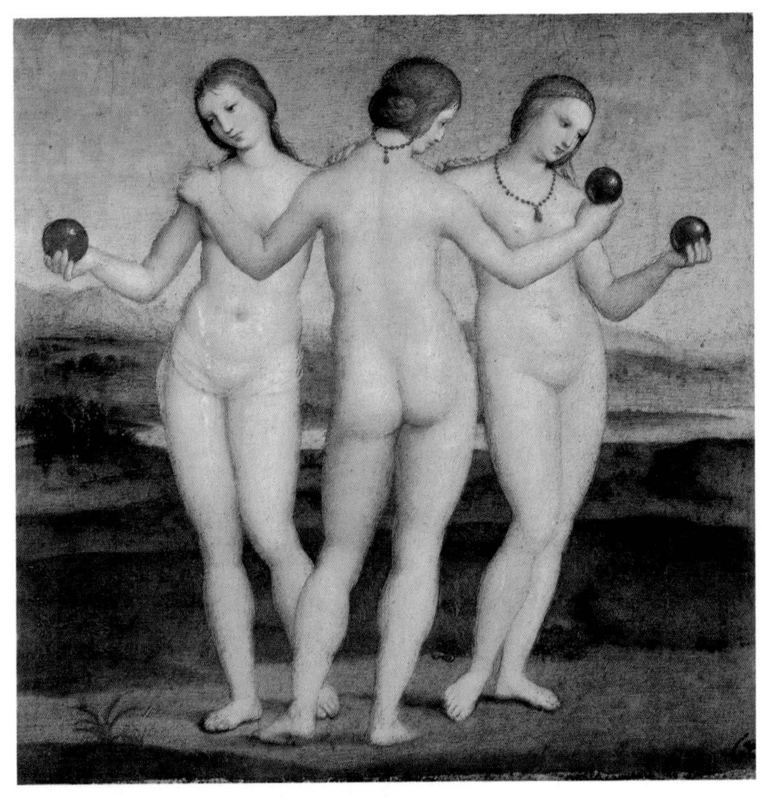

拉斐爾有「文藝復興畫聖」之美譽，與達文西和米開朗基羅並稱為義大利文藝復興時代三傑，他的創作表現了人間理想美的極致，短暫的三十七年生命，卻留下豐饒的藝術資產，讓後人歌頌不已。

這幅〈優雅三美神〉是他二十一歲的作品。這位義大利職業畫家之子，從小在父親鼓勵和訓練下，觀察自然、研讀繪畫理論，同時也被安排向多位老師習畫。從這幅畫中，可以看到他的天賦才華。

拉斐爾是從圖書館所典藏的古希臘文化中，得到創作〈優雅三美神〉的靈感。三美神代表著美麗、愛情和貞潔，也是文藝復興時代的最高人文理想。三位美神戴著典雅的紅寶石飾鍊，分別裝飾於髮際、胸前，以及盤繞髮間，再延伸於頸間，突顯了人體設色的優美和調和。

拉斐爾（Raphael, 1483-1520）
瑪達莉娜・杜尼肖像

1506年
油彩畫板
63×45cm
翡冷翠畢迪宮美術館

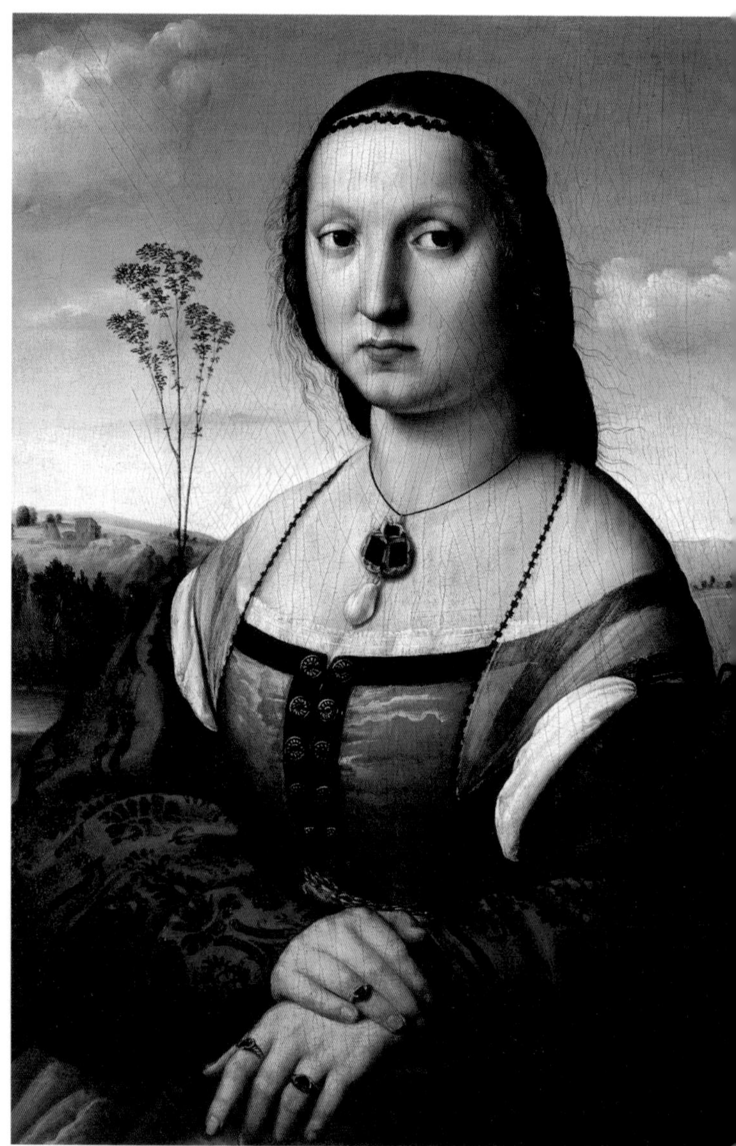

拉斐爾吸收前代大師的畫風與技法，再吸取其精髓成為自我藝術的養份，他的人物刻劃無不流露出自然優雅、如詩如散文的純淨氣質。

1504年，拉斐爾為了滿足藝術精進的企圖心，從家鄉烏比諾移居到藝術之都翡冷翠。這幅構圖類似達文西〈蒙娜麗莎〉的肖像，是他為翡冷翠富商杜尼夫人所作的畫像。

體態端莊豐腴的瑪達莉娜，戴著由深色寶石和貝珠組合的項鍊。細緻的雙手則露出三顆鑲寶石的戒指。這些飾物都是那麼沉穩，就像畫家的筆意，美感有餘卻不帶絲毫奢華舖張。

PLATE 5

拉斐爾（Raphael, 1483-1520）
啞女

1507 年
油彩畫板
64×48cm
烏比諾國立瑪肯美術館

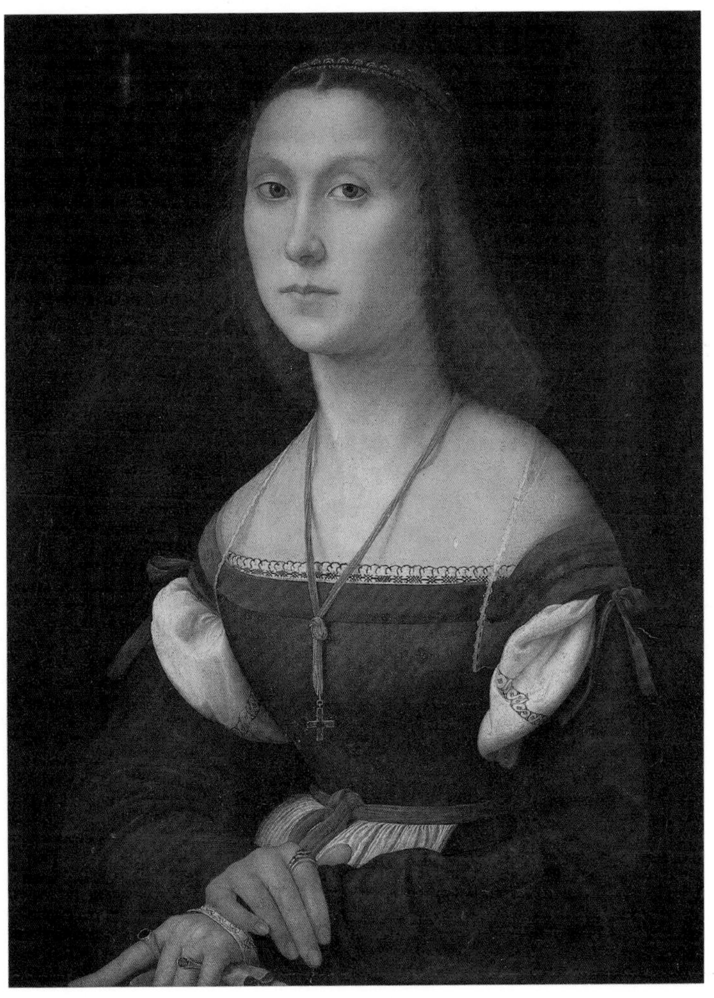

拉斐爾精湛的人物畫讓後世歌頌不已，一方面他是天才型的創作者，另一個主要的原因是，他從十一歲開始到十七歲在畫室接受訓練，學習包括素描和油彩的使用。前人的成就使他對藝術有更深刻的體認，也助長他的才華發揮。這幅〈啞女〉是他的人物畫代表作之一。

〈啞女〉畫中女子配戴著金屬打造之精緻、有十字架點綴的長相鍊，右手食指與左手的食指、無名指則戴有寶石戒指。整幅畫都在他條理的掌握下，各個物體細件，皆以柔和的音符現身，交織成動人的樂章。婦人的臉部神情與交疊的手，還有衣服飾品，甚至腰帶、衣袖折痕，整體都顯得非常圓滿和諧。

拉斐爾

Raphael, 1483-1520

戴面紗女子

1516年
油彩畫板
82×61cm
翡冷翠畢迪宮美術館

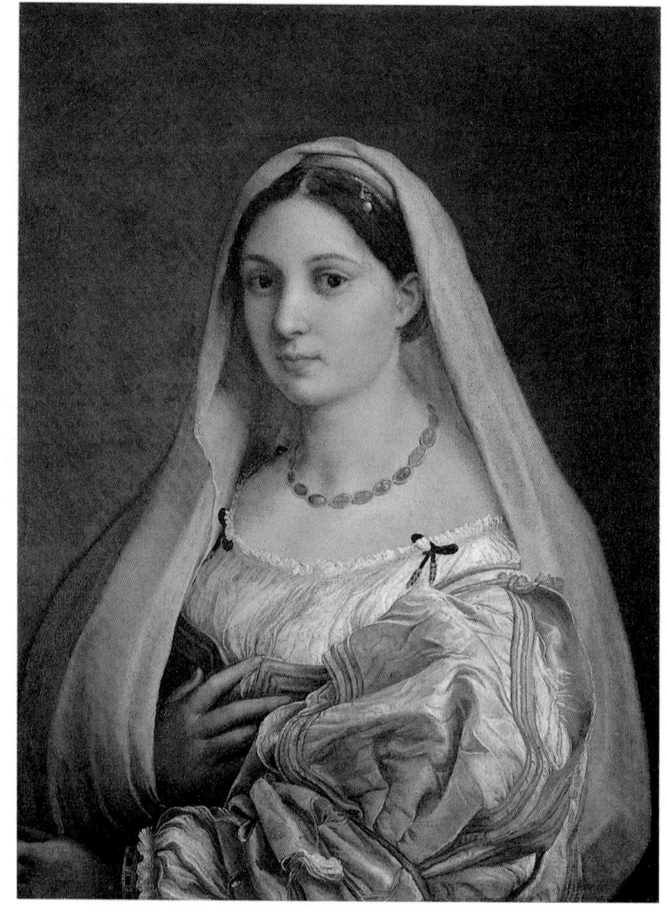

根據文獻記載，拉斐爾是一位浪漫多情的藝術家，他深得女人緣，也有不少紅粉知己。這一幅〈戴面紗女子〉據說畫的就是他當時交往的情人。

從畫中可以看到這位女性美麗的五官，沉酣在愛河的拉斐爾，細膩地描繪著他人間的美神。包括絨質衣服的皺褶、輕貼在前胸衣襟上的纖手，都美不勝收。

想必作畫那刻，披戴著頭巾的女子正含情脈脈地望著畫家，她似乎也為畫像而做一番打扮。打造精美的琥珀項鍊在白皙的肌膚上幽幽發光，在她秀髮接近頭巾邊緣還出現金屬配飾，讓整幅肖像更加協調，也增添幾許輕快曼妙的美感。

PLATE 7

楓丹白露派畫家

德斯特蕾姐妹　約1594年　油彩木板　96×125cm　巴黎羅浮宮美術館

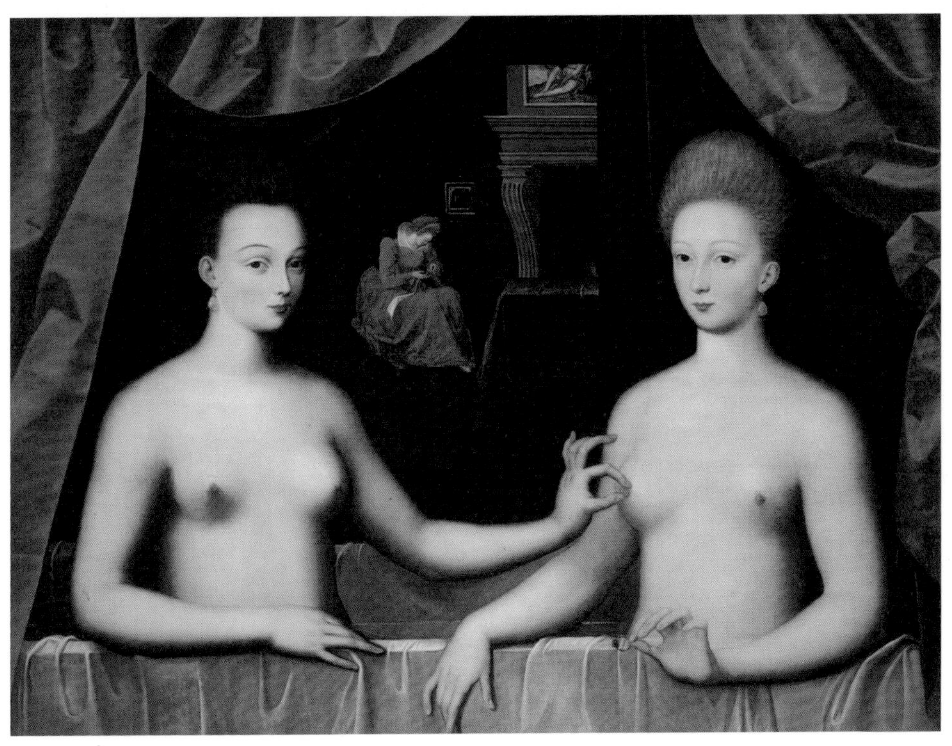

位於巴黎東南方的楓丹白露宮，建於12世紀，是有名的世界文化遺產。經過歷代的法國國王的改建和裝飾，許多傑出的藝術家參與裝飾工作，「楓丹白露派」就因而被命名。這一幅楓丹白露派的作品雖然畫者不可考；但是它那充滿不可思議的畫面、精緻細膩的寫實表現，甚至比眾多有名望大師的作品還要引人注目。

這幅畫描繪兩位浴中貴婦，也就是加布莉埃爾・德斯特蕾和她的姐姐或妹妹。她們兩人都戴著同款和同色的寶石耳環。加布莉埃爾是法王亨利四世愛妃。她身旁的親人用左手捏她的乳頭，她的右手則握著法王給她的定情戒。身後背景可以看到女侍正在縫製衣裳，牆上還有半露的男性裸體畫。畫面經解讀是預告加布莉埃爾有孕在身，戒指則表示她的愛情與忠貞。

提香（Tiziano Vecelli, 1488/90-1576）

艾莉諾娜・龔札加肖像

1538 年　油彩畫布　114×102.2cm　翡冷翠烏菲茲美術館

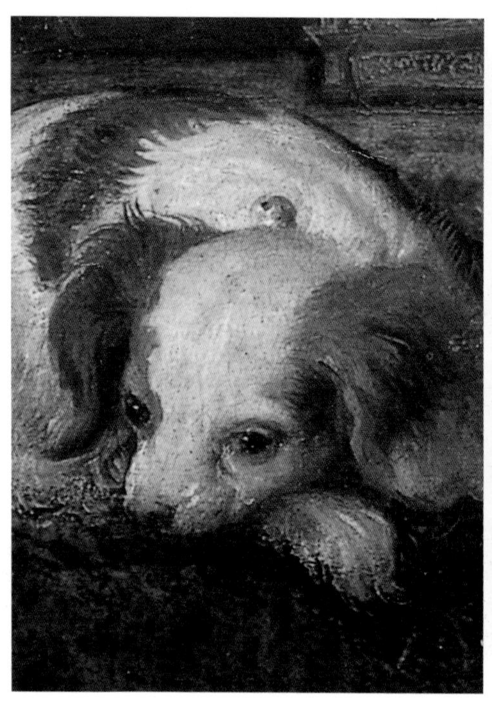

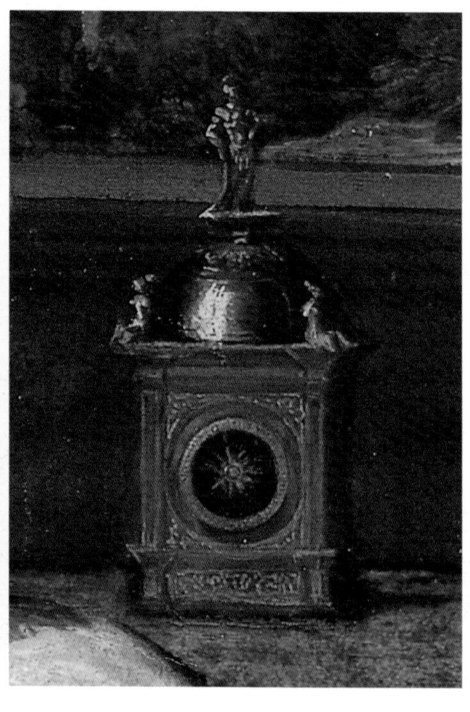

身為文藝復興鼎盛時期的威尼斯畫派代表畫家提香，生前所受到的尊崇可以說是很少藝術家可以相比。他畫肖像畫的聲名，更因曾為羅馬帝國皇帝查理士五世畫像而達到高峰。

除了查理士五世，提香曾為 16 世紀許多義大利名人作肖像。圖中這位艾莉諾娜・龔札加，是烏比諾公爵法蘭西斯哥的夫人，也是曼杜亞公爵的妹妹。法蘭西斯哥是威武的軍人，他們夫妻和公子都是藝術愛好者，曾收藏許多提香的作品。

畫中的艾莉諾娜・龔札加穿戴雍容典雅，作品背景似乎在公爵宅邸的窗景前完成。公爵夫人的衣領有寶石裝飾。她的耳環、長項鍊和腰帶則出現溫潤的珍珠。細緻的雙手各戴有兩枚戒指，美好質地的寶石也顯見了她尊貴的身分。

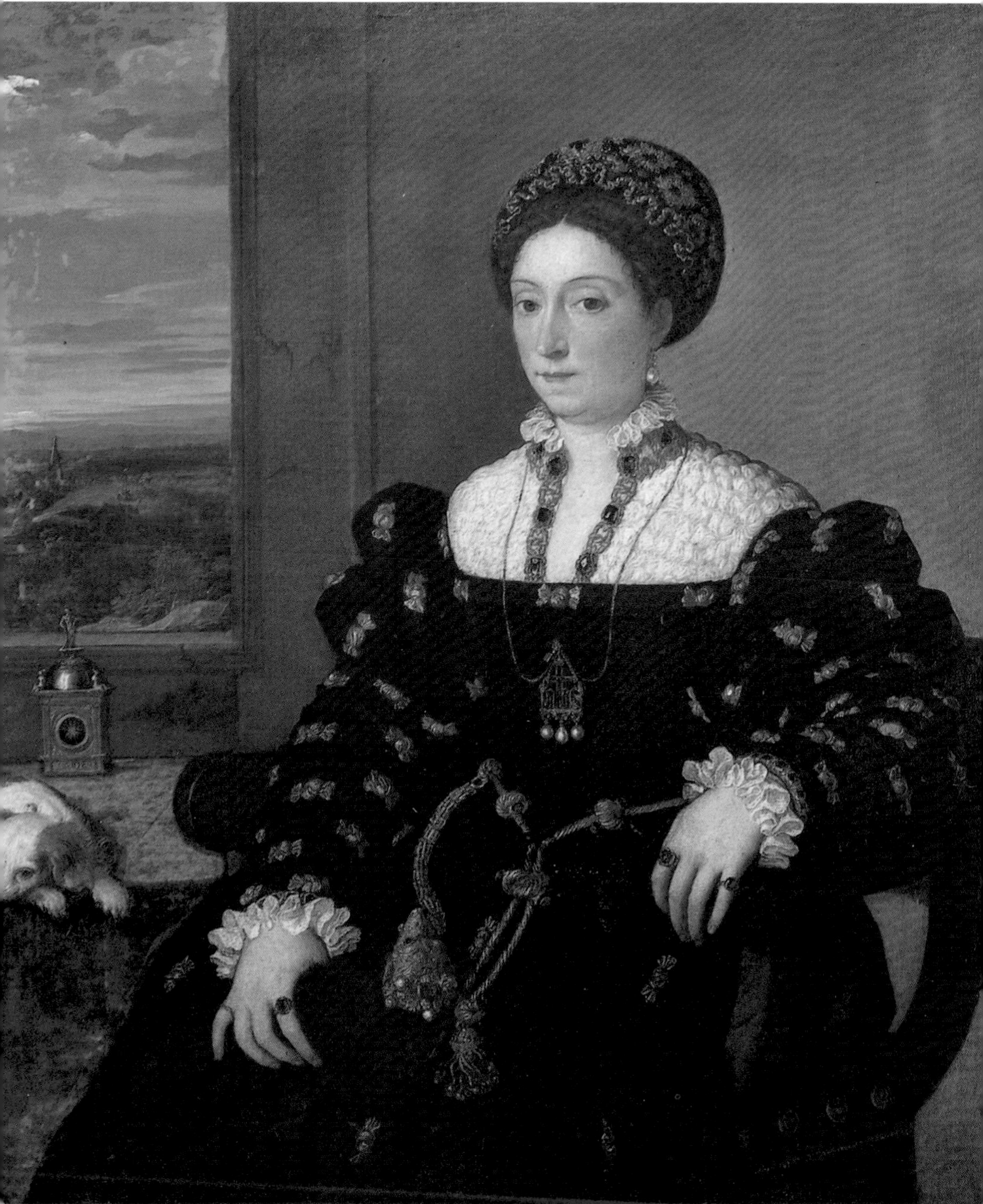

提香

Tiziano Vecelli,
1488/90-1576

維納斯、丘比特與風琴樂手

1549 年
油彩畫布
115×210cm
柏林國立美術館

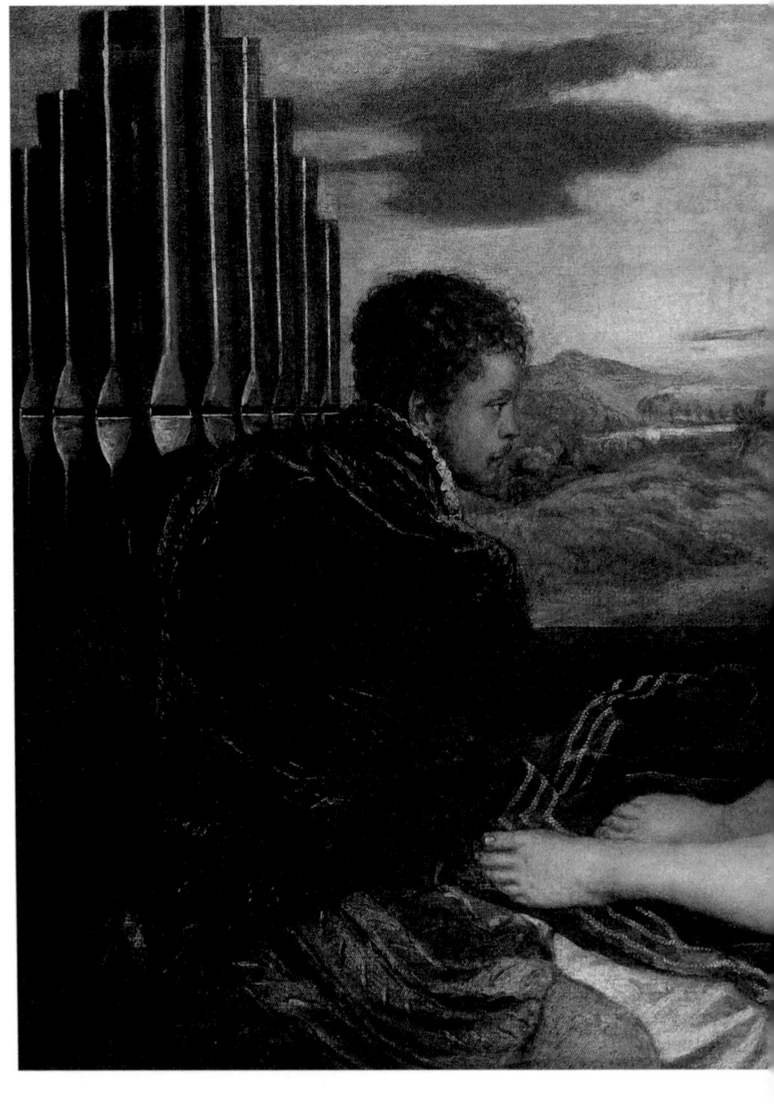

提香傳世的名畫當中，有一系列是以維納斯為主題。這一幅收藏於柏林國立美術館的作品，安排美麗的女神由丘比特陪伴，在一旁的風琴樂手竟也無心專注於演奏，整個人被維納斯的美貌吸引了。

充滿官能美的維納斯，具有十足世俗性的女

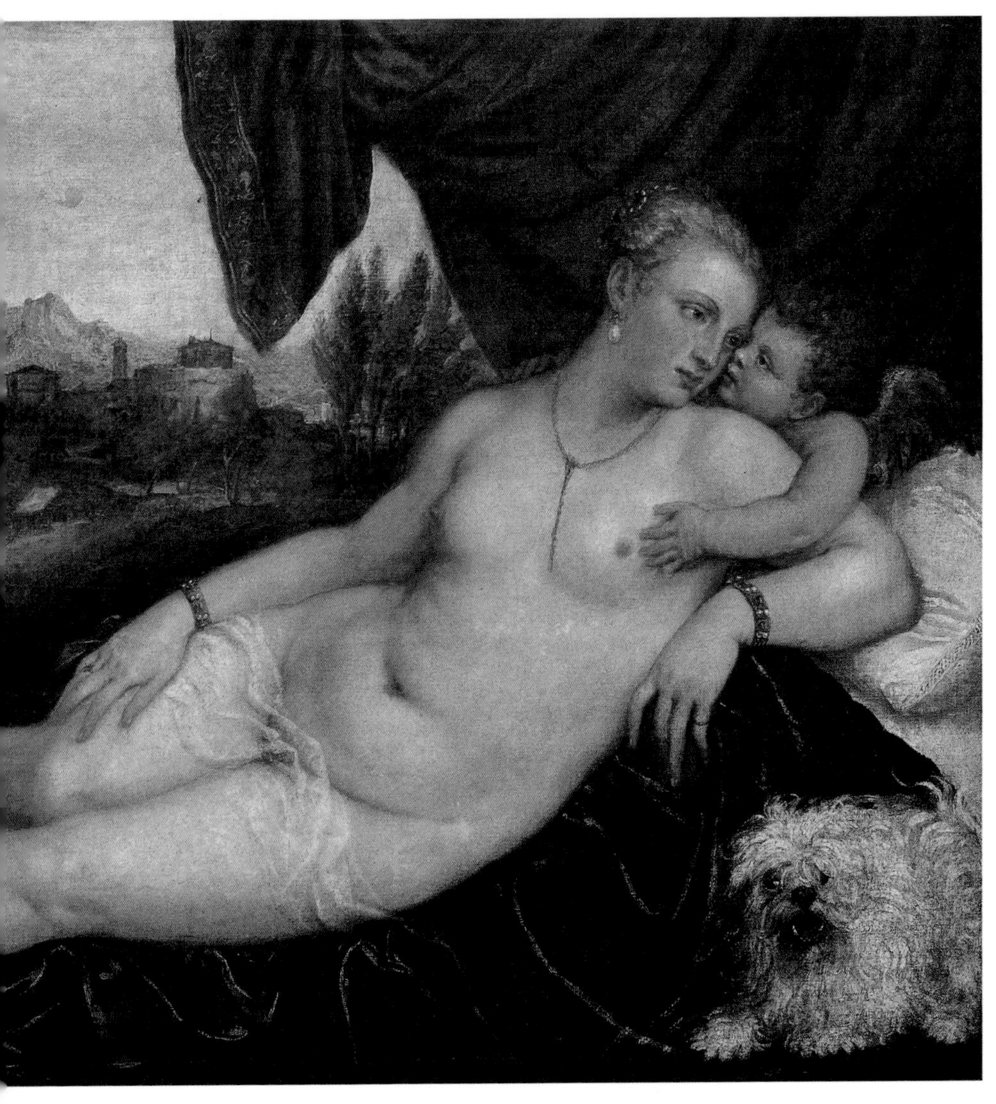

體。她幾乎裸露的豐滿胴體也刻意地做一番裝飾。清麗脫俗的垂胸金鍊、珍珠耳環與鑲有珍珠的成對金手環，愈發襯托了她晶瑩的膚色。提香所擅長的色彩美感在此畫中亦表露無遺！

提香 (Tiziano Vecelli, 1488/90-1576)

鏡前的維納斯

約 1555 年
油彩畫布
124.5×105.5cm
華盛頓國家藝廊

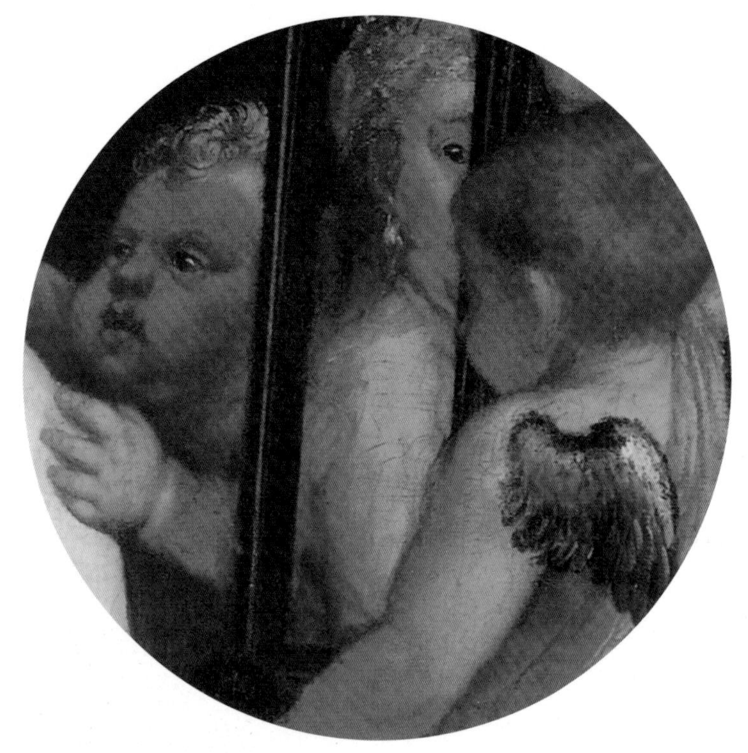

端坐在鏡前的維納斯，如大地之母，她的肌膚在提香的筆下是如此栩栩如生。作此畫時已逾花甲的大畫家，以精湛的色彩處理手法，呈現給我們無限美好的健康人體之美。

這幅畫中，丘比特正在小心翼翼地為維納斯持鏡。看似完成妝扮的美神，仍然沉醉於自己姣美的模樣，或者想再多做一番補妝。珍珠耳環幌動初止，她輕放於前胸的左手上，可見到纏繞於腕間的金鍊，而小姆指的尾戒似鑲著寶石，另一隻握著蔽體衣物的手則戴著裝飾珍珠和寶石的手環。由簡約造型飾物裝點的維納斯，真是豔而不俗。

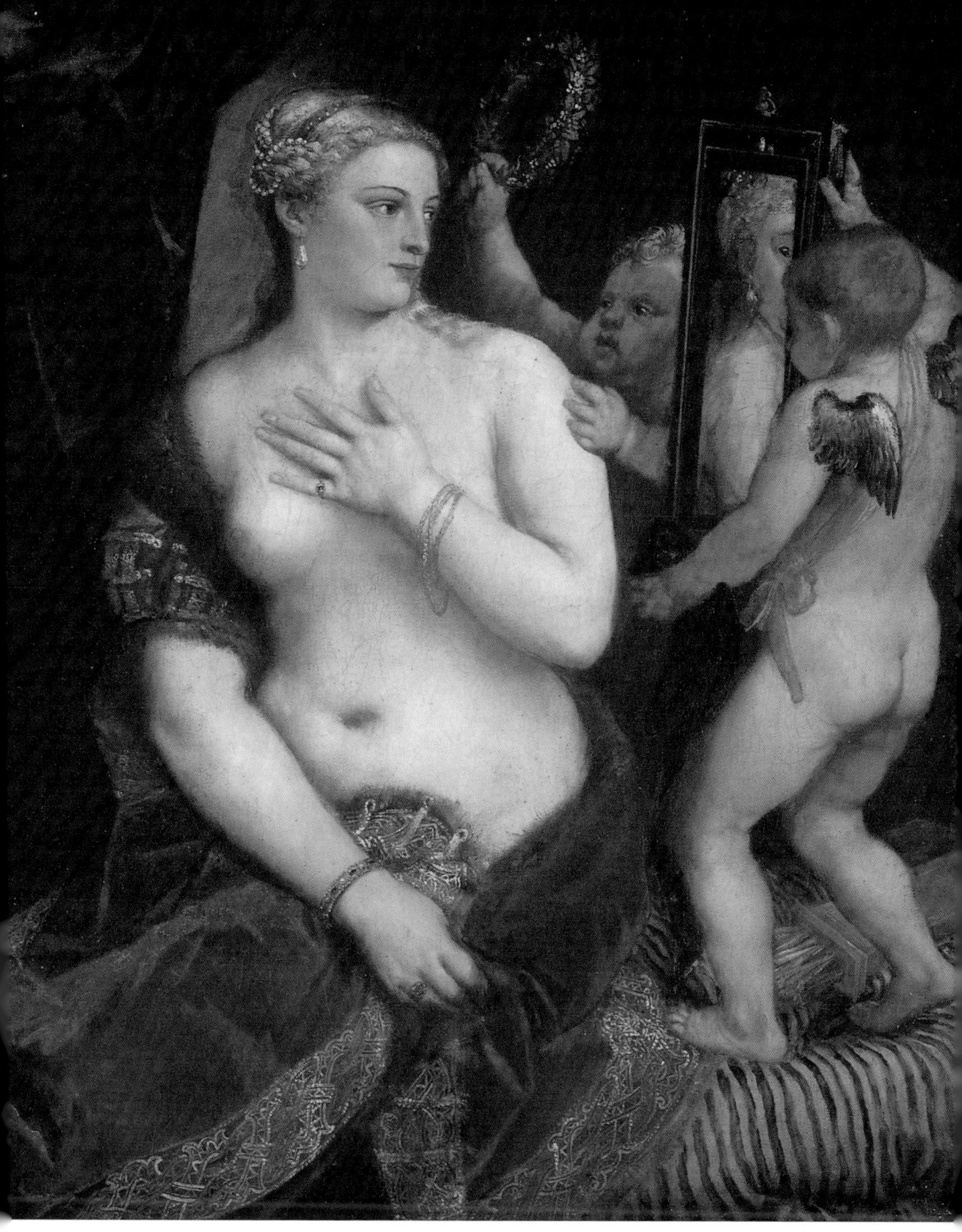

丁托列托 (Tintoretto, 1518-1594)

蘇珊娜與老者　1555/56年　油彩畫布　147×194cm　維也納美術史美術館

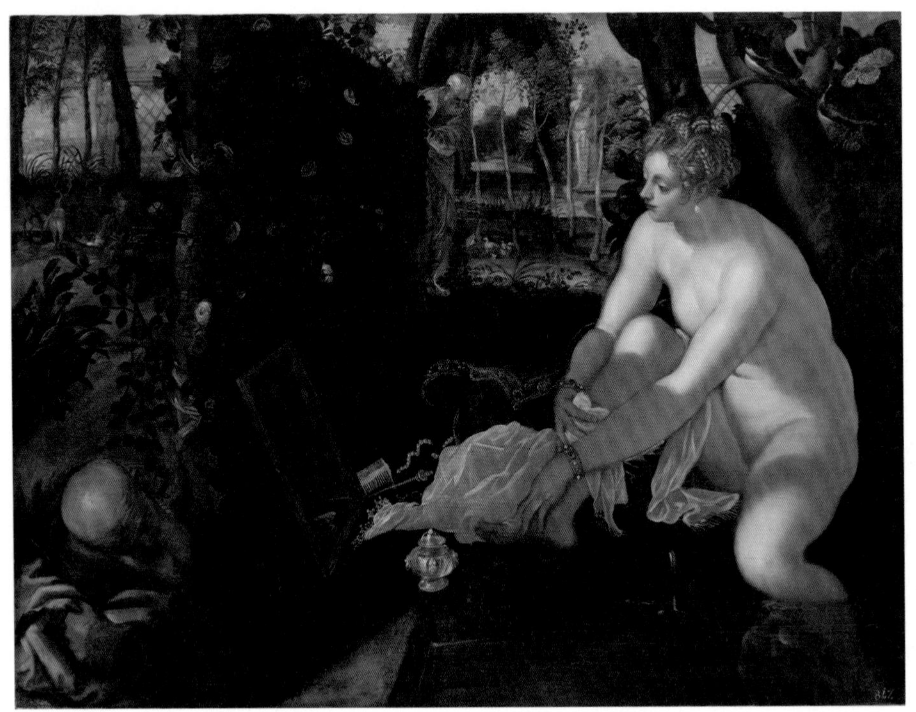

這一幅作品是丁托列托描繪女體的名作，又名〈蘇珊娜出浴〉。剛剛出浴的蘇珊娜，坐在倚靠著花牆的鏡前，在柔和的光線映照下，美麗晶瑩的肌膚因輕盈的蕾絲衣物襯托，更顯得亮眼迷人。裸露的身體亦有珠寶裝點，戴著珍珠手鐲和珍珠耳環。而在鏡子前面，散置著珍珠項鍊、金戒和髮簪，看似沐浴前所卸下的配飾。分別在前後兩端窺視著的兩位老人，讓這幅畫充滿了神秘感和戲劇性。

關於畫中女子的角色，後人有不同的揣測。有一種說法是：從畫中珠寶看出蘇珊娜是愛慕虛榮的風塵女子；但是當時威尼斯對珍珠有法令管制，風塵女子不能使用珍珠。另一種說法是：丁托列托所畫的女子是根據宗教故事，描寫富賈之妻蘇珊娜因被老人窺視而蒙受不白之冤，幸好先知出面還她貞節的清白。

無論如何，丁托列托筆下的美女蘇珊娜身分還是令人費疑猜！

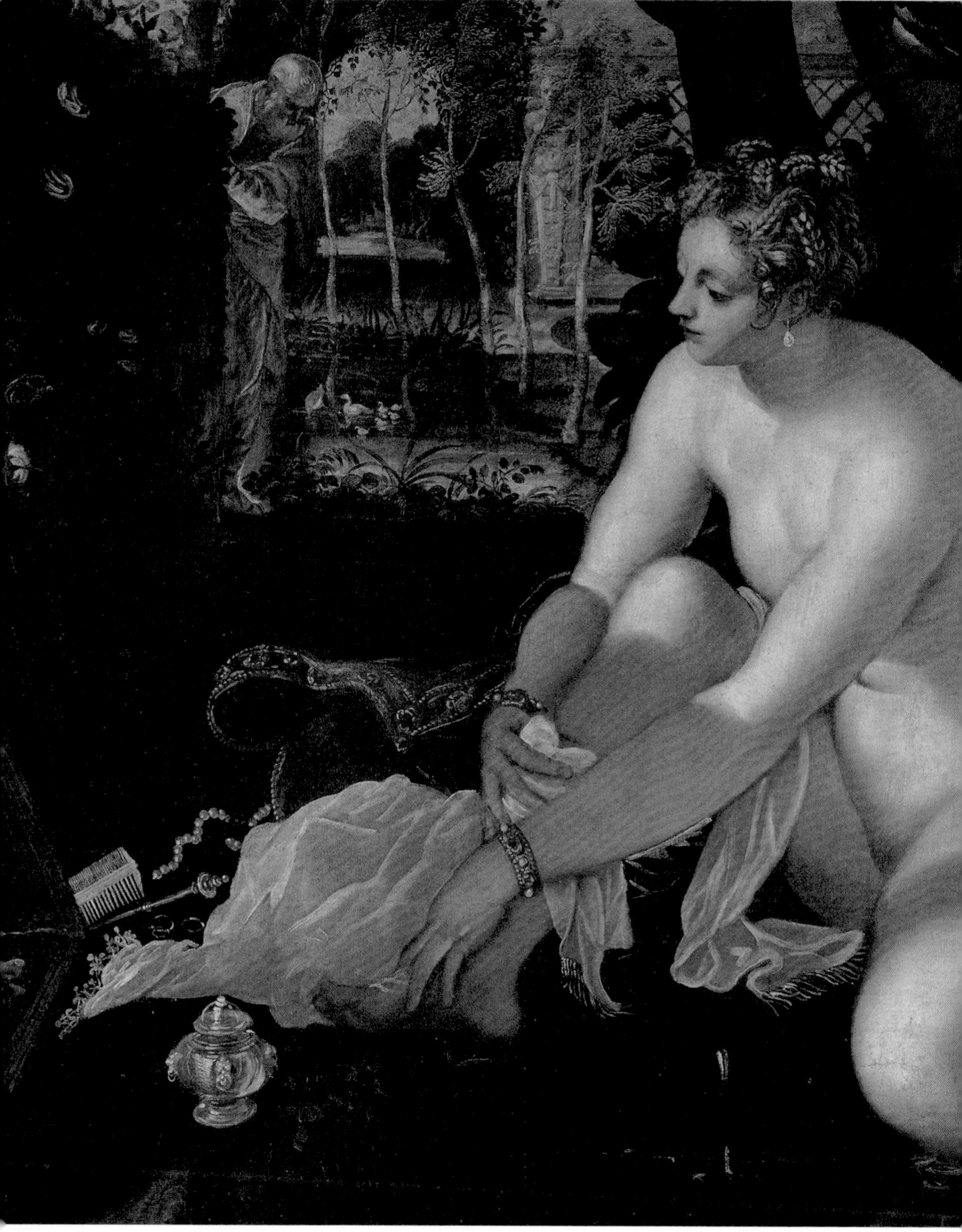

丁托列托

Tintoretto, 1518-1594

年輕女子肖像

1553-55 年
油彩畫布
98×75.5cm
維也納美術史美術館

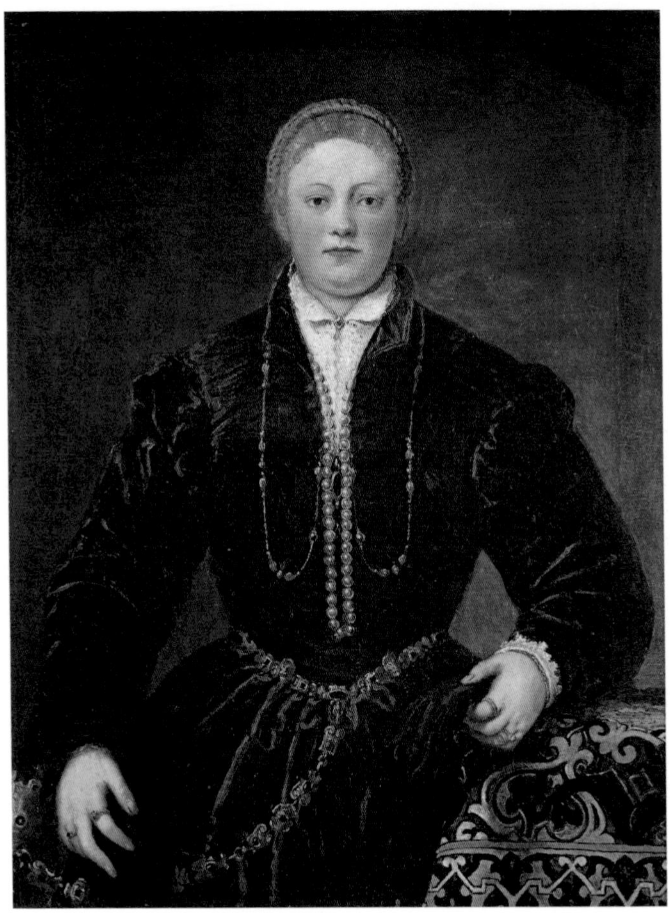

生於 1518 年的丁托列托，在西洋美術史上與提香、委羅內塞被稱為「威尼斯三傑」，也是威尼斯畫派最後一位大師。他一生幾乎都在威尼斯停留，並留下豐富珍貴的創作資產，在聖馬可大教堂、聖洛克大教堂和道奇宮等處供後人欣賞。

丁托列托十七歲曾拜師提香，但時間非常短暫。出身染匠家庭的他，從少年時代就顯現才華，二十歲已是專業畫家。這一幅〈年輕女子肖像〉是他擅長的人像畫之一。此作品很可能是他為藝術知音之一索倫佐法官的家族所畫，從女子穿著和神情可以看出她的出身與教養。端莊而帶著些微嚴肅的畫中人，穿著紅色絲絨衣服，佩戴著長型的珍珠項鍊。

特別引人注目的是，年輕女子左右兩手的無名指和食指都戴著寶石或金戒，左手無名指還套了兩只，除鑲寶石戒，另一顆是水晶材質，可見她在悅己裝扮上的偏好！

PLATE 13

普伯斯

Frans Pourbus the Younger, 1569-1622

瑪莉・麥迪奇肖像

1611 年
油彩畫布
142×127cm
翡冷翠烏菲茲美術館

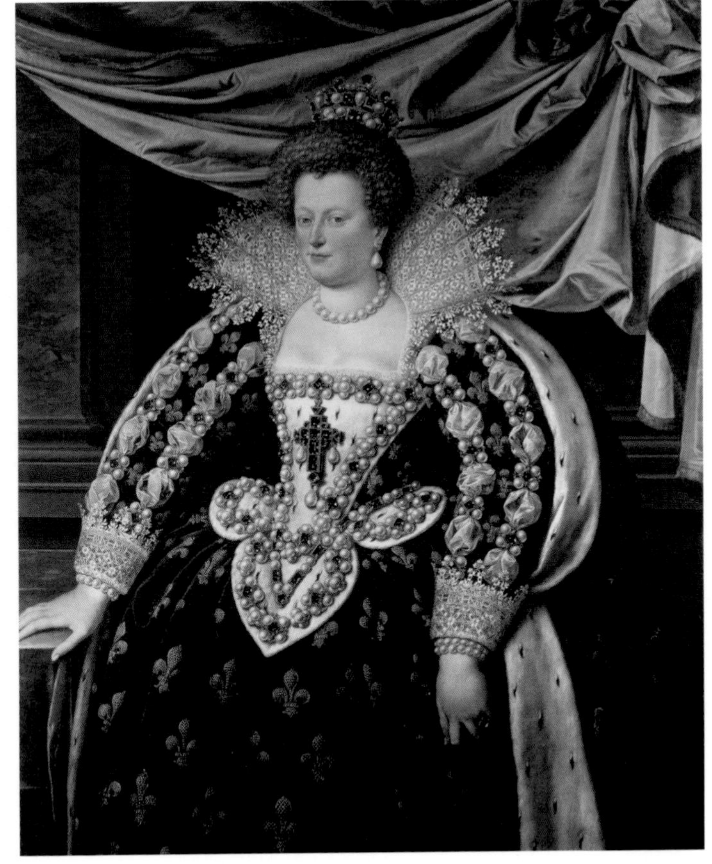

1600 年，法王亨利四世梅開二度，當時二十五歲的新娘就是這幅畫中的瑪莉皇后。瑪莉皇后出身於權勢富貴的麥迪奇家族。她的父親是托斯卡大公法蘭西斯卡一世，母親則是羅馬帝國皇妹。1610 年亨利四世遭暗殺，年幼的長子路易十三登基，瑪莉皇后便以攝政王身分輔佐路易十三。

瑪莉皇后除了擁有高等的智慧才華，她從小在家風薰陶下，對文學與藝術也有相當的修養。這一幅烏菲茲美術館收藏的〈瑪莉・麥迪奇肖像〉，充分表現出女性權勢與奢華的極致。大顆燦爛的珍珠是畫中瑪莉皇后的重點飾物。從皇冠、耳環、項鍊到衣裳，布滿了超頂級的珍珠，加上金線繡花和珍貴的毛皮，可見當時她在治裝上的考究與龐大的花費。

魯本斯（Peter Paul Rubens, 1577-1640）

忍冬樹下的魯本斯與妻子伊莎貝拉·布蘭特

1609-10年

油彩畫布

178×136.5cm

慕尼黑古典繪畫陳列館

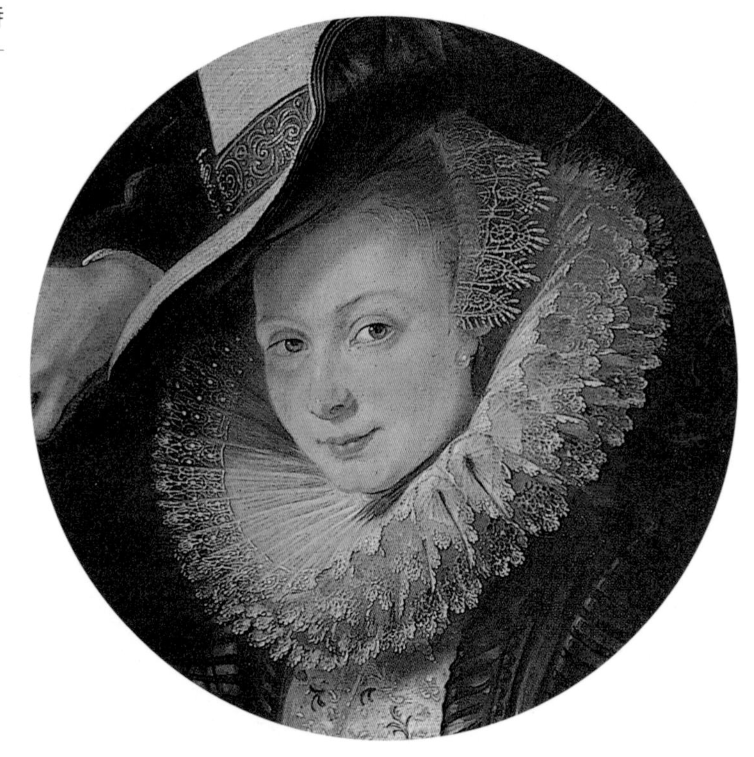

1609年，對魯本斯來說是生命中重要的一年。三十二歲的他，被南方荷蘭的統治者亞伯大公聘為宮廷畫師，在感情上也開花結果，娶了鄰居安德衛普有名的律師女兒伊莎貝拉·布蘭特為妻。伊莎貝拉年僅十八歲，雖非絕世美女，但因溫柔婉約，頗得畫家夫婿的歡心。

當時，繪畫事業正逐步走向康莊大道的魯本斯，有了家庭與愛妻，倍感幸福，特別繪製這一幅雙人肖像做紀念，也表達他內心對幸福臨門的喜悅。畫中的伊莎貝拉穿著典雅衣帽，流露出得自嚴謹家教之大家閨秀氣質。她戴著珍珠耳環，一對鑲著多色寶石的手鍊，幽幽發光，與織錦衣裳的秀美紋飾互相輝映。

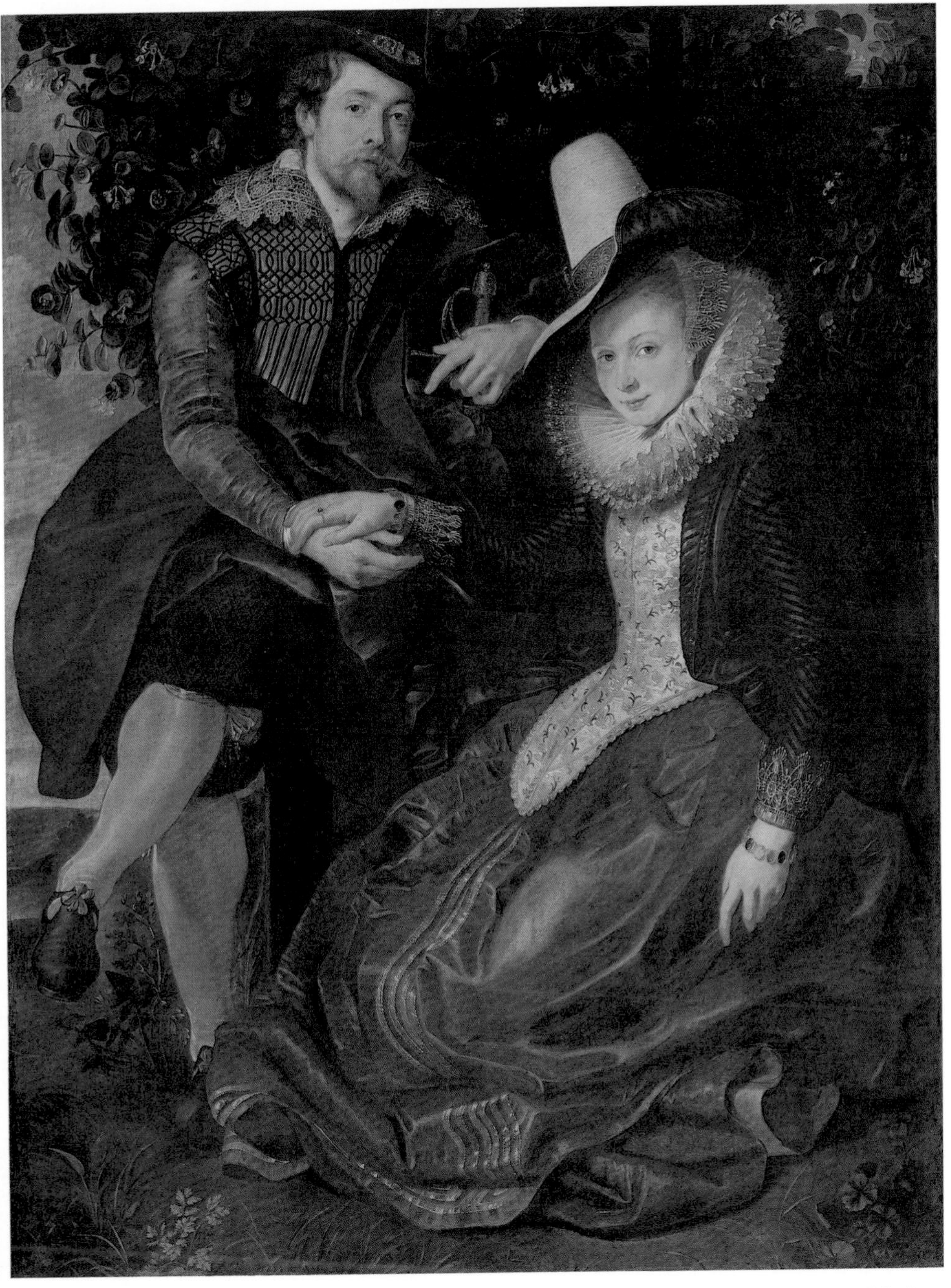

魯本斯

Peter Paul Rubens, 1577-1640

維納斯的梳妝

1612-15 年
油彩畫板
124×98cm
維也納列支敦斯登博物館

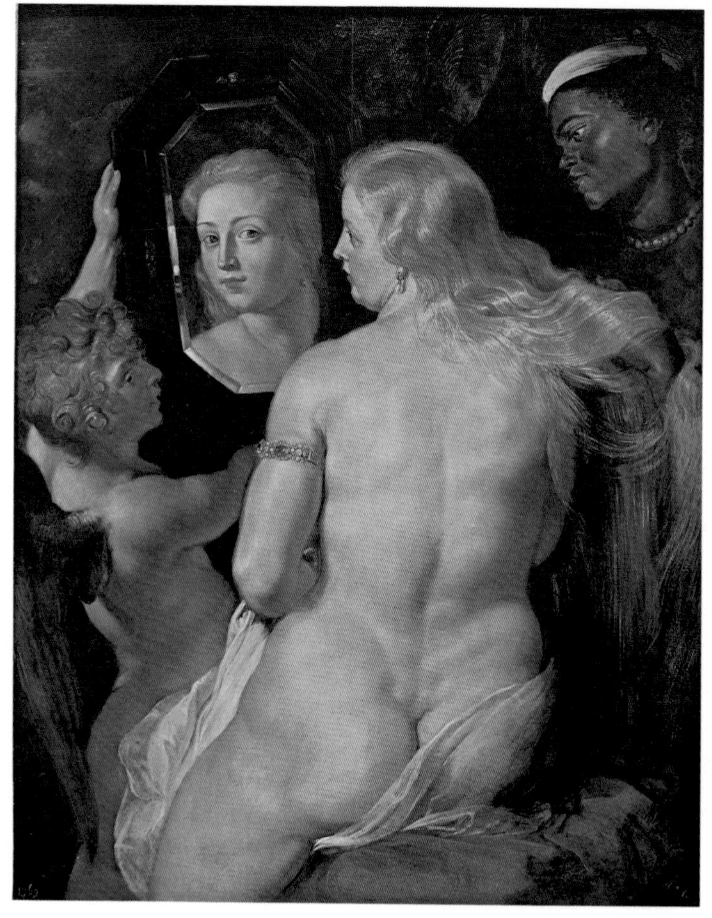

16 世紀巨匠提香，曾以鏡前的維納斯入畫；魯本斯從少年時代就崇拜提香，二十出頭從家鄉安德衛普到義大利遊學，有機會親睹大師作品，而後甚至收藏多幅提香作品並做許多臨摹。他的這幅〈維納斯的梳妝〉顯然也是向大師致敬的畫作。

相較於提香同一題材的〈鏡前的維納斯〉（圖 10），魯本斯這幅照鏡梳妝的維納斯更具視覺震撼力。充滿旺盛生命力的維納斯，正是畫家代表性的巴洛克風格維納斯。健碩身軀佔據了一半以上的畫面，維納斯左手的黃金寶石臂飾成為光潔肌膚上的焦點，鏡中的珍珠耳環點綴著美神的胭脂臉蛋，在旁的丘比特與黑奴似乎正因驚豔而發出讚美之聲呢！

PLATE 16

魯本斯（Peter Paul Rubens, 1577-1640）

海倫．福爾曼與馬車　約 1639 年　油彩木板　195×132cm　巴黎羅浮宮美術館

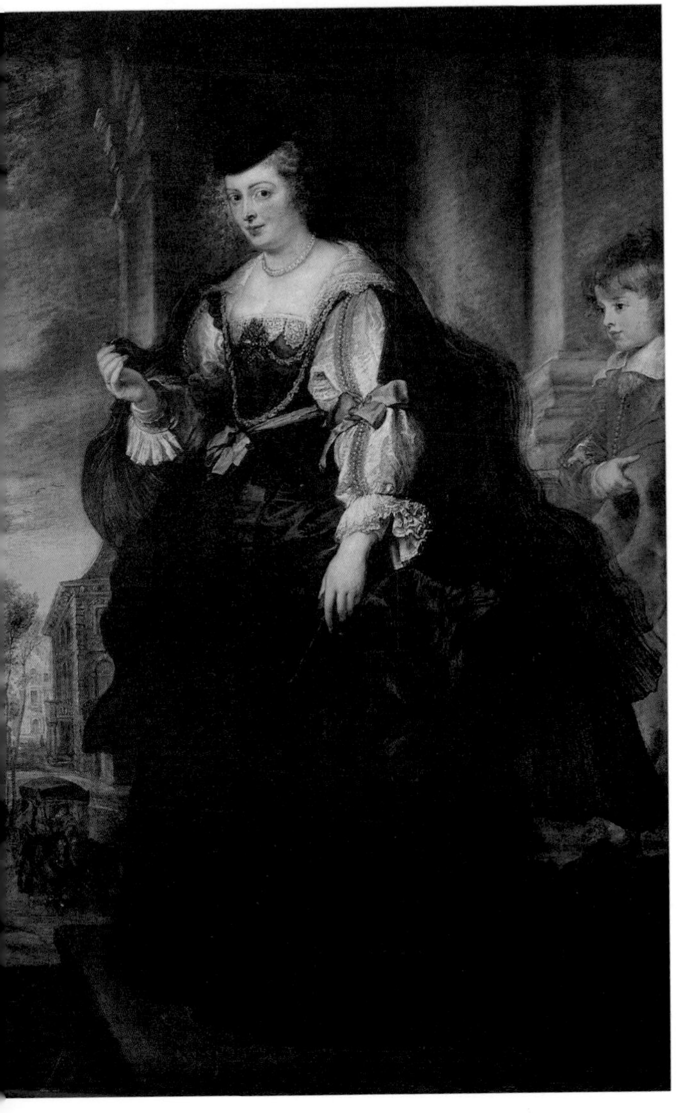

魯本斯的第一任妻子伊莎貝拉於 1626 年過世。1930 年，五十三歲的魯本斯娶他家鄉友人的女兒海倫．福爾曼為妻。當時只有十六歲的海倫，開啓了這位畫家幸福的晚年大門，他的創作也因為愛情的滋潤而更得心應手。

善體人意且充滿青春愛嬌的海倫，成為魯本斯生命最後十年疼惜寶愛的模特兒。他存世作品中有不少對海倫的描繪，有的是個人肖像畫，也有與子女同處，也有屬於私密性、畫家得意的人體之作「披毛皮衣的海倫．福爾曼」等。

這一幅以新婚的海倫為題材的肖像畫，像其他有海倫的作品一樣，筆觸之間都流動著畫家對年輕太太的情感。畫中的海倫除了戴著珍珠項鍊，那裝飾在前胸的長條飾鍊的做工也極為精緻考究，反映了她出身於知名布商家庭的背景。

魯本斯（Peter Paul Rubens, 1577-1640）

攻下朱里耶城

1625 年
油彩畫布
394×295cm
巴黎羅浮宮美術館

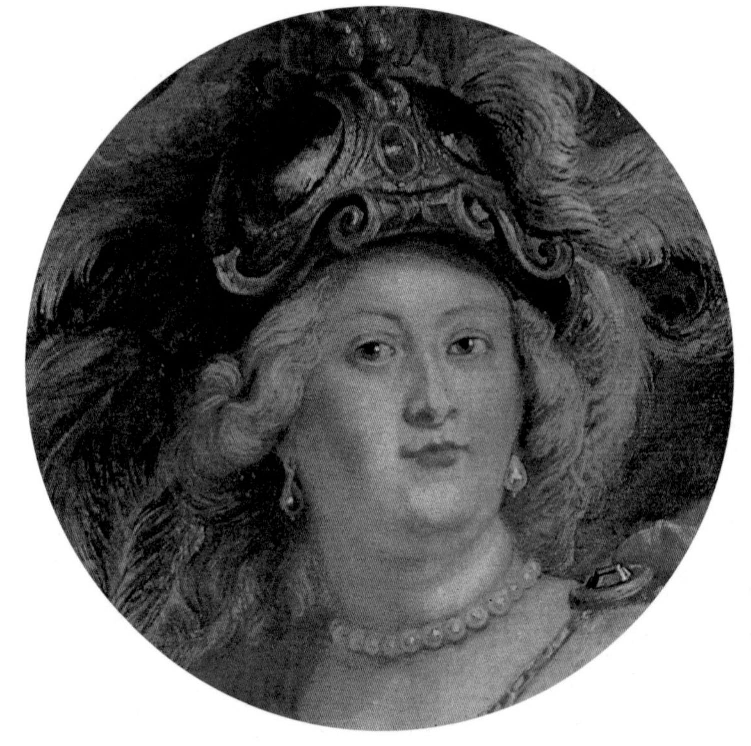

魯本斯在 1622 年接受法王母后、亨利四世遺孀瑪莉．麥迪奇的委託，為她在巴黎的居所盧森堡宮長廊，繪製以她一生及功名為主題的系列巨畫。包括她受教育時期、與亨利四世的婚禮、加冕禮、登馬賽港、披掛戰袍騎馬在戰場凱旋等重大的生命旅程。

〈攻下朱里耶城〉是此系列的其中一幅。身為麥迪奇家族一員的瑪莉太后，美貌與才華兼備，亦是不讓鬚眉的女中豪傑。畫中的她，騎著駿馬，一派鎮定。從戰場打勝戰歸來，粉妝的容顏與貴氣衣著絲毫未損。魯本斯在畫中安排瑪莉．麥迪奇配戴著她最愛的圓潤飽實的珍珠項鍊與耳環。但皇室的奢華還不止於此，連她盔帽和御馬的飾帶上都有寶石裝飾呢！

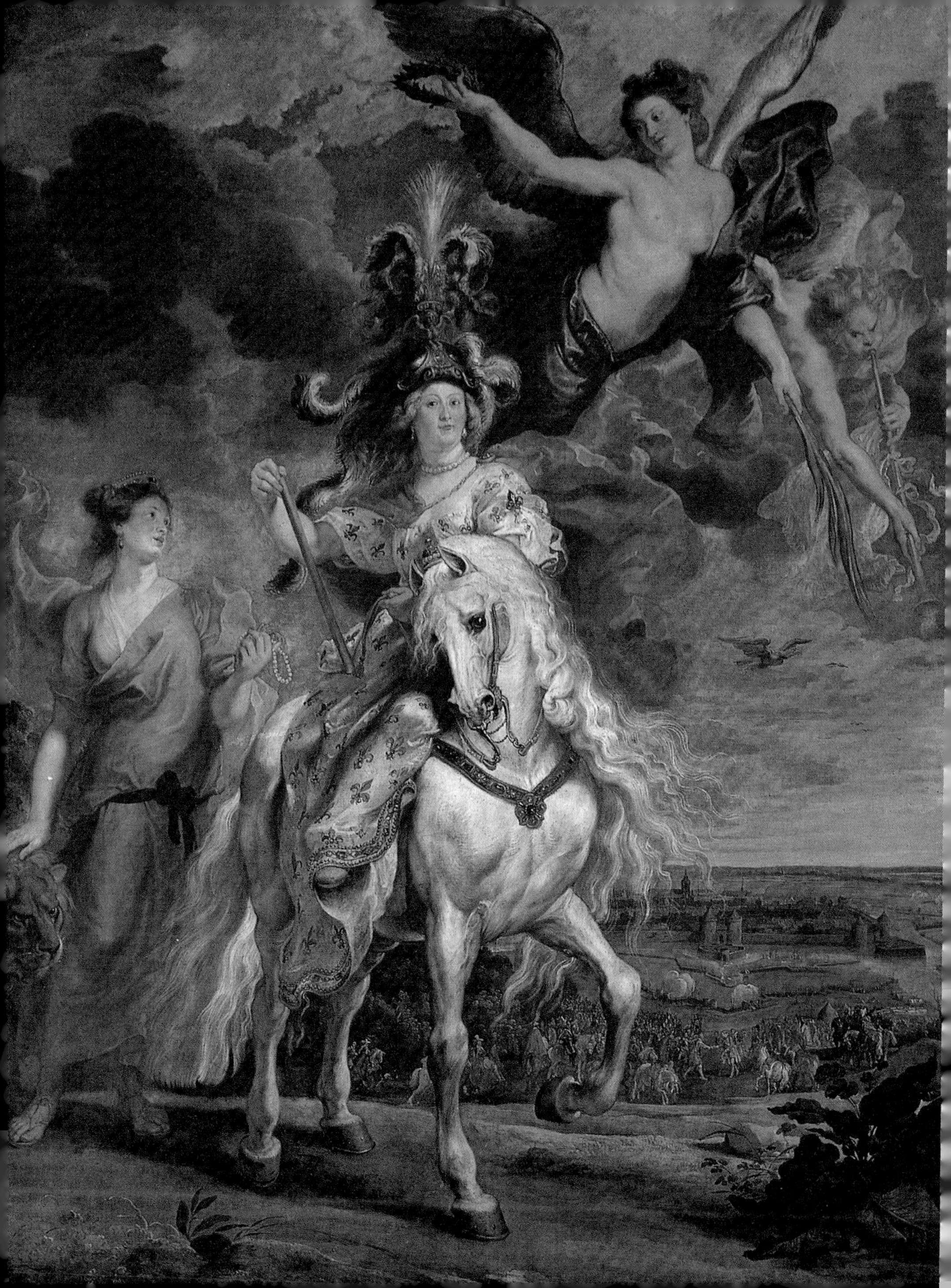

林布蘭特（Rembrandt Harmensz van Rijn, 1606-1669）

友第德歡慶何樂弗尼之死　1634 年　油彩畫布　143×154.7cm　馬德里普拉多美術館

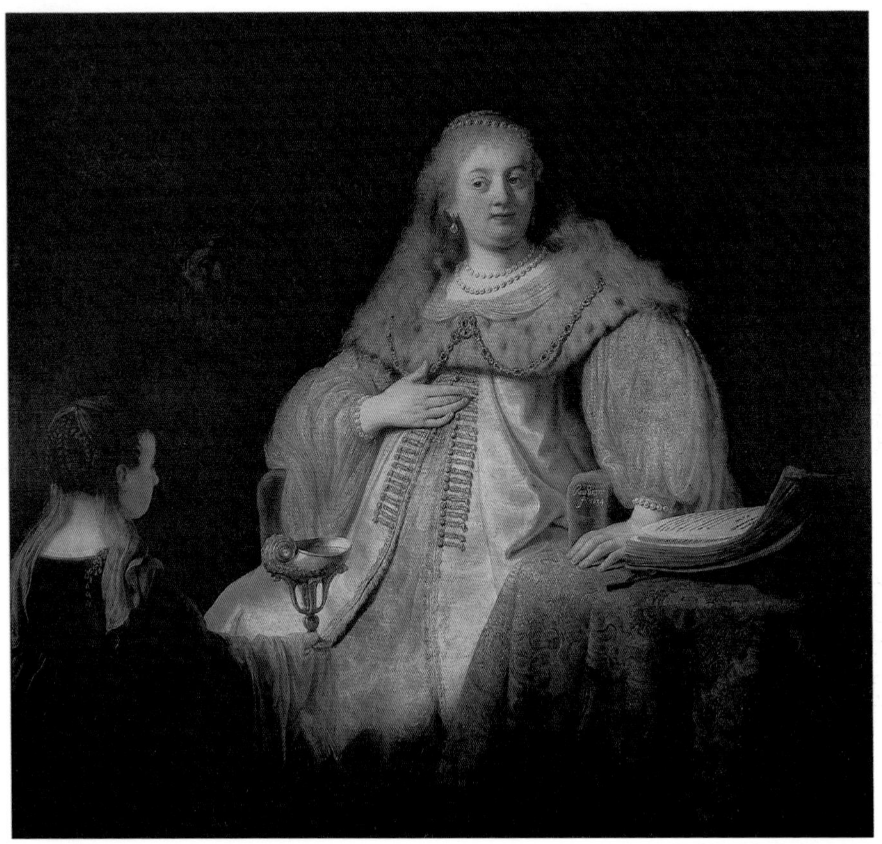

林布蘭特於 1634 年和表妹莎絲吉雅結婚，約於同時，他也開始以神話中的女神或聖經中的女英雄為主題作畫，這幅就是他以妻子為模特兒所畫的系列畫作之一。此幅畫取材自天主教舊約聖經的《友第德傳》，描述女英雄友第德在取下敵營將軍何樂弗尼的首級、從而解放以色列之後，在侍女陪伴下飲酒慶賀的場景。

林布蘭特以他所擅長的明暗處理，將友第德置於一片黝黑的背景中，襯托出她一身的金碧輝煌與非凡氣勢。友第德穿著華麗，從頭髮、耳朵、頸項到手腕都配戴著精緻的飾物，充分顯露她無比尊貴的身分。

林布蘭特（Rembrandt Harmensz van Rijn, 1606-1669）
馬丁・索爾曼斯妻歐碧恩・寇比特肖像

1634年　油彩畫布　210×134cm　巴黎私人收藏

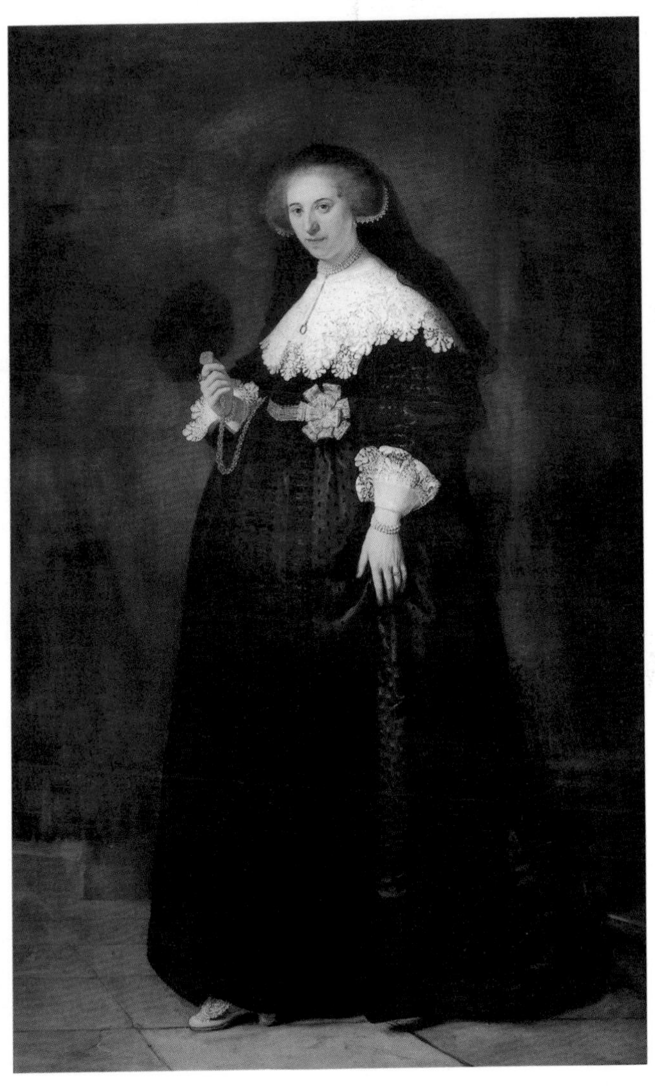

林布蘭特是17世紀荷蘭繪畫黃金時代最具代表性的大師，有「光的魔術師和明暗之祖」的美譽。他在1632年公開了〈杜普博士的解剖課〉後，因精湛的寫實技巧和成功的光影處理，一時聲名大噪。許多肖像畫委託繪製紛紛上門，加上他1634年婚後所得到的岳父人脈關係，成為炙手可熱的肖像畫名家，也從中獲得不少金錢收入。

1634年，二十八歲的林布蘭特為馬丁・索爾曼斯畫像，隔年為他的夫人歐碧恩・寇比特畫了這一幅肖像畫。事實上，林布蘭特1633年名為「持扇子的女子」的作品，也是以歐碧恩・寇比特為對象。兩幅畫的衣著相同，也都拿著扇子；但所配戴的首飾則不同，她也好像有孕在身。

完成於1635年的這幅歐碧恩・寇比特畫像，和稍早兩年前一樣都戴珍珠項鍊和珍珠手環，但已不見前畫所戴的一對寶石手鍊。仔細一看，這幅畫中她戴著婚戒！顯然，1633年她還是待嫁姑娘呢！

拉圖爾（Georges de La Tour, 1593-1652）

作弊者──紅方塊 A

1635 年　油彩畫布　106×146cm　巴黎羅浮宮美術館

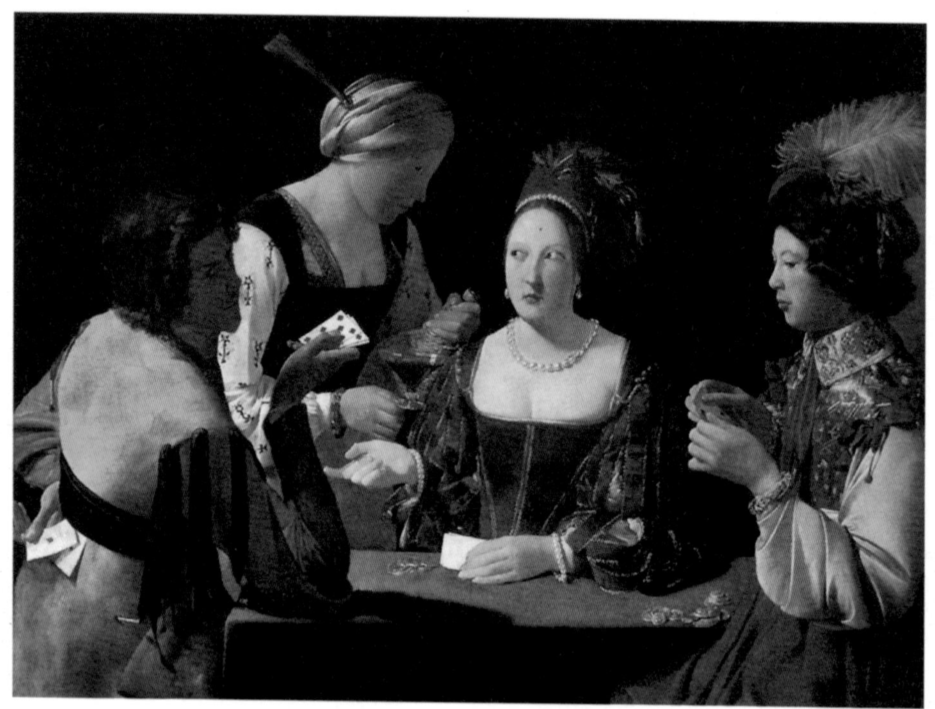

拉圖爾在 17 世紀以描繪光線與陰影有名，同時更是以表現夜光受到讚賞的「光線大師」。這位出身於麵包師家庭的畫家，在創作上呈現令人難以抗拒的神秘魅力，讓人藉著作品中的不可思議氛圍，想像著線條色彩交匯下所提示的象徵意義。

在 1630 年代前期，拉圖爾可能是先後受到委託，創作了兩幅〈作弊者〉題材作品。分別以紅方塊 A 和黑梅花 A 為區隔。〈作弊者──黑梅花 A〉現藏於美國沃斯堡金貝爾美術館。兩幅作品的差異除了紙牌顏色，人物的穿著也有調整。畫中看似出身社交圈的富態婦人，一臉威嚴。她配戴著亮麗的珍珠項鍊和耳環，連頭巾飾物也都可看出她因職場需要所習慣的貴氣裝扮。

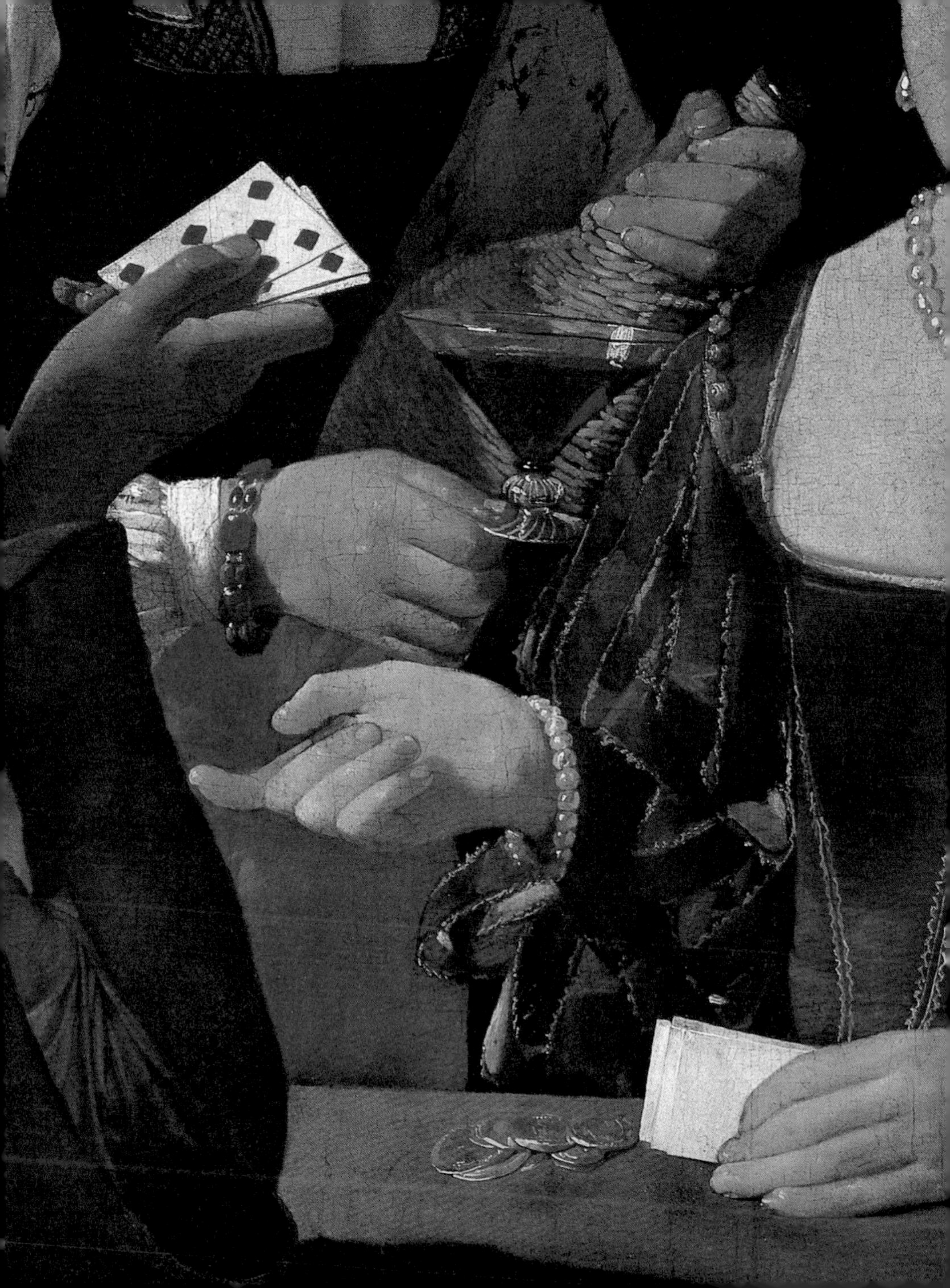

林布蘭特

Rembrandt Harmensz van Rijn, 1606-1669

瑪利亞・崖普肖像

1639 年
油彩木板
107×82cm
阿姆斯特丹國立美術館

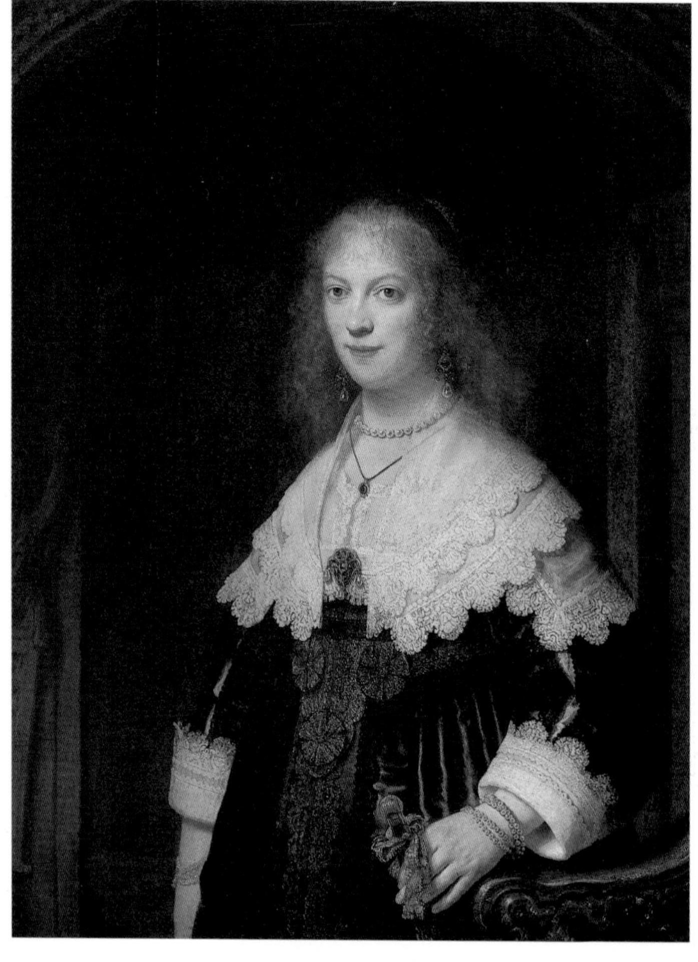

荷蘭在17世紀時，經濟發展快速，加上宗教儀式由繁入簡，當時的美術不再像過去主要為貴族和教會服務，轉而成為一般市民的消費品。以肖像畫享有盛名的林布蘭特，比同時期畫家更是受寵。而且出身農家的他又以勤勞見長，夜以繼日地作畫。

1639 年完成〈瑪利亞・崖普肖像〉時，他剛在阿姆斯特丹猶太人區以貸款購得夢寐以求的華屋，他似乎很有把握以源源不斷的賣畫收入來支付，不料購屋竟成為沉重的負擔。

林布蘭特儘管有財務的壓力，他在藝術上卻絲毫不馬虎。畫中的婦人神情自若，盛裝的她，配戴著珍珠頸鍊與綁線的鏤刻墜子，另在腰際鑲有珍珠的別針與雙手鍊，亦是精緻物件，顯露她的高貴身分。

PLATE 22

林布蘭特（Rembrandt Harmensz van Rijn, 1606-1669）

沐浴中的貝絲希芭

1654 年
油彩畫布
142×142cm
巴黎羅浮宮美術館

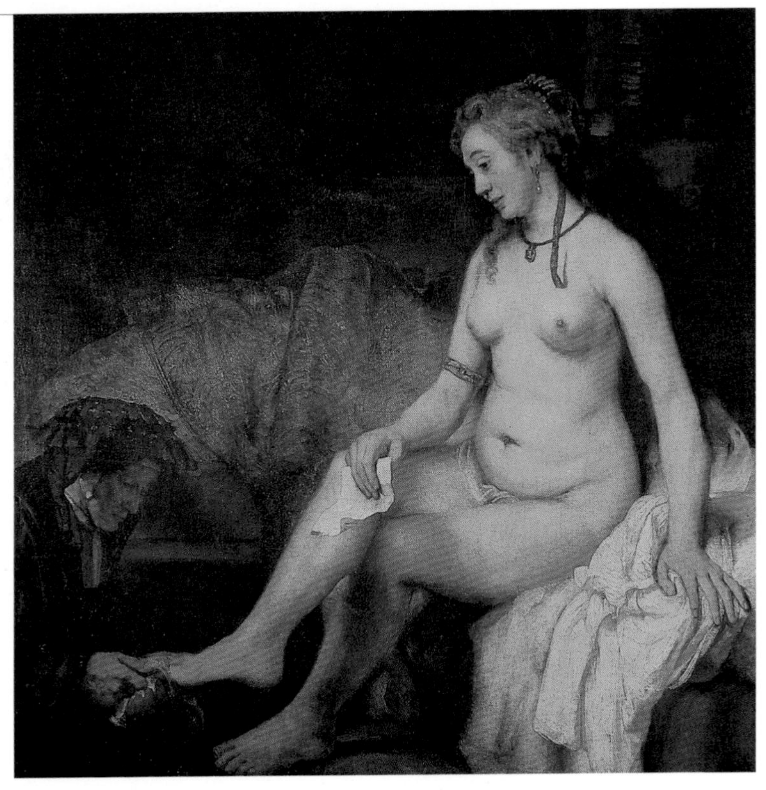

儘管許多畫家都曾熱中於宗教畫，或對聖經故事有不少描繪；然而，林布蘭特被公認是西方畫家當中圖解聖經最擅長且最具表現者。這幅〈沐浴中的貝絲希芭〉便是他傳世的有關聖經題材之名作。

西元前 10 世紀的以色列國王大衛，看到沐浴中美麗的貝絲希芭，大為心動，於是害死貝絲希芭的丈夫烏利亞，將貝絲希芭納為第八個妻子。此畫描寫浴後的貝絲希芭初次接到大衛王要見她的信，正徘徊於領受王者之愛慕與對丈夫之忠貞的兩者間，低頭沉思，不知如何是好。

坐在光亮處的貝絲希芭，金髮挽起，露出珍珠耳環。她的頸間和右手臂都戴著金屬雕刻飾物，在一旁為她拭腳的女僕可知女主人的心思？

林布蘭特

Rembrandt Harmensz van Rijn, 1606-1669

戴絲絨貝雷帽的亨德麗吉．史多芙絲

約 1654 年
油彩畫布
74×61cm
巴黎羅浮宮美術館

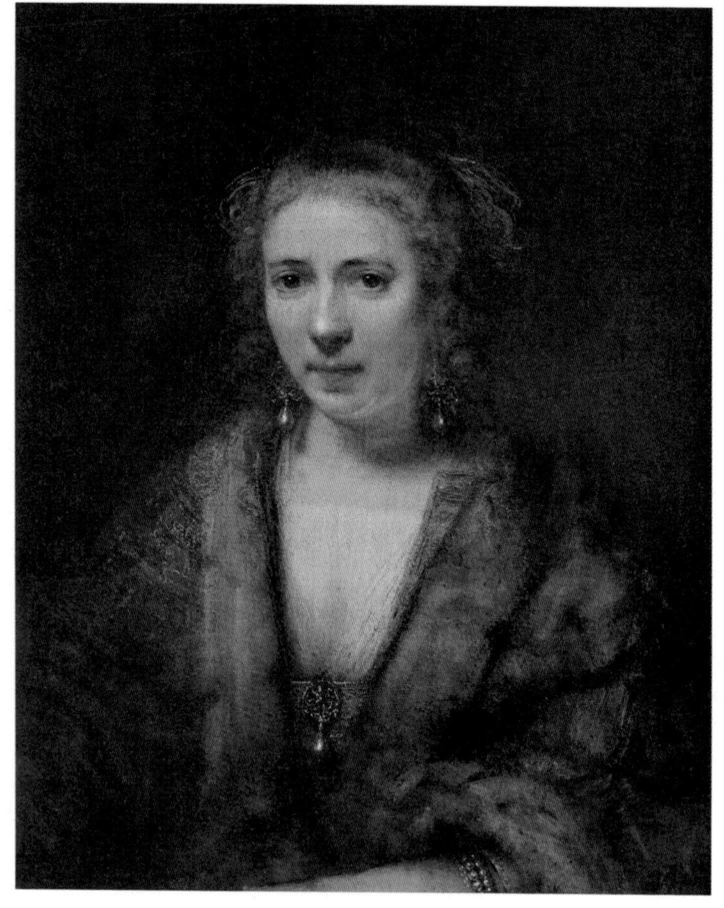

1642 年，林布蘭特的太太莎絲吉雅病逝的七年後，二十出頭的亨德麗吉．史多芙絲到林布蘭家做管家，也兼做模特兒。後來她成為畫家的親密伴侶，並生下一女。從林布蘭特存世的作品，可以看到這位女性有姣好的五官，一雙溫柔的眸子略帶著憂鬱。莎絲吉雅死時不過三十歲；亨德麗吉在 1663 年過世，也只有三十多歲。

完成於 1652 年的這幅亨德麗吉畫像，應是她剛與畫家共同生活不久。她的耳際、胸前和手腕都戴著珍珠飾物，相較於林布蘭特筆下的皇族貴婦，沉穩而幽幽發光的珍珠，更能襯托麗質天生而樸實的亨德麗吉。

林布蘭特

Rembrandt Harmensz van Rijn, 1606-1669

持羽扇的女子

約 1658/60 年
油彩畫布
99.5×83cm
華盛頓國家藝廊

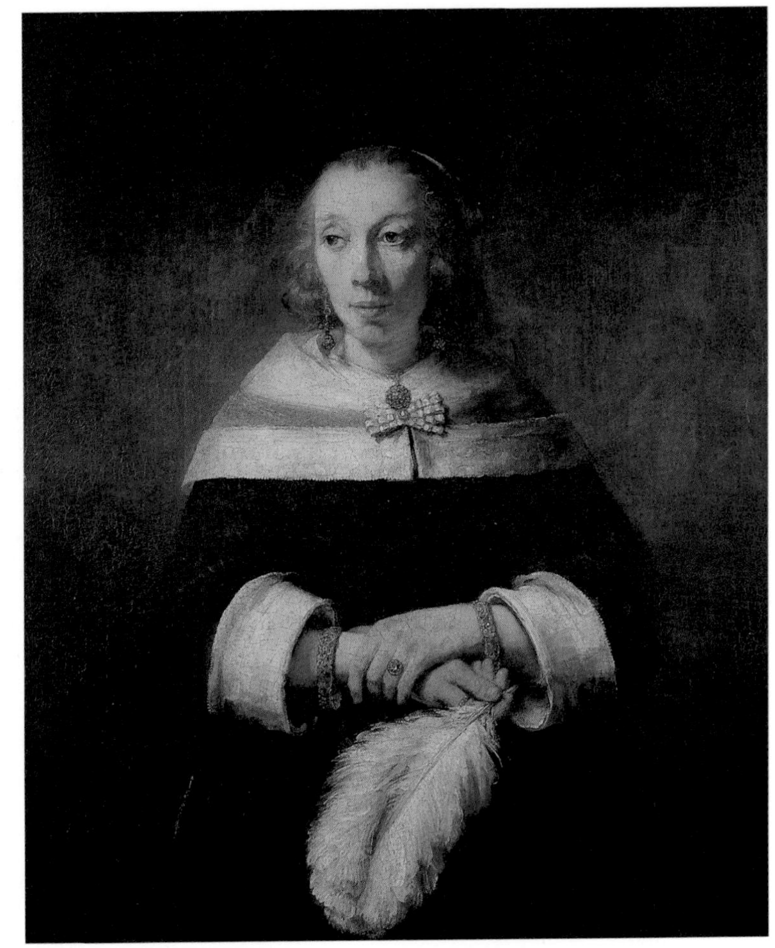

1660 年對林布蘭特來說十分不順遂，他經濟狀況下滑，1639 年因虛榮心作祟所買的房子，成為莫大的債務，在 1660 年遭出售，他不得已只好帶家人遷出，到阿姆斯特丹鄉間租屋，為了生計，繼續做肖像畫掙錢。這一幅〈持羽扇的女子〉便是這一年的作品。

瀕臨破產的林布蘭特，在往後的許多作品似乎都帶著一種難以言喻的惆悵和落寞。畫中持羽扇的女子神情亦是如此，反映了婦人的感傷心境。雖然，畫中人的衣裝不俗，項鍊、別針鑽飾、雕金手環和戒指等飾品也都齊備，但外人卻感受不到她物質無所匱乏的滿足與幸福。

林布蘭特

Rembrandt Harmensz van Rijn, 1606-1669

抱著愛犬的婦人

約 1665 年
油彩畫布
81.3×64.1cm
多倫多安大略州立美術館

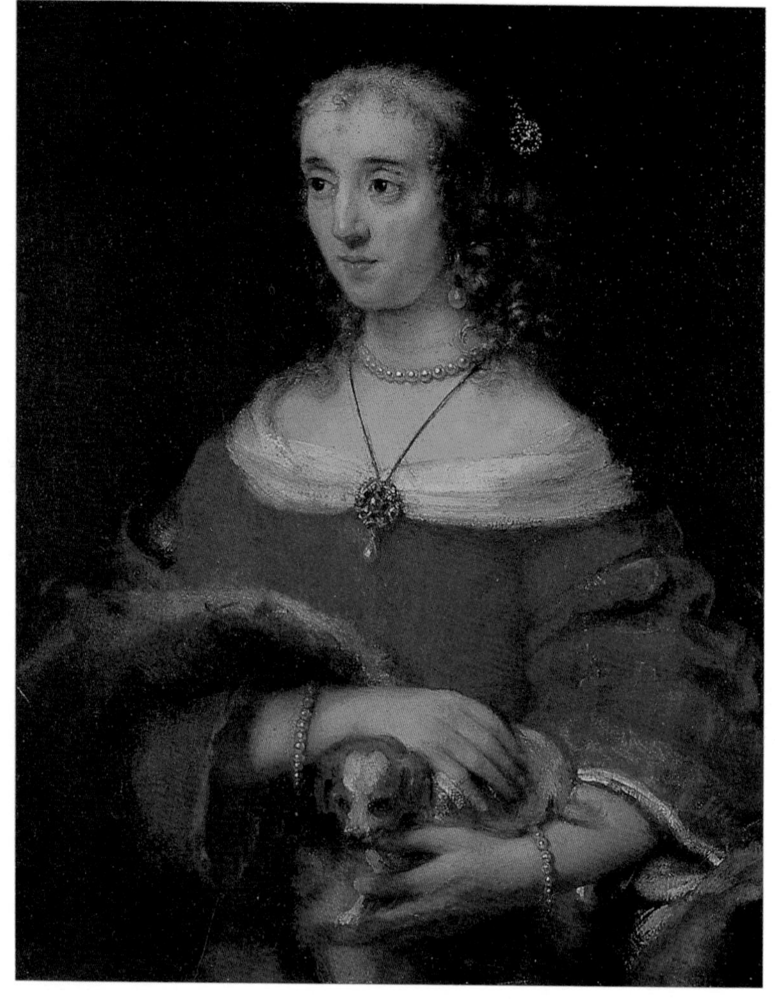

林布蘭特在 1663 年失去了晚年依賴的伴侶亨德麗吉，這位從管家進而成為畫家破產後最重要精神及家務支柱的女性，因肺結核過世。悲傷的林布蘭特繼續埋首創作，〈抱著愛犬的婦人〉是他在約 1665 年受人委託的肖像畫之一。

〈抱著愛犬的婦人〉穿著華貴，耳環、項鍊與左右手腕的飾物都是珍珠，另一垂胸長鍊則是以珍珠裝飾於金屬鏤刻圓墜下。林布蘭特在刻畫婦人外貌裝扮之餘，也在彩筆之間開啓了畫中人若有所思的內心世界。

林布蘭特

Rembrandt
Harmensz
van Rijn,
1606-1669

魯克蕾蒂亞

1664 年
油彩畫布
120×101cm
華盛頓國家藝廊

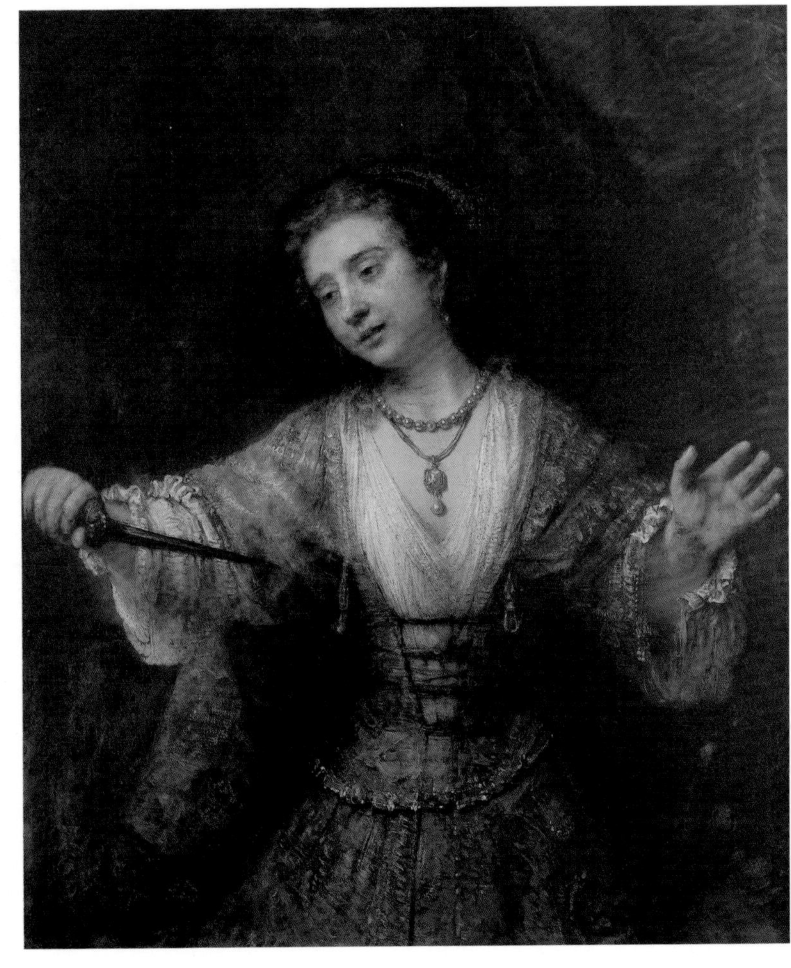

這幅畫取材羅馬史家 Livy 所寫的西元 6 世紀羅馬暴君被推翻前的事蹟。美麗的魯克蕾蒂亞，在王子丈夫口中是完美賢淑的女性，不料被羅馬國王的另一位王子强暴。被迫受辱的魯克蕾蒂亞當著丈夫面前，拔刀自盡，證明她的心是清白的，寧可用生命換取名節。

〈魯克蕾蒂亞〉描繪哀痛欲絕的魯克蕾蒂亞從衣袍掏出利刀那一刻。珍珠項鍊在她頸間閃閃發光，儷人將與人間訣別。林布蘭特用同一題材，另繪製一幅魯克蕾蒂亞的自盡，目前由美國明尼阿波里斯美術院收藏，該畫中的魯克蕾蒂亞已經劃下致命的一刀，身上並無飾物。

PLATE 27

林布蘭特

Rembrandt Harmensz van Rijn, 1606-1669

猶太新娘

1665年　油彩畫布

121.5×166.5cm　阿姆斯特丹國立美術館

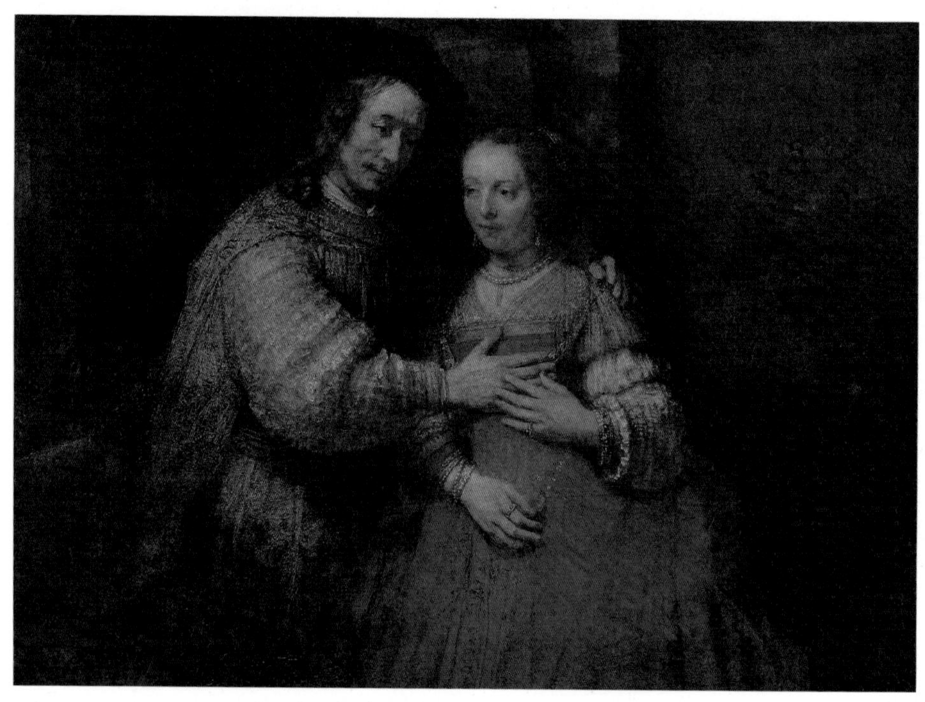

林布蘭特的許多名作都從《聖經》獲得啓發，同時藉之探討人類的精神層面。他對猶太人也有深厚的感情，總是投以無比的關懷。這幅在西洋美術史上赫赫有名的〈猶太新娘〉是藉由聖經故事中的以撒和利百加，刻畫世俗對婚姻的態度。

畫中的新郎手置於新娘前胸，一如對信仰所表現之虔誠，新娘的手則按在新郎手上，亦是終身託付與忠誠信守的回應。這是林布蘭特過世前幾年的作品，爐火純青的藝術表現，呈現了一對新人細緻華美的衣著，新娘的珍珠項鍊與手環等飾物，在光影中亦流洩著幸福的美感。

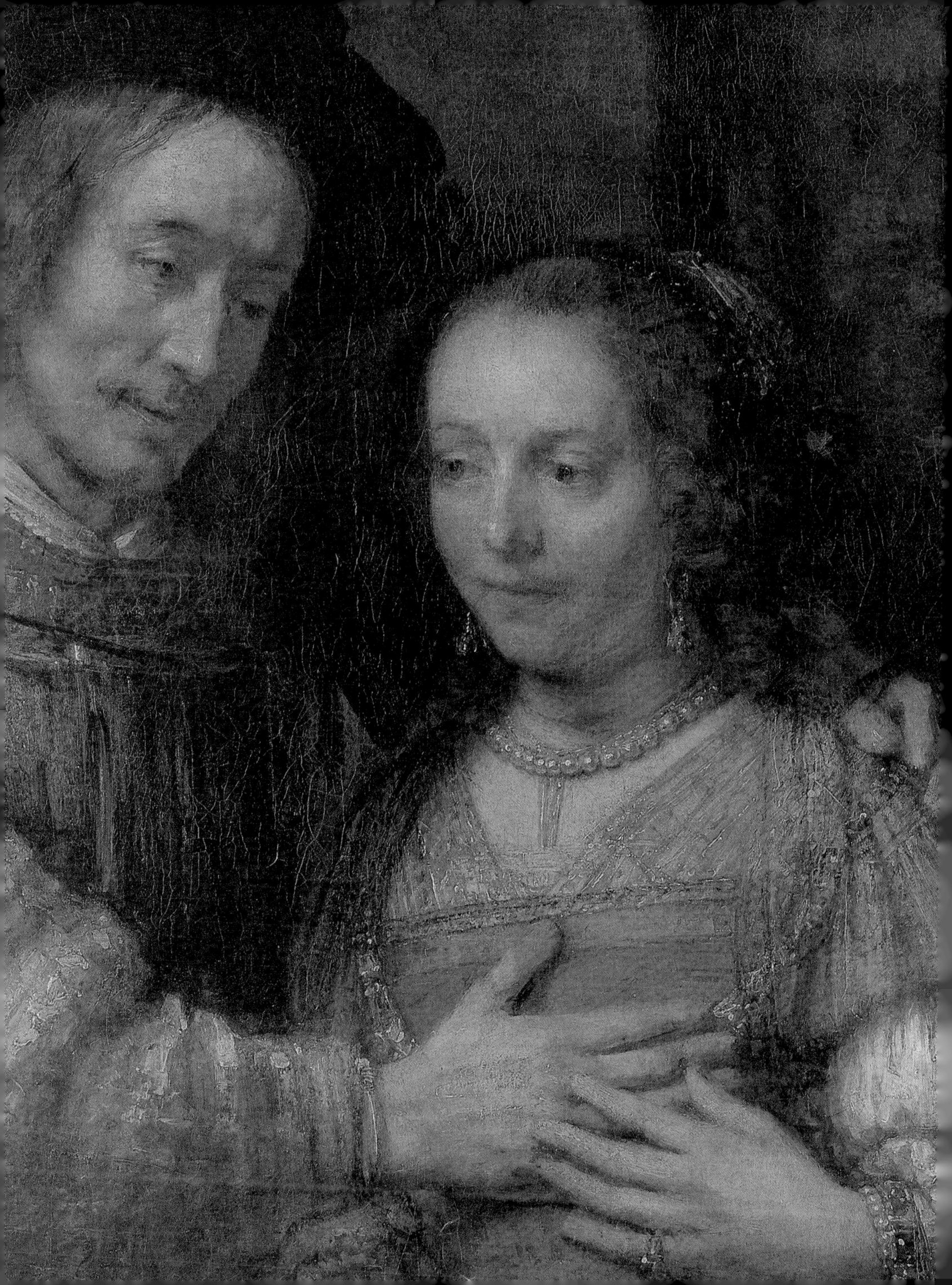

維梅爾

Jan Vermeer,
1632-1675

戴珍珠項鍊的女子

1662/65 年
油彩畫布
56.1×47.4cm
柏林國立美術館

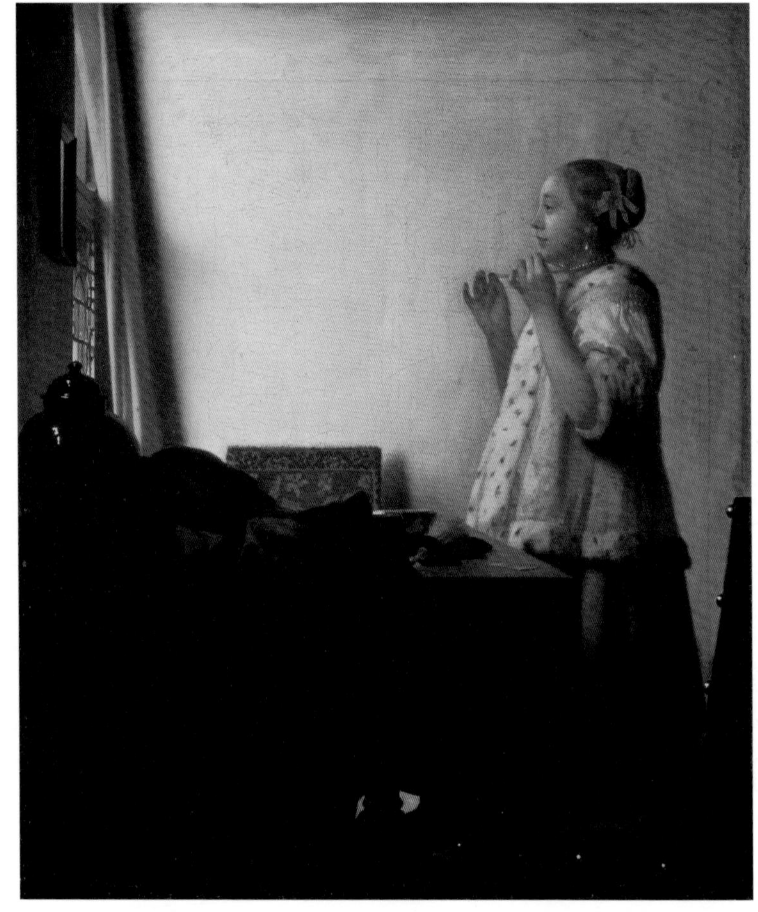

荷蘭和比利時原來合稱尼德蘭，1609 年脫離西班牙殖民統治而立國。政治的變革帶來經濟繁榮，也帶動文化發展，造就了荷蘭的黃金世紀，維梅爾身為 17 世紀荷蘭畫派的重要畫家之一，主要是他的作品充份地反映當時荷蘭的都會景象與市民生活。

〈戴珍珠項鍊的女子〉描繪穿著貴氣的婦人正在配戴珍珠項鍊。光線從畫面左側的窗戶投射進來。婦人沐浴在光的溫柔裡，前方的家具與桌面擺設穩定了空間，也突顯主人翁的皮毛與絲質衣服之光澤與柔綿感。

擅長捕捉自然光、調理自然光所映照物體變化的維梅爾，也讓美麗的珍珠在畫中發光發亮。

PLATE 29

維梅爾（Jan Vermeer, 1632-1675）
戴珍珠耳環的少女

約 1665 年　油彩畫布　44.5×39cm　海牙莫里斯皇家美術館

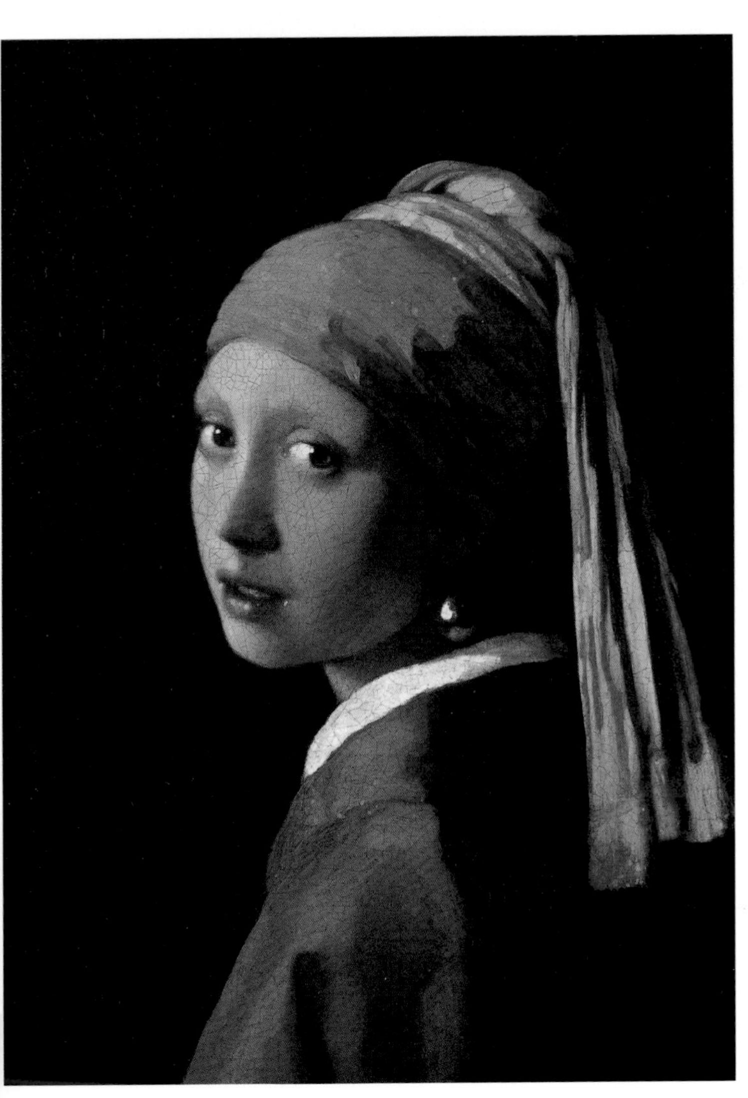

維梅爾存世的作品據估只有三十五幅，相較於許多創作豐富並有可觀數量流傳的繪畫巨匠來說，這樣的數目相當有限，加上他嚴謹的作畫態度，後人所能欣賞到他的精湛藝術也就更加難得可貴了。

這一幅〈戴珍珠耳環的少女〉是他花費一年才能完成的兩三幅畫作的其中一件，單從時間的漫長醞釀，我們不難想像畫家孕育這樣不朽名作的苦心與心血投注。單純的構圖和樸素靜謐的場域，是為突顯純情少女的吸引力。

戴珍珠耳環的女孩，似從一片深色背景舞台現身。美麗的雙眸和亮美的珍珠耳環呼應。寓意著未來幸福的珍珠飾物也因為藍色頭巾而如夜裡的星辰。如此內斂古典的畫面令人激賞，更能夠像讀詩一般地玩味！

PLATE 30

維梅爾（Jan Vermeer, 1632-1675）

情書

1669 年
油彩畫布
44×38.5cm
阿姆斯特丹國立美術館

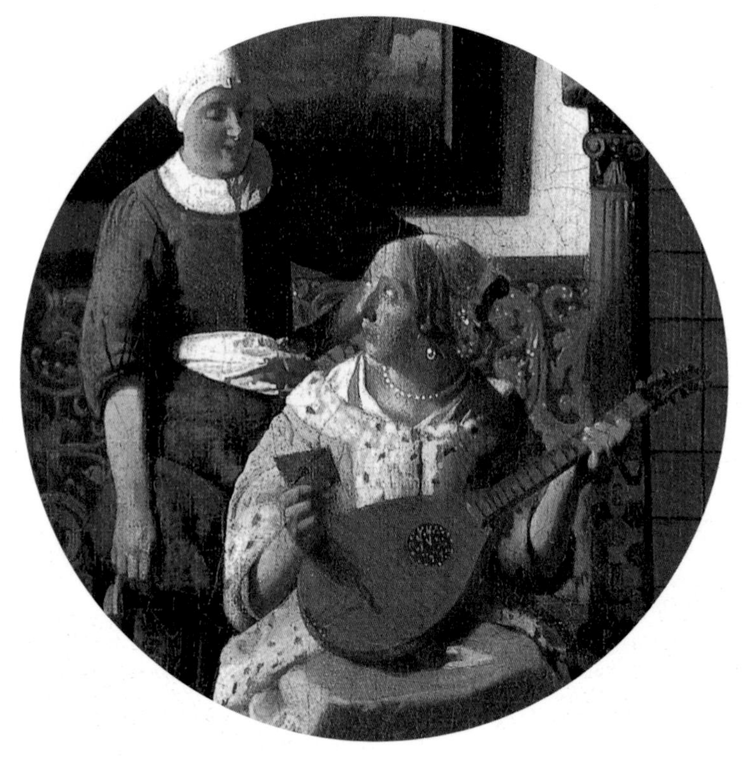

珍珠，帶著海洋氣息卻經打造成無比純清的飾品，深受許多古今女性所寶愛。在維梅爾描繪的仕女畫中，珍珠也是讓他愛不忍釋的醒目裝點，珍珠的無瑕光澤亦是這位畫家擅長表現、最令人著迷的所在，彷彿眼見著珍珠本身就要奪去了女主角的風采呢！

〈情書〉這幅畫鋪陳了主僕二人在室內的互動。站立的女僕顯然才把收到的信交給女主人，正在彈琴的女人右手接到信那一剎那，似乎在問女僕的話，側面的姿勢，讓珍珠耳環與頸鍊的優質光彩從光線中跳脫出來。畫家的巧思布局呈現了 17 世紀荷蘭家居生活的一面，女性之雍容與整理中的典雅住家一角，宛若在寧靜中訴說著故事。

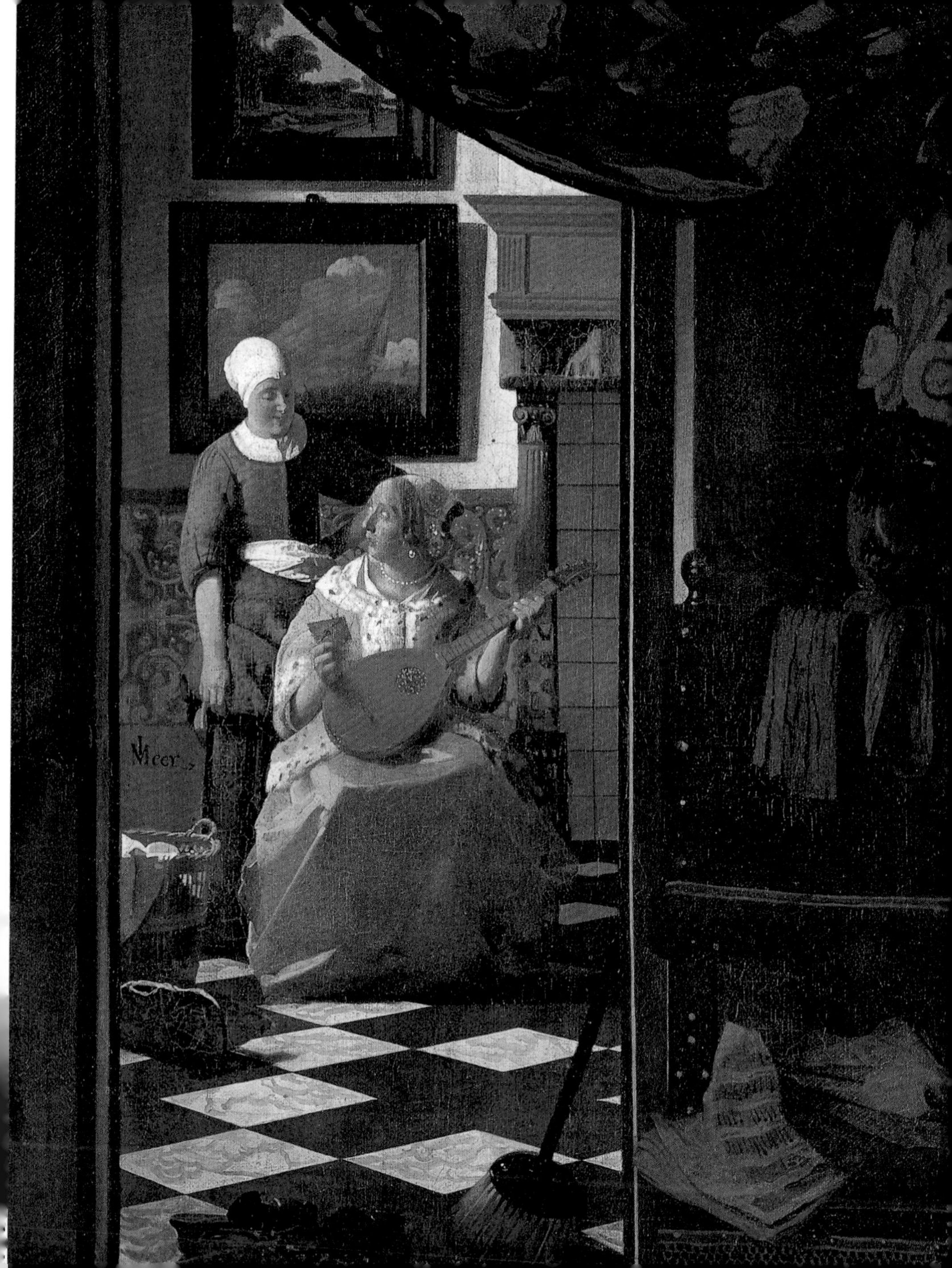

維梅爾

Jan Vermeer,
1632-1675

在女僕隨侍下寫信的女子

約 1670 年
油彩畫布
71.1×60.5cm
都柏林愛爾蘭國家藝廊

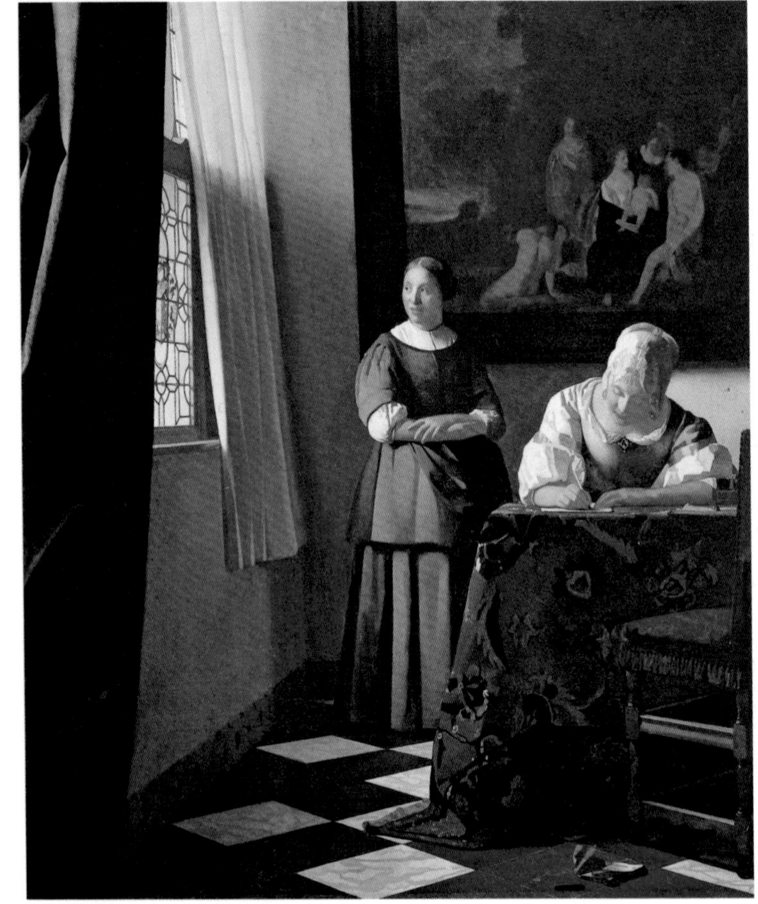

1670 年，三十八歲的維梅爾完成〈在女僕隨侍下寫信的女子〉，這個時期堪稱他創作的巔峰時期，他對光線與色彩的運用已到爐火純青地步。

〈在女僕隨侍下寫信的女子〉和〈情書〉都同樣在窗戶的光源處布局，維梅爾精心地刻畫當時荷蘭中產階級的家居生活。牆面的裝飾畫作、家具風格和桌巾的典雅，都顯示屋主的品味。室內一片無聲息。稍得空閒的女僕正往窗外看，女主人則俯身寫信。她端莊的五官在低頭振書之際，帽沿外露的珍珠耳環因光線的投射而閃爍。衣裳的一枚雕琢簡單的胸針，襯托著珍珠耳環的簡約，她在給誰寫信？寫什麼？她的神情那樣自在，像耳下的珍珠那樣自在。

維梅爾

Jan Vermeer,
1632-1675

站在鍵琴旁的女人

約 1670-72 年
油彩畫布
51.7×45.2cm
倫敦國立藝廊

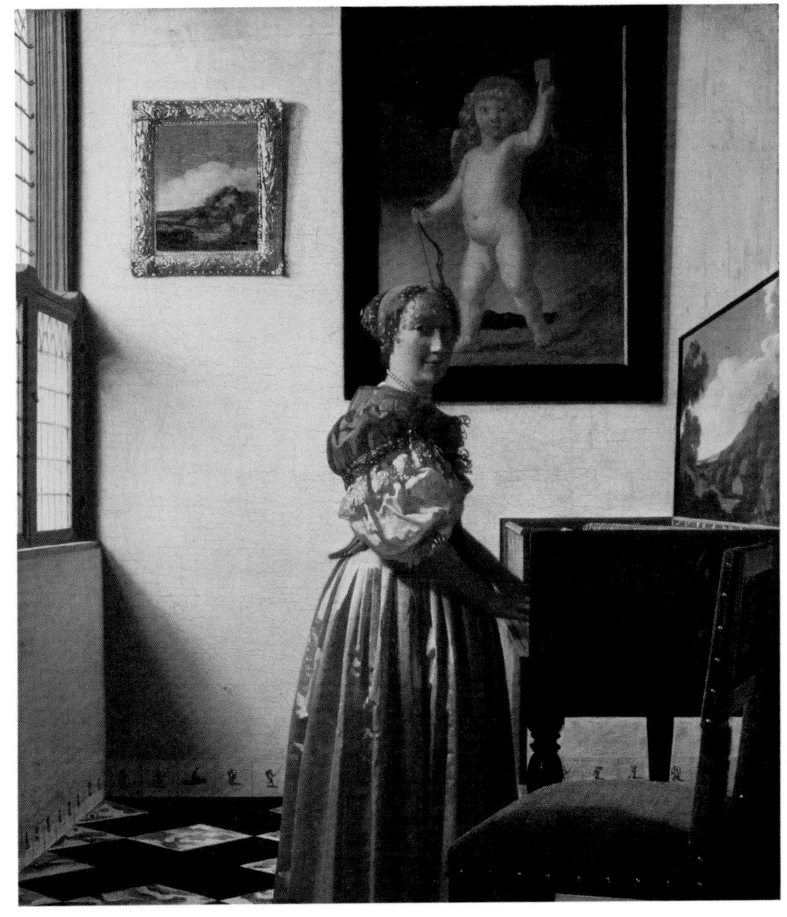

〈站在鍵琴旁的女人〉屬於維梅爾晚年的代表作之一。維梅爾作此畫時，家庭經濟面臨相當困境，賣畫收入無法維持夫妻和十一名未成年子女生計，只有仰賴太太娘家接濟。然物質匱乏並未減損這位畫家的藝術光華。他持續在作品上表現超絕的筆法，將光線、空間和色彩整合到極致。

鍵琴旁的婦人背對著窗台光線。光的溫柔，暈散到她絲質的衣裳上，上衣的粉藍烘托珍珠項鍊的光澤，牆上掛著的愛神丘比特圖畫，彷彿在隱喻著婦人內心深處的幸福感。

維梅爾（Jan Vermeer, 1632-1675）

天主信仰寓言

約 1670-72 年
油彩畫布
114.3×88.9cm
紐約大都會美術館

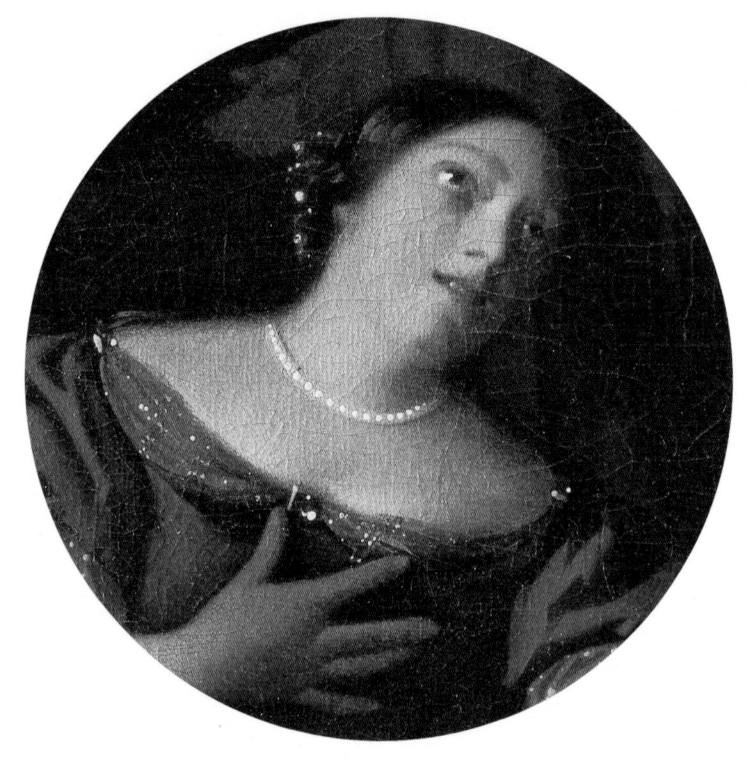

這一幅隱喻的繪畫，是維梅爾根據美學家凱薩雷．李帕的肖像寓意集《圖像手冊》所畫。象徵著信仰的婦人不同於和他習慣入畫的一些女性特質，少了一種欲語還止或令人捉摸不著的吸引力，而是有著大地母親的力感。即便如此，畫家還是沒有遺忘他最愛的女之飾品，那就是渾圓晶瑩的珍珠！

在耶穌受難圖壁飾前，右手輕按前胸，在十字架與聖經旁靜坐的婦人，戴著珍珠項鍊，在沉穩莊嚴的氛圍中，珍珠幽幽地發光。

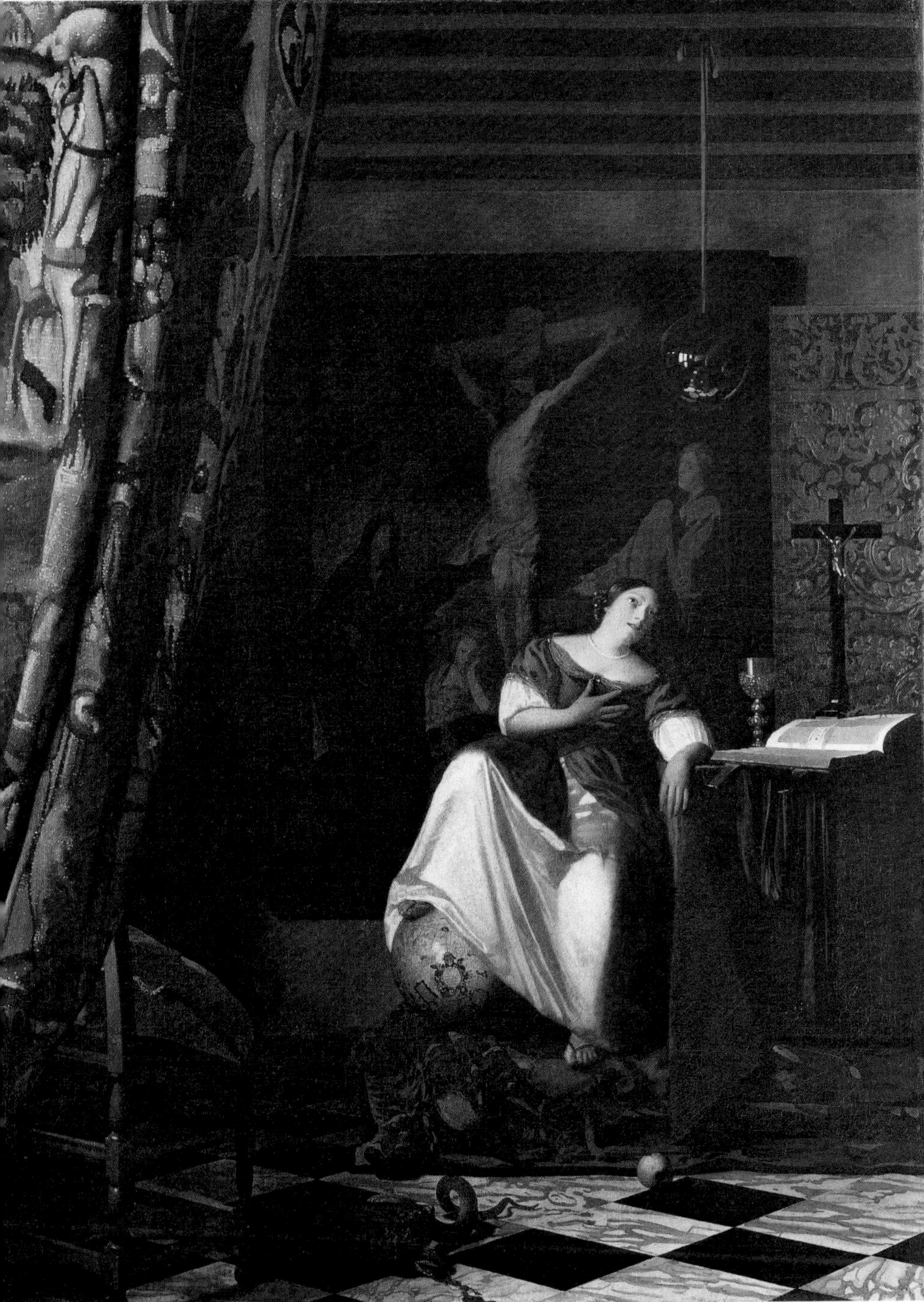

PLATE 34

維梅爾（Jan Vermeer, 1632-1675）
彈鍵琴的女人

約 1670-72 年
油彩畫布
51.5×45.5cm
倫敦國立藝廊

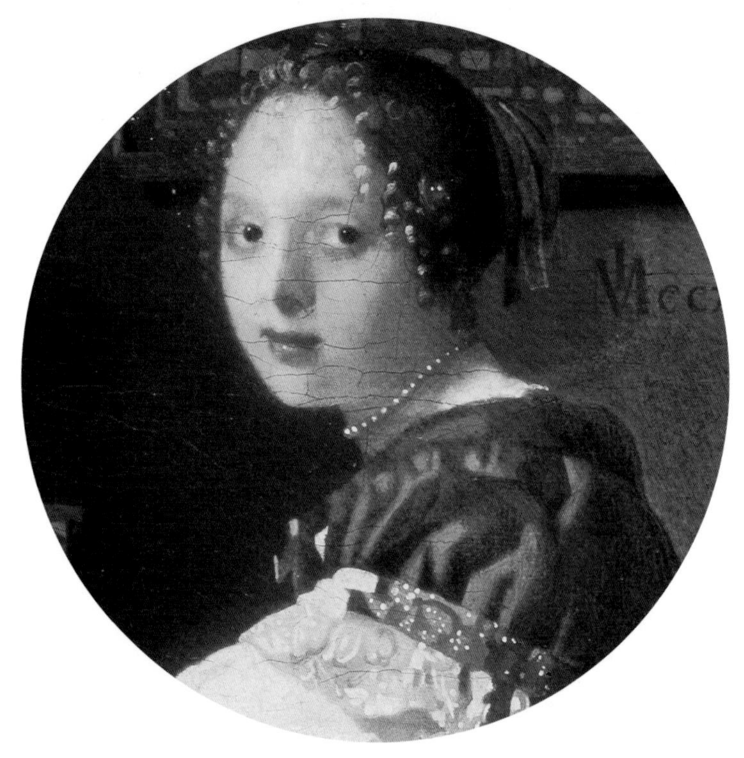

維梅爾於 1675 年離世，這一幅作品可能是他最後的創作。

在維梅爾存世的多件作品都有音樂存在。有的畫面出現大提琴、鍵琴、吉他、魯特琴或喇巴等等，有的畫面則以業餘樂師出場，樂聲在他擅常營造的寧靜空間彷若神隱，但又像在空間不斷地迴盪。

有人說，維梅爾是用音樂來隱喻愛情。確實，在那充滿詩意的優色場域，彈琴女人的心思寫在眼眸和唇間，圍繞她頸間的珍珠也在為那一闕浪漫的樂曲作證吧！

人生因藝術而豐富・藝術因人生而發光

藝術家書友卡

感謝您購買本書，這一小張回函卡將建立您與本社間的橋樑。我們將參考您的意見，出版更多好書，及提供您最新書訊和優惠價格的依據，謝謝您填寫此卡並寄回。

1.您買的書名是：______

2.您從何處得知本書：

□藝術家雜誌 □報章媒體 □廣告書訊 □逛書店 □親友介紹

□網站介紹 □讀書會 □其他

3.購買理由：

□作者知名度 □書名吸引 □實用需要 □親朋推薦 □封面吸引

□其他 ______

4.購買地點：______市（縣）______書店

□劃撥 □書展 □網站線上

5.對本書意見：（請填代號1.滿意 2.尚可 3.再改進，請提供建議）

□內容 □封面 □編排 □價格 □紙張

□其他建議 ______

6.您希望本社未來出版？（可複選）

□世界名畫家 □中國名畫家 □著名畫派畫論 □藝術欣賞

□美術行政 □建築藝術 □公共藝術 □美術設計

□繪畫技法 □宗教美術 □陶瓷藝術 □文物收藏

□兒童美育 □民間藝術 □文化資產 □藝術評論

□文化旅遊

您推薦 ______ 作者 或 ______ 類書籍

7.您對本社叢書 □經常買 □初次買 □偶而買

廣　告　回　郵
北區郵政管理局登記證 北台字第 7166 號
免　貼　郵　票

藝術家雜誌社　收

100　台北市重慶南路一段147號6樓

6F, No.147, Sec.1, Chung-Ching S. Rd., Taipei, Taiwan, R.O.C.

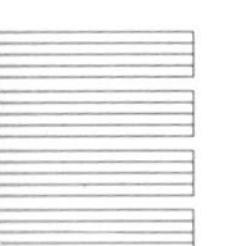

Artist

姓　　名：　　　　　　　　性別：男□ 女□ 年齡：

現在地址：

永久地址：

電　　話：日／　　　　　　手機／

E-Mail：

在　　學：□ 學歷：　　　　職業：

您是藝術家雜誌：□今訂戶　□曾經訂戶　□零購者　□非讀者

客戶服務專線：**(02)23886715**　E-Mail：**art.books@msa.hinet.net**

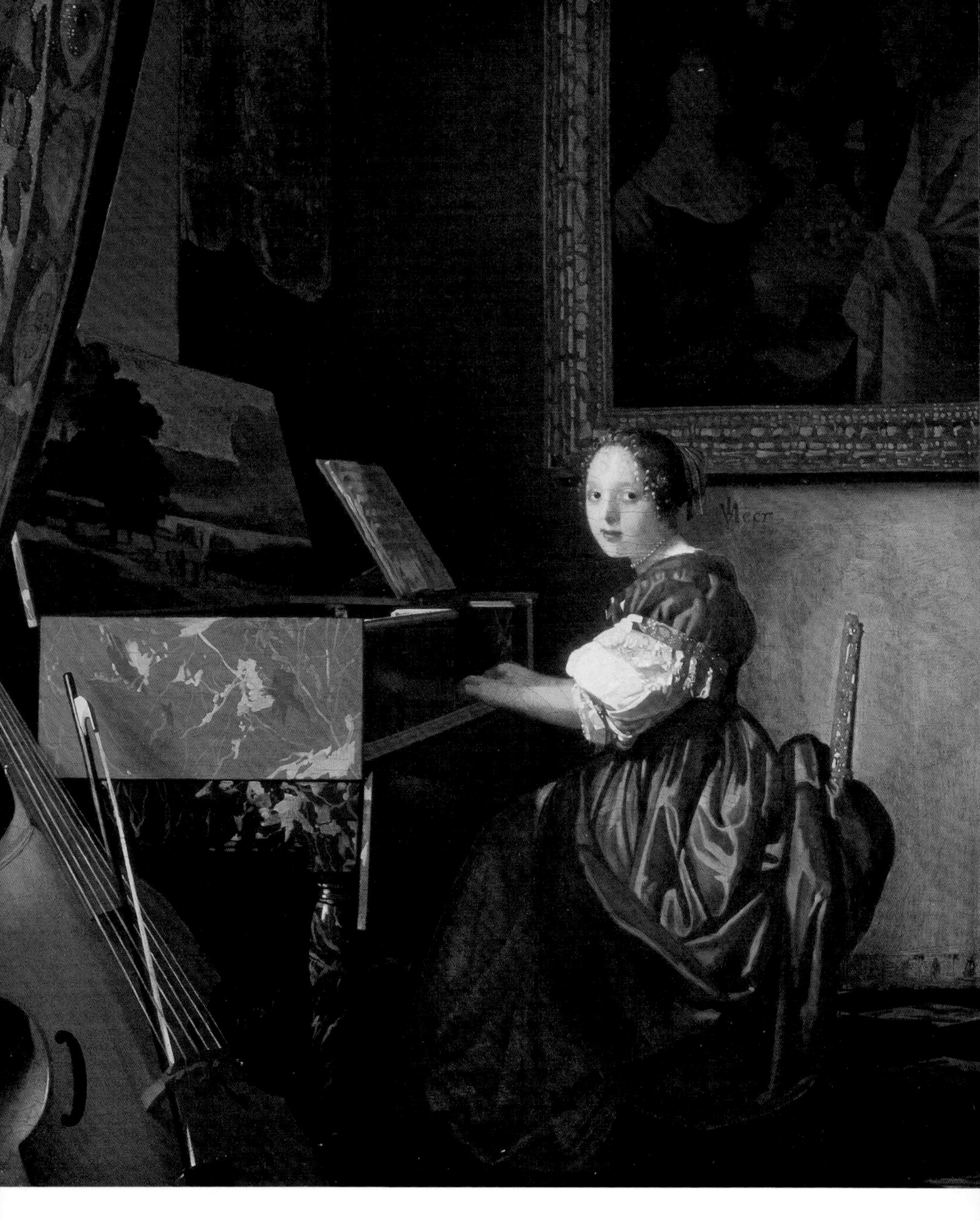

PLATE 35

哥雅

Francisco de Goya y Lucientes, 1746-1828

卡洛斯四世家族

約 1800 年
油彩畫布
280×336cm
馬德里普拉多美術館

哥雅被公認是西班牙偉大的畫家。出身於工匠家庭的他，在 1799 年被西班牙國王卡洛斯四世聘為首席宮廷畫家。這幅作品就是為卡洛斯四世家族所畫的群像。

在沒有攝影機器的時代，我們透過藝術家的敏銳觀察力與高超技法，看到了當年西班牙第一家庭的「大合照」。以國王與皇后領頭的家族，大小成員都以盛裝亮相。男性披掛著勳章，女眷則配戴著華麗的珠寶，其中以身材高挑的皇后裝扮最為醒目亮眼。哥雅生動的寫實功力，在這幅群相的人物刻畫及服裝飾物上都有深刻的著力。

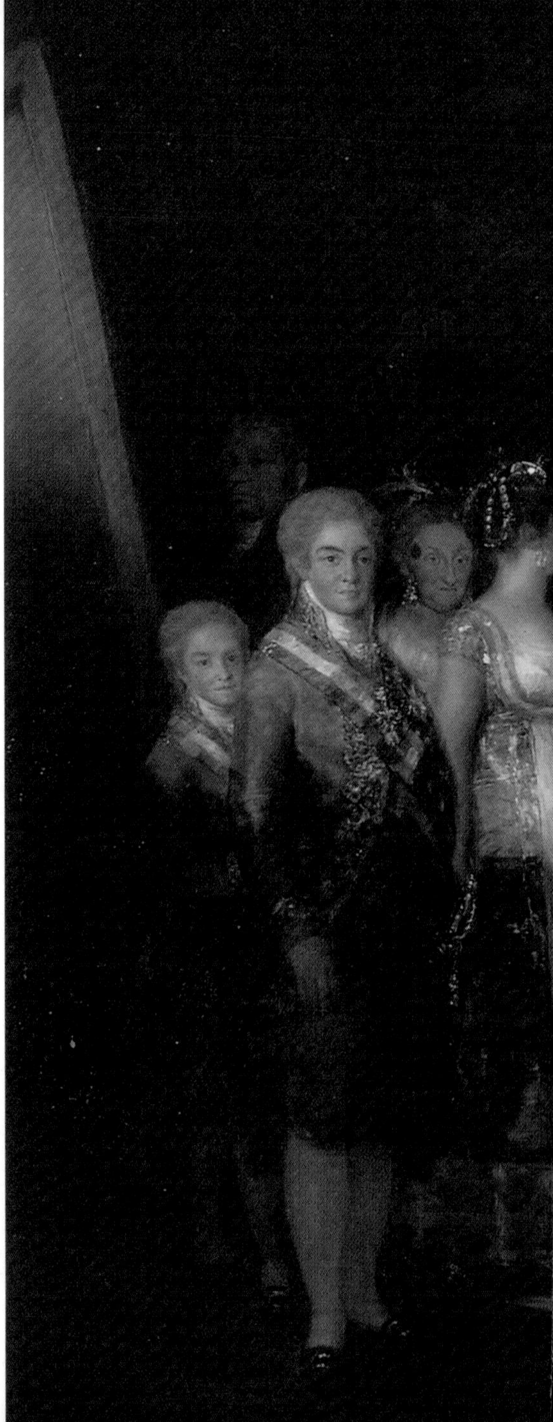

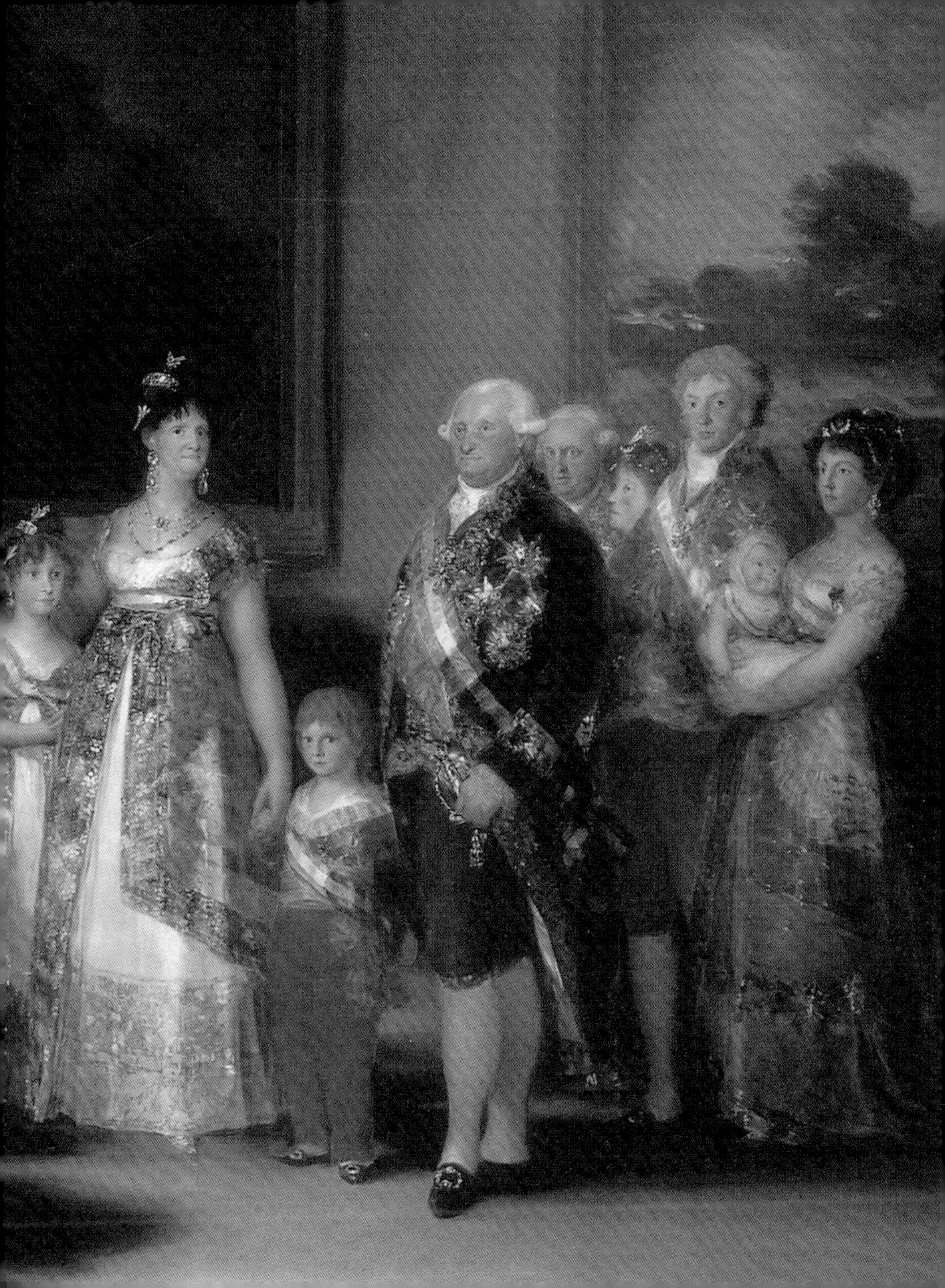

PLATE 36

大衛（Jacques-Louis David, 1748-1825）

拿破崙一世加冕大典

1806-07 年　油彩畫布　621×979cm　巴黎羅浮宮美術館

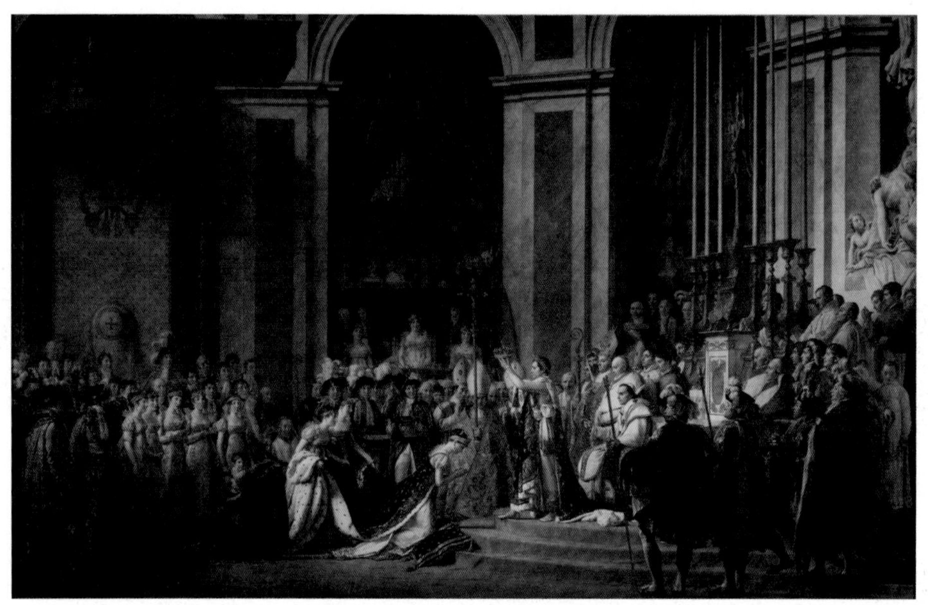

出生於巴黎的大衛，在 1781 年參加沙龍展一舉成名；他藝術生命最大的提攜者卻是拿破崙。1797 年他與這位心目中的英雄初次相見，1799 年拿破崙即位後，他以畫家身分受到極大的禮遇，被任命為宮廷首席畫家，因而得以畫筆記錄拿破崙帝國的重要事蹟。其中最重要、也是最壯觀的就是這幅〈拿破崙一世的加冕大典〉。

〈拿破崙一世的加冕大典〉描繪 1804 年 12 月 2 日在巴黎聖母院舉行的加冕大典。氣足沉著的拿破崙皇帝，在一百多位觀禮者注目下，高舉教皇給他的皇冠。美麗的約瑟芬皇后在女官侍候下則低頭跪向拿破崙，接受新登基皇帝給她的冠冕。

新古典主義代表畫家大衛，以長達三年的時間完成這幅歷史名畫。密實的內容和精細的表現形式令人讚嘆，光從約瑟芬皇后的裝扮就可以看到他的匠心手藝。光線映照下的后冠、耳垂下的珠光，還有手腕的飾物，一絲不苟地寫下它的光彩與質感。

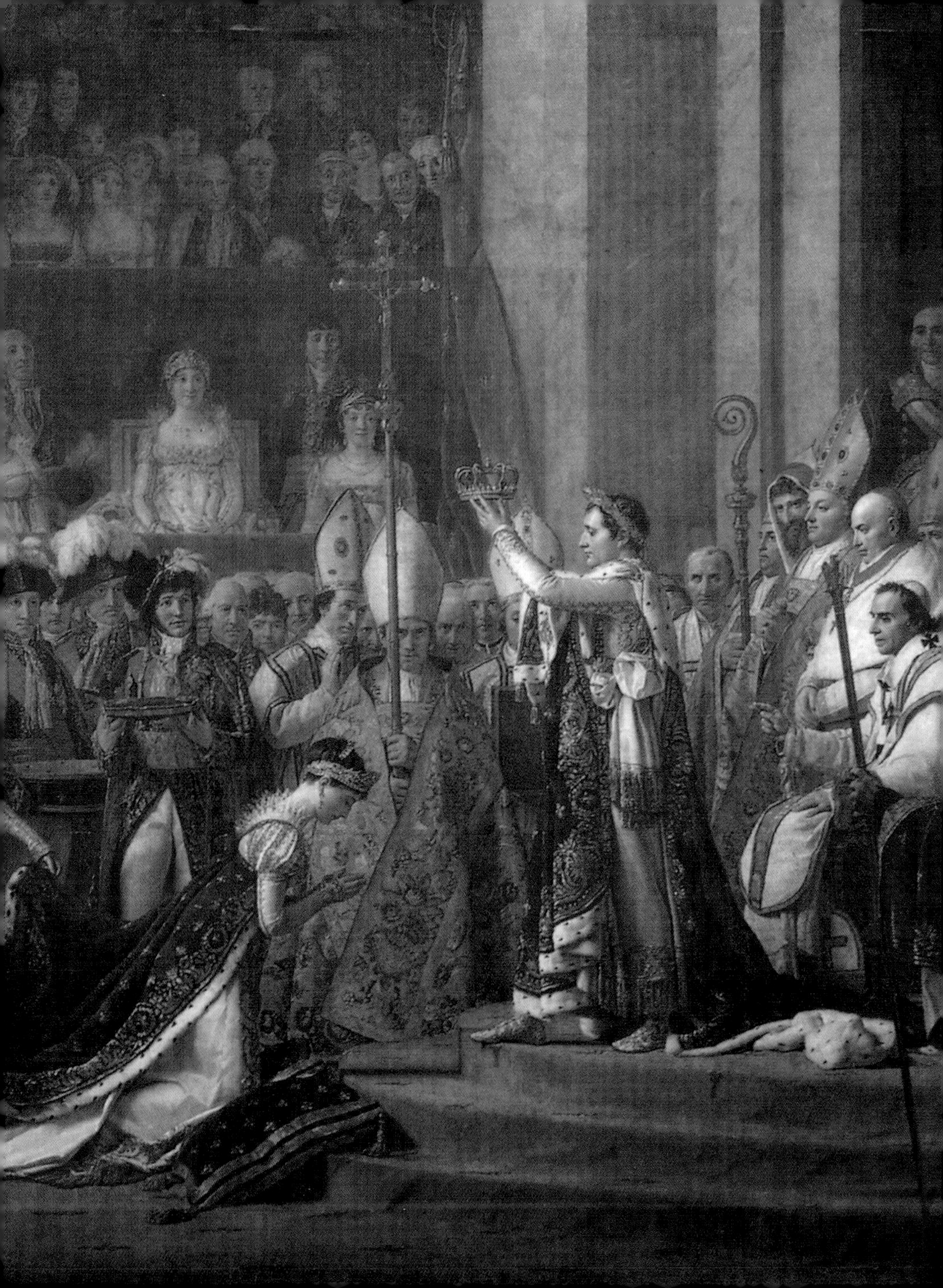

PLATE 37

安格爾（Jean-Auguste-Dominique Ingres, 1780-1867）

德・賽諾涅夫人肖像

1814 年
油彩畫布
106×84cm
南特美術館

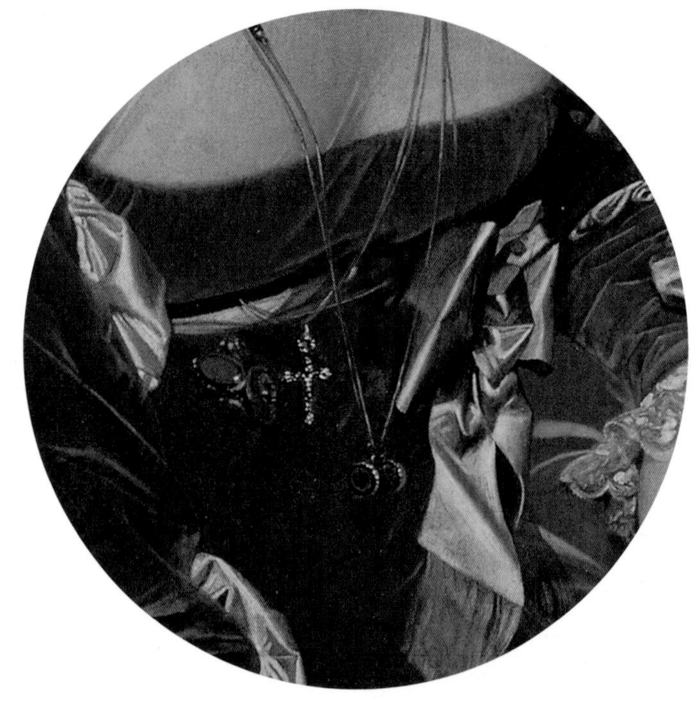

1806 年，二十六歲的安格爾得到羅馬獎的獎學金，到羅馬的法蘭西美術院深造，這是他夢寐以求的藝術之路重要門檻，也是他初次踏上義大利土地。他停留了十八年。這幅作品就是他首次旅義時期的作品。

安格爾作此畫時，碰到了拿破崙帝國崩潰，經濟來源受到影響。他為了養家，接了許多肖像畫委託。〈德・賽諾涅夫人肖像〉應是其中之一。

穿著棗紅色絲絨禮服的賽諾涅夫人，面部神情顯得平靜，似安逸已成為習慣了。盛裝的她將赴宴嗎？領口和衣袖的繡花蕾絲裝飾精緻無比，兩條長項鍊分別有十字架和紡錘狀的墜子，越過銜接絲絨的透明紗落及腰部上方。可觀的是她對戒指情有獨鍾，十隻手指有五隻都帶戒指，有的還連帶兩三只呢！其中的紅寶石戒好像與耳環、髮插屬於成套的飾品。

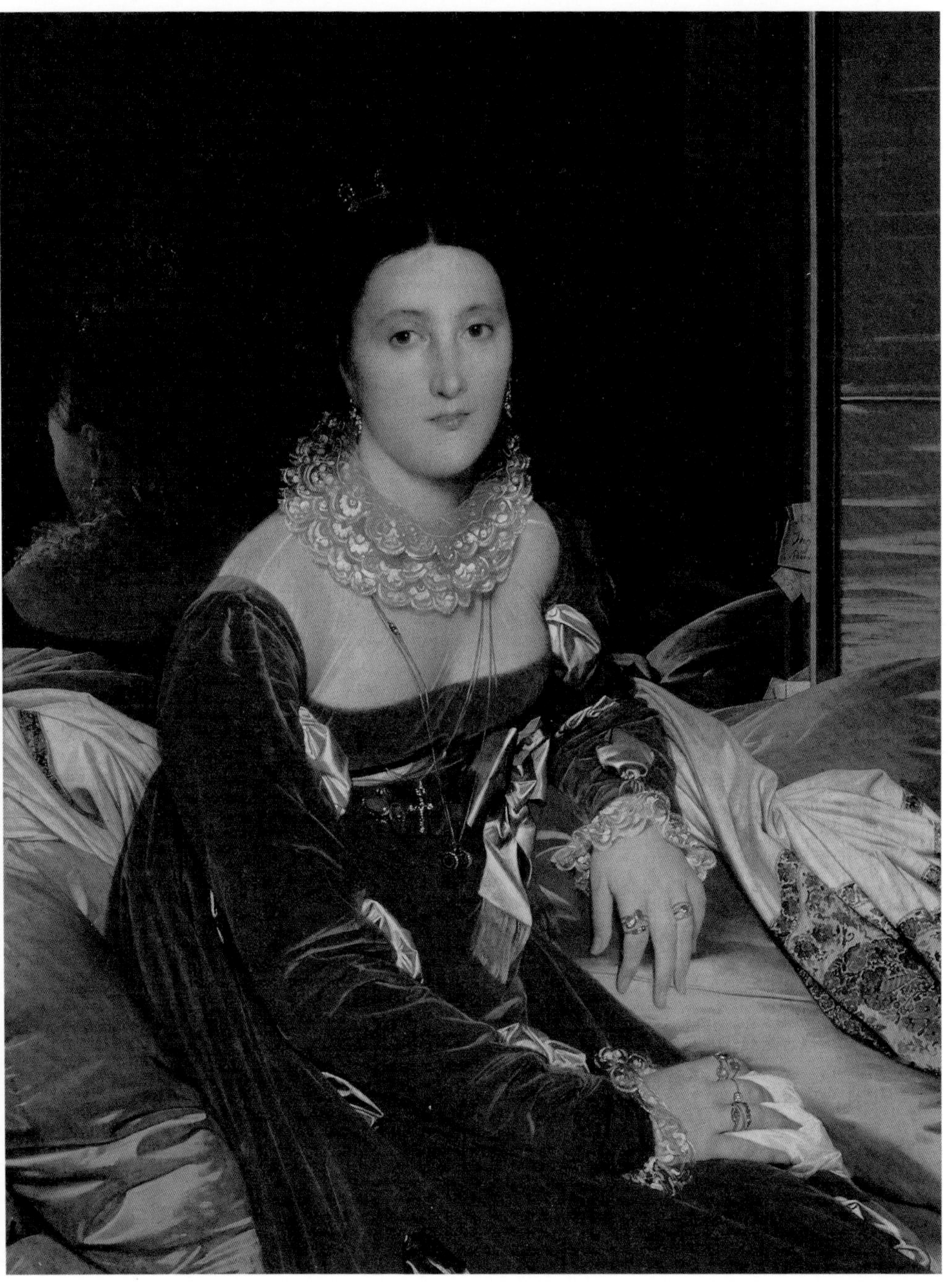

安格爾（Jean-Auguste-Dominique Ingres, 1780-1867）
大土耳其宮女

1814 年
油彩畫布
91×162cm
巴黎羅浮宮美術館

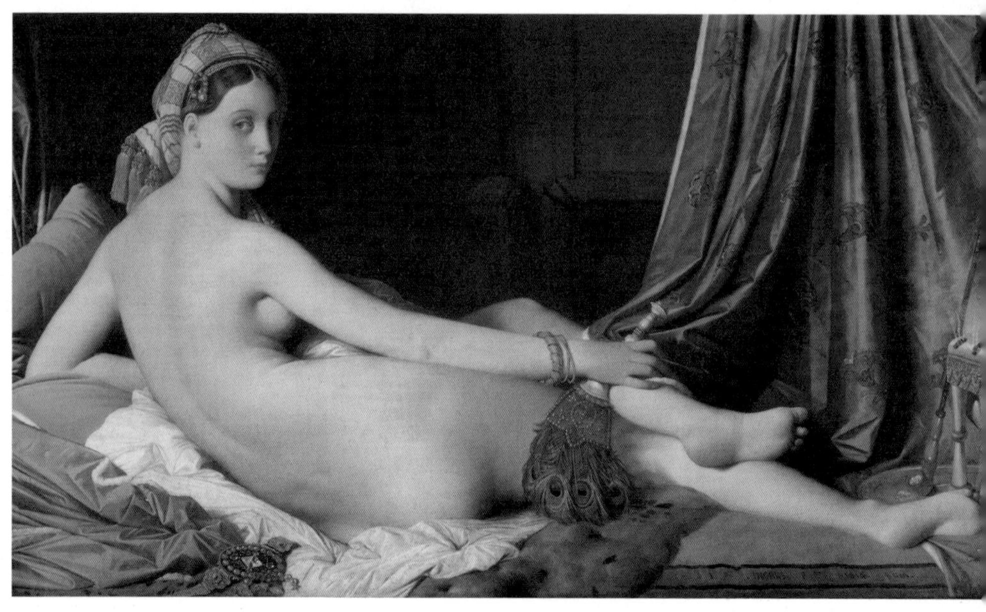

1814 年，安格爾應邀前往拿波里為摩拉王妃，也就是拿破崙么妹卡洛琳及其家人畫像，當時卡洛琳順便委託他作兩幅裸女畫，準備用來裝飾王宮。〈大土耳其宮女〉就是其中的一幅。不料，當年拿破崙退位，這項委託也隨之終止。

畫中擁有希臘雕像一般優美曲線的女體，在臥榻上姿態撩人。儘管 1819 年安格爾將它送到沙龍展時被批評「脊椎多三節」，不合乎解剖學。但是也無損於它的藝術價值和對後世人體畫的影響力。

安格爾習慣性為畫中人安排亮麗得體的飾物。土耳其宮女的頭巾外露的秀髮上，飾有鑲紅寶石的珍珠別針，三件兩式的金鐲則在她渾圓柔細的手上發光，連同那雕琢有致的羽扇、織錦布簾，都成為畫面女體之外的美感焦點。

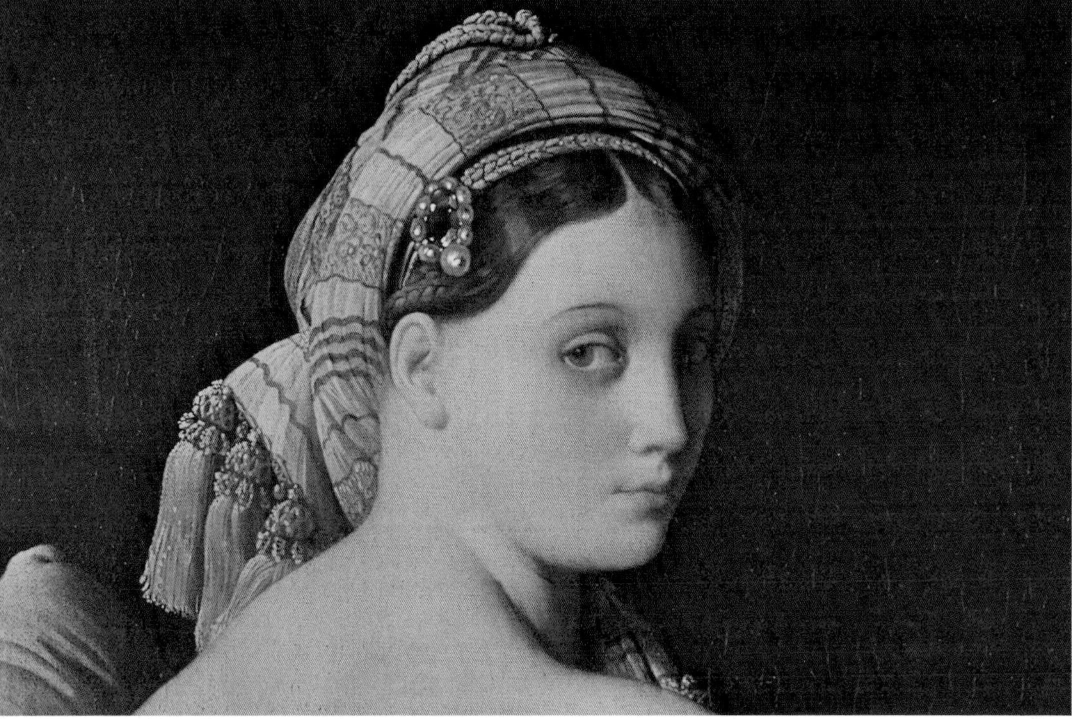

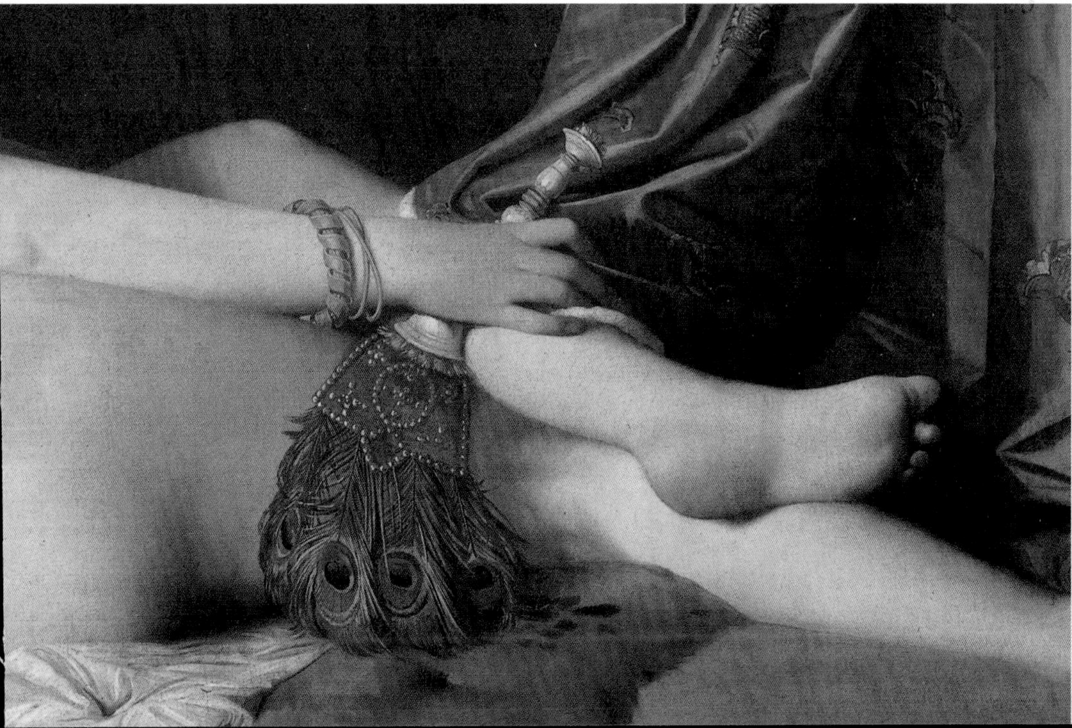

PLATE 39

安格爾

Jean-Auguste-Dominique Ingres,

1780-1867

大宮女與女奴

1842 年

油彩畫布

76×105cm

巴爾的摩華特斯美術館

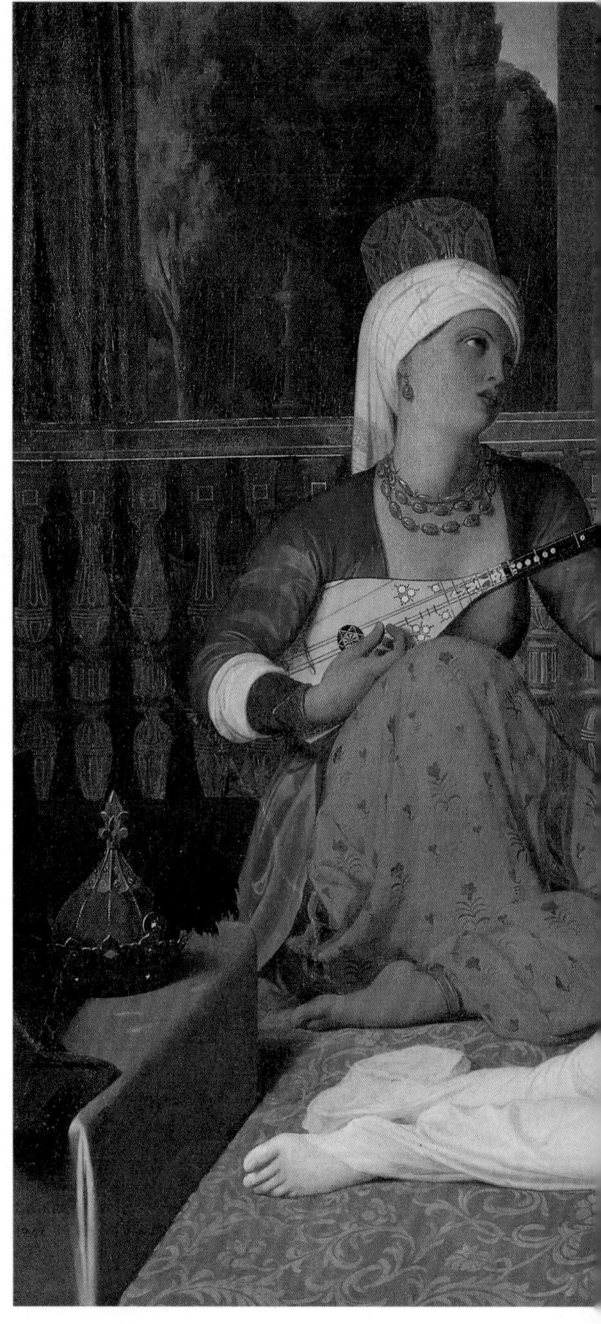

安格爾是 18 世紀肖像畫頂尖名家大衛的嫡傳弟子。他繼承了老師對構圖的考究，也在作品中表現線條之美和生動逼真的吸引力。然而他也更進一步在作品中注入東方風情，在大衛所傳授的學院派規範外，還有自我的主觀追尋。

這幅畫便是安格爾致力於研究東方風情的作品之一。他在畫面上鋪陳中東國家後宮的生活面相。似在酣睡的女子有著誘人的曲線，安格爾將女性肉體之美以一種柔美溫潤的情調呈現。

畫中的裸女配戴著簡約的珠鍊，在一旁彈琴的女性則帶著似琥珀的鍊飾。深宮的某個角落，美妙的樂聲達不了王的耳，只能任傷懷沉沉睡去吧！

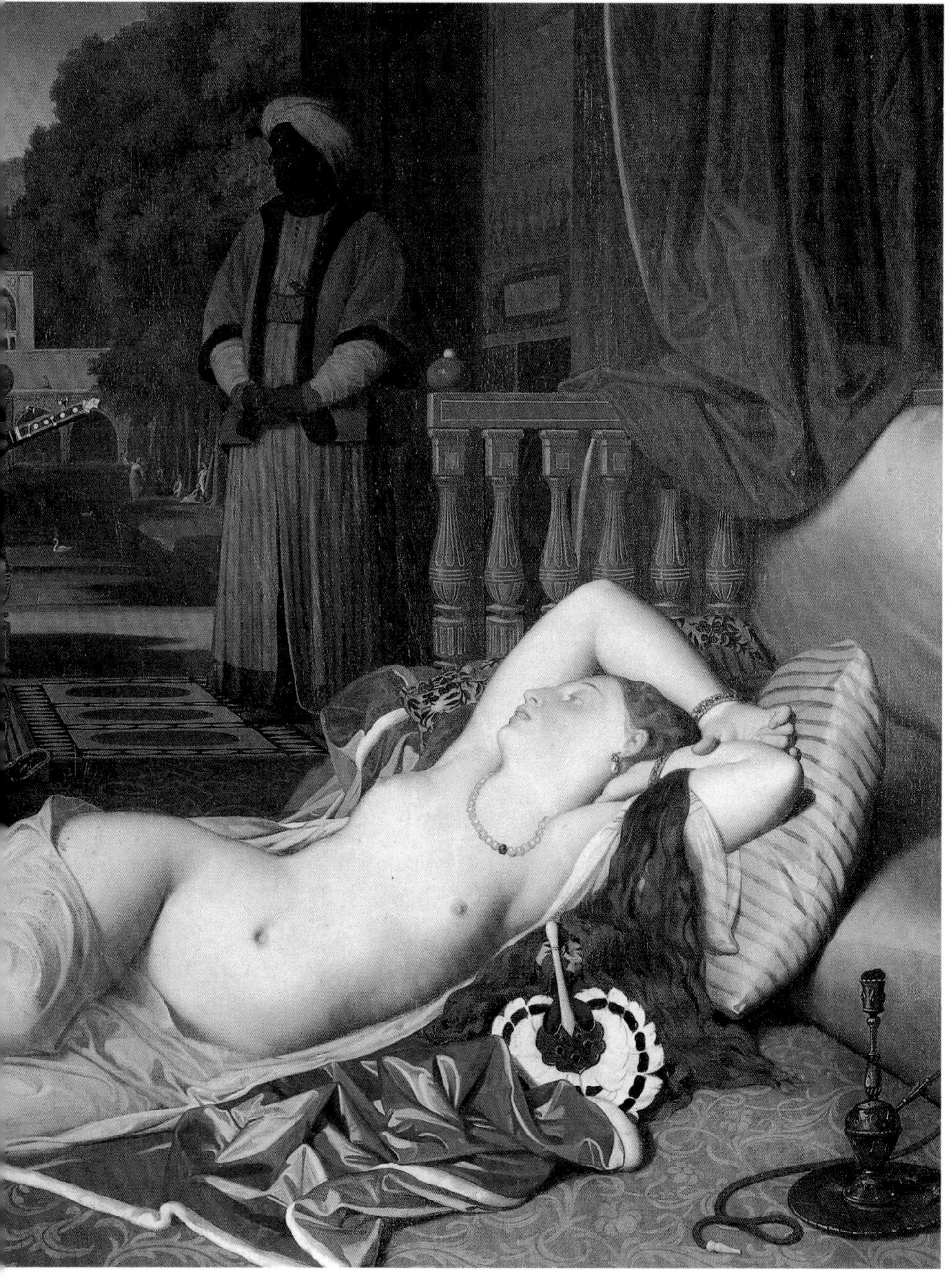

PLATE 40

安格爾（Jean-Auguste-Dominique Ingres, 1780-1867）

奧特敏・杜松維耶伯爵夫人

1845 年　油彩畫布　131.8×92.1cm　紐約弗利克收藏館

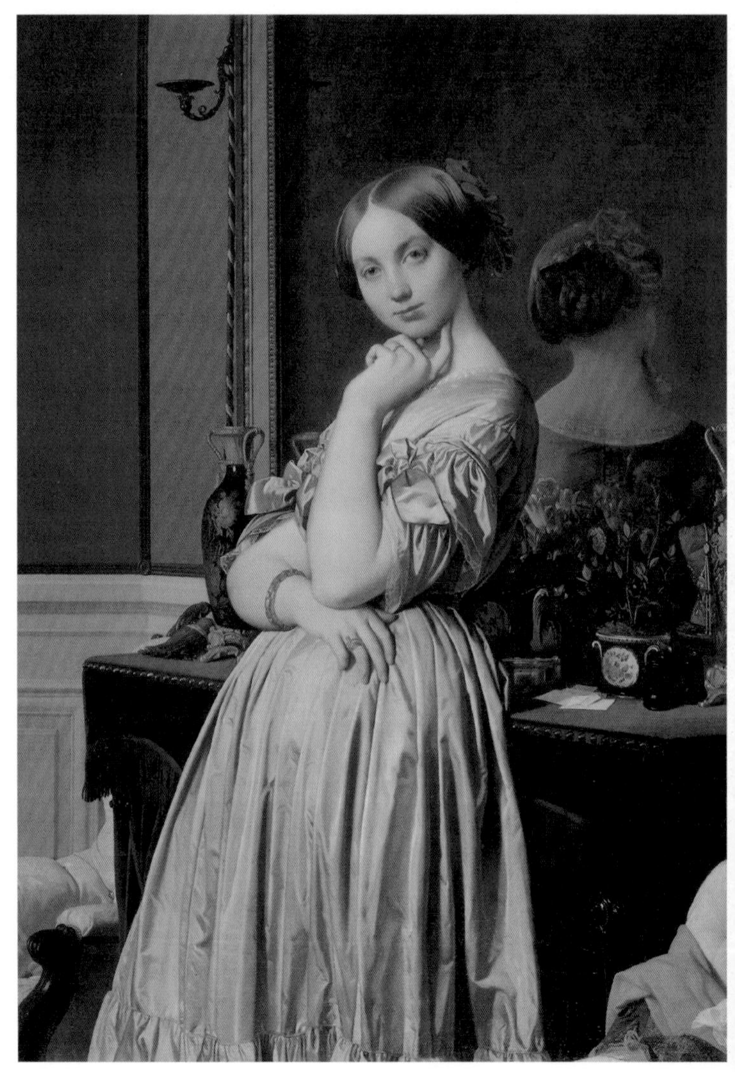

這幅肖像畫，安格爾花了四年才完成。在 1842 年先完成了習作，經過多次修正及畫家其他工作在身，再加上畫中人遷居種種因素，繪製時程拖長；但也因而造就令人激賞的畫像絕品。

出身顯赫名門而嫁給伯爵為妻的奧特敏，散發著優雅的氣質。安格爾傳神地刻畫她嬌柔的性格，也呈現上等材質的衣服質感。站在客廳大鏡前的奧特敏・杜松維耶伯爵夫人，戴著似成套的鑲翡翠的金飾手鍊和戒指，身後鏡前梳妝台的裝飾，也反映了伯爵宅邸女主人的品味。統一性的氛圍經營，正是安格爾的獨到之處。

PLATE 41

安格爾（Jean-Auguste-Dominique Ingres, 1780-1867）
莫瓦特希埃夫人肖像

1851 年　油彩畫布　147×100cm　華盛頓國家藝廊

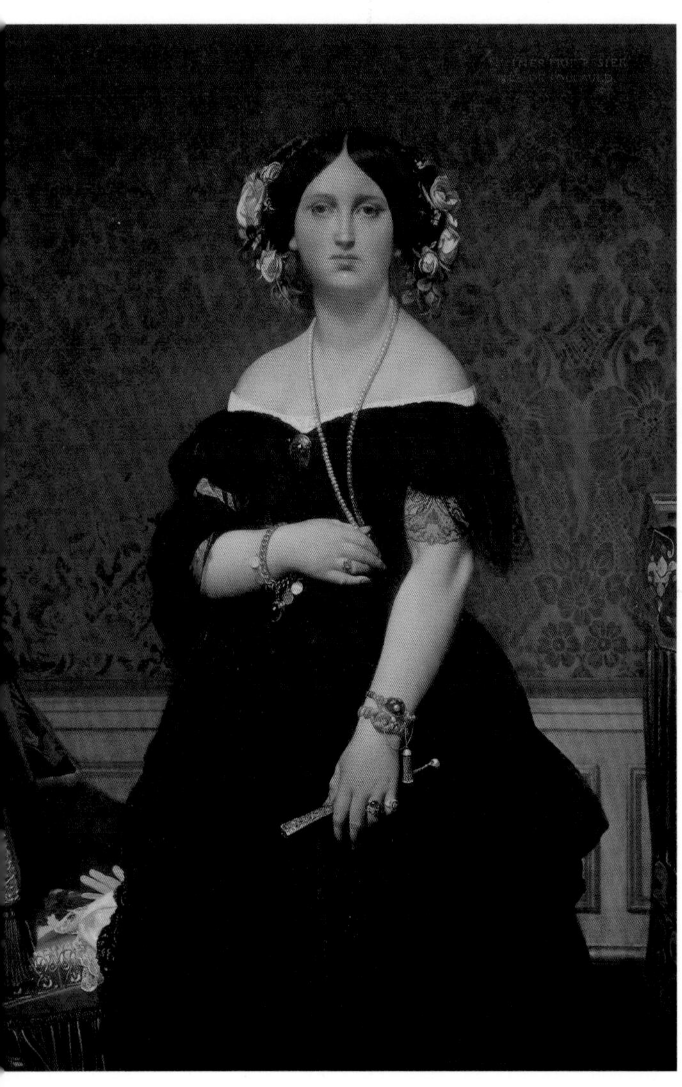

〈莫瓦特希埃夫人肖像〉被公認是安格爾傳世的肖像畫絕品，也是這位畫家唯一以同一人畫兩次的肖像畫。這是首先完成的一幅，另一幅則畫於1856年，畫中人由站立轉為坐姿。

根據記載中所敘述的安格爾感覺，莫瓦特希埃夫人是一位內外兼美的女性。顯然他是以一種崇慕的心情來為她作像。在這幅畫裡，氣質高雅的莫瓦特希埃夫人穿著一襲露肩的黑色禮服，髮上的玫瑰花飾沖淡了衣服的冷峻感，反而在沉著中突顯這位標致女性曼妙的人生際遇。

安格爾在女性肖像畫中，永遠不乏美麗的飾品。他對崇拜而讚美有加的莫瓦特希埃夫人更不可能例外。她戴著垂胸的珍珠長項鍊，胸前飾以寶石別針。左右手的飾鍊和戒指更是精雕佳品。整體呈現出風華絕代的貴婦形象，似乎也是畫家心目中之真善美女神化身。

安格爾

Jean-Auguste-Dominique Ingres, 1780-1867

布洛葛莉公主

約 1851-53 年
油彩畫布
121.3×90.8cm
紐約大都會美術館

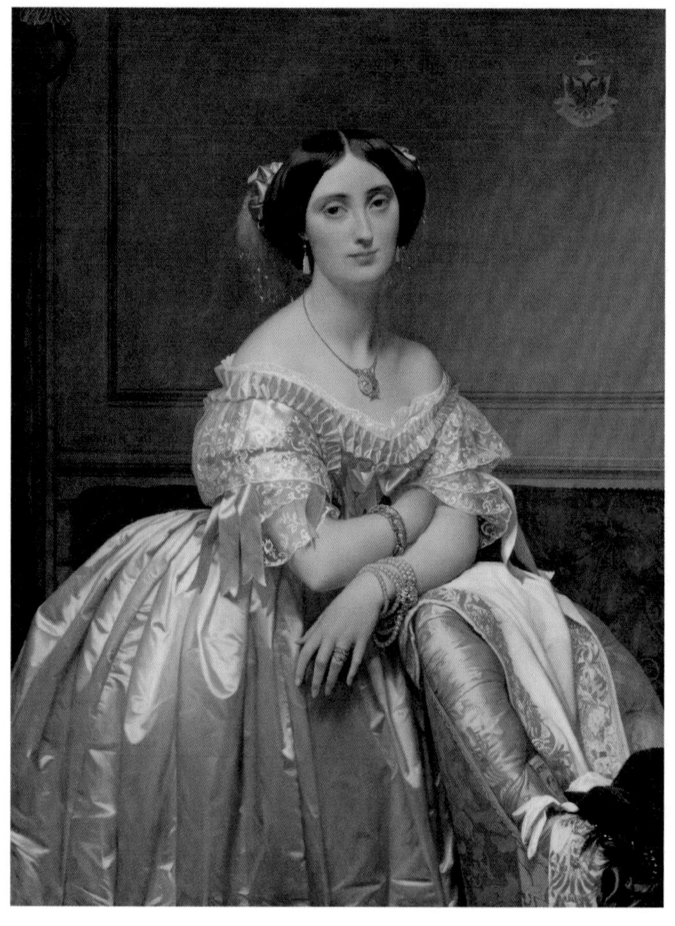

安格爾肖像畫表現在衣服和珠寶飾物的功力，真是無懈可擊。欣賞畫中的布洛葛莉公主，最先映入我們眼簾的是她水藍色的衣服。那樣柔美的光澤，那樣令人忍不住想要觸摸的輕滑質感，還有裝飾在領口衣袖的鏤空蕾絲，都傳達著出身富貴的畫中人背景。

布洛葛莉公主倚著金色織錦椅背，纖纖玉手最突出的是繞圈套在手腕的珍珠長鍊了，另一手上則戴著飾有浮雕的鐲子。她胸前刻有家徽圖樣的金項鍊，呼應了畫面右上角的家徽。莫非繁華也生寂寥？這畫中的公主心有輕愁，不料被安格爾亮在畫筆之間，增添我們浪漫的想像空間。

PLATE 43

安格爾

Jean-Auguste-Dominique Ingres, 1780-1867

安格爾夫人

1859年
油彩畫布
65.2×53.3cm
溫圖爾奧斯卡．萊因哈特收藏館

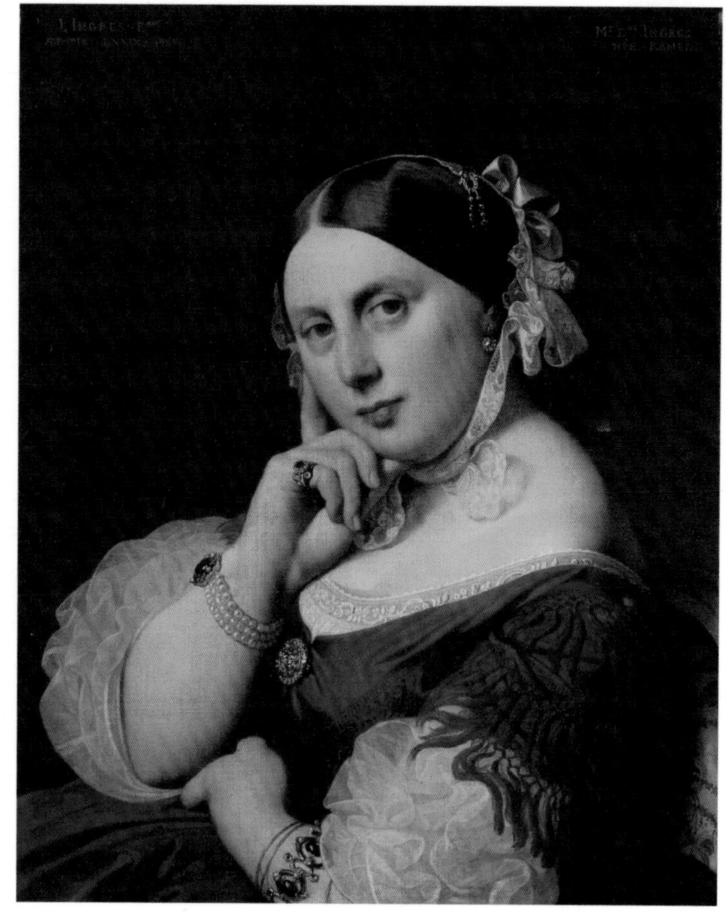

安格爾在1813年娶瑪德麗妮為妻，1849年瑪德麗妮病逝。三年後，當時七十二歲的安格爾和小他二十八歲的德菲妮．拉梅爾結婚，畫中的婦人就是德菲妮．拉梅爾。

〈安格爾夫人〉入畫時剛滿五十歲。她的畫家丈夫用出神入化的妙筆，將她堅定自信的個性傳達於外。她的衣帽花飾與布料走痕的描繪，也是安格爾藝術讓人折服之處。

穩重而看來擅長持家的安格爾夫人，她的珠寶配飾也合乎做為大畫家晚年伴侶的身分。飾有藍寶石的上品珍珠手鍊、紅寶石胸針、手工雕琢的鑲寶石手環和藍紅兩只尾戒，貴氣而不顯奢華！

PLATE 44

安格爾

Jean-Auguste-Dominique Ingres,

1780-1867

土耳其浴

1862年

油彩畫布

108×110cm

巴黎羅浮宮美術館

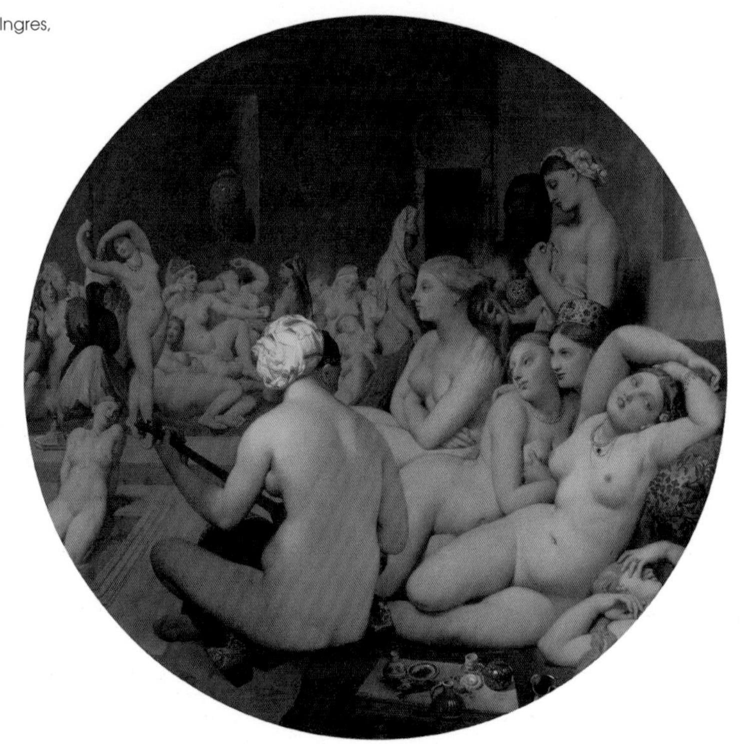

土耳其浴女是古典主義大師安格爾最愛的創作題材，從年輕到老，他藉著這個題材來完成對異國情調的歌頌。這幅作品堪稱他的裸女系列的極致。

如詩如夢一般的女之享樂圖，其實在蒸氣瀰漫中也漂浮著無可言宣的寂寥。或相依偎，或獨酌，或閉目養神，或發呆，或舞蹈，或彈琴，或觀賞表演，或哀怨嘆息，畫中可以看到安格爾無懈可擊的描繪技巧，女性的肉體美征服了觀者的眼睛，她們肢體表情所反射的情緒也感染到畫外。

〈土耳其浴〉中有幾位浴女配戴著項鍊和耳環。畫中左下方似乎心事重重的女子，是眾浴女中佩飾最多樣的一位。除了一條鑲有紅寶石墜子的金鍊子，還露出兩條陪襯的細鍊。貝珠耳環和髮鬢的紅花彷彿在她的粉肩上對話，不識人間的情傷！

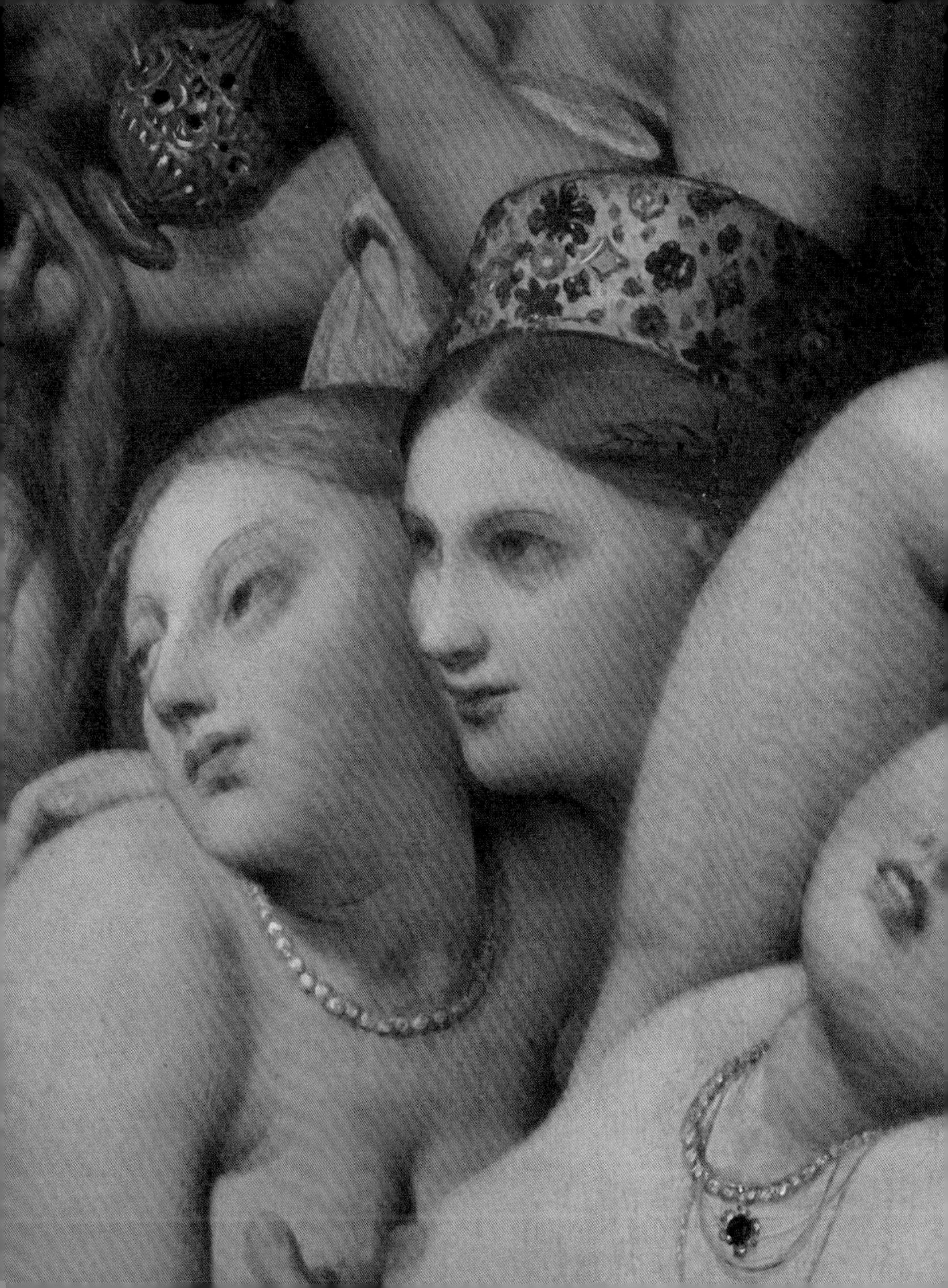

PLATE 45

德拉克洛瓦

Eugène Delacroix, 1798-1863

薩荷達那拔爾之死

1827 年
油彩畫布
392×496cm
巴黎羅浮宮美術館

德拉克洛瓦這一幅作品的靈感來自英國詩人拜倫的史詩，也加注了個人想像，充滿暴力、血腥和淒美。呈現在我們眼前的是暴君瀕死前的殺戮場面。

亞述王薩荷達那拔爾在準備自盡之前，躺在鋪墊著木頭的大床上，面無表情地看著愛妃自殺。在飄著煙火的宮殿裡，冷血的士兵服從王令，正在進行殺戮，美女與寶馬都不能倖免，在一旁也有人拿匕首自盡。哀號哭泣，似乎從畫面傳出來。散落的珠寶已失去主人或不再扮演奢華炫耀的角色，只因為美麗而曾經被王憐惜的主人都因陪葬而斷了氣息。

在彷若戲劇舞台的右前方，戴著璀燦的耳環、臂飾、手鍊、腳鍊和戒指的薩荷達那拔爾愛妾，無可奈何地面對死亡，床邊一名受害的女體也有姣美的臉龐和貴重的飾物。人間一切物質榮華都隨著生息的休止而無意義了。

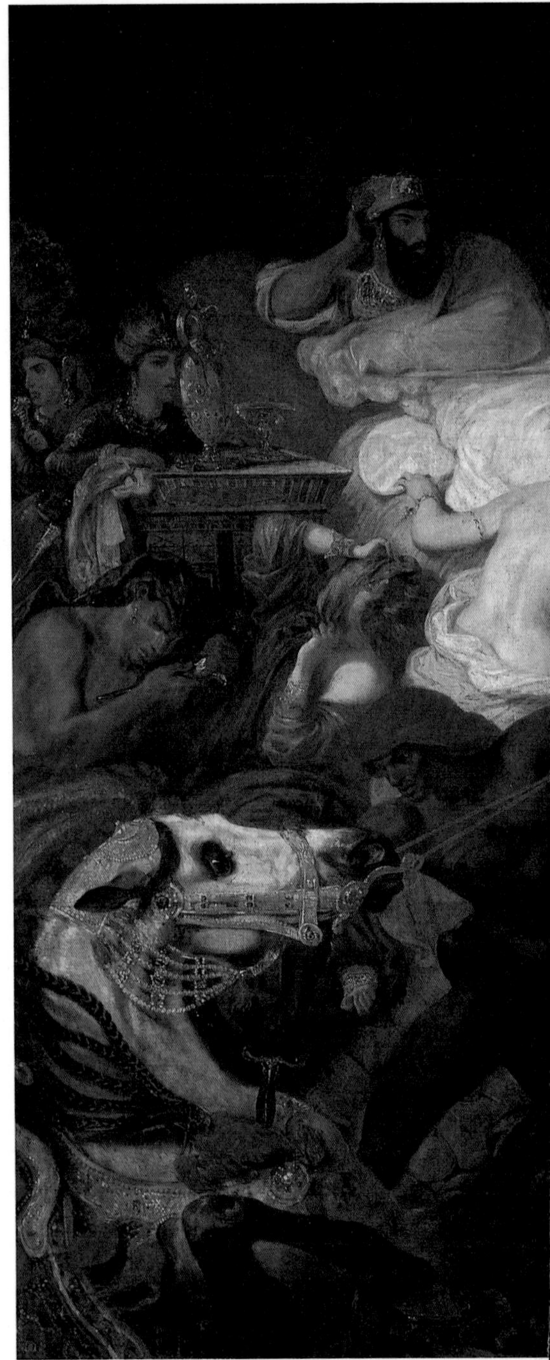

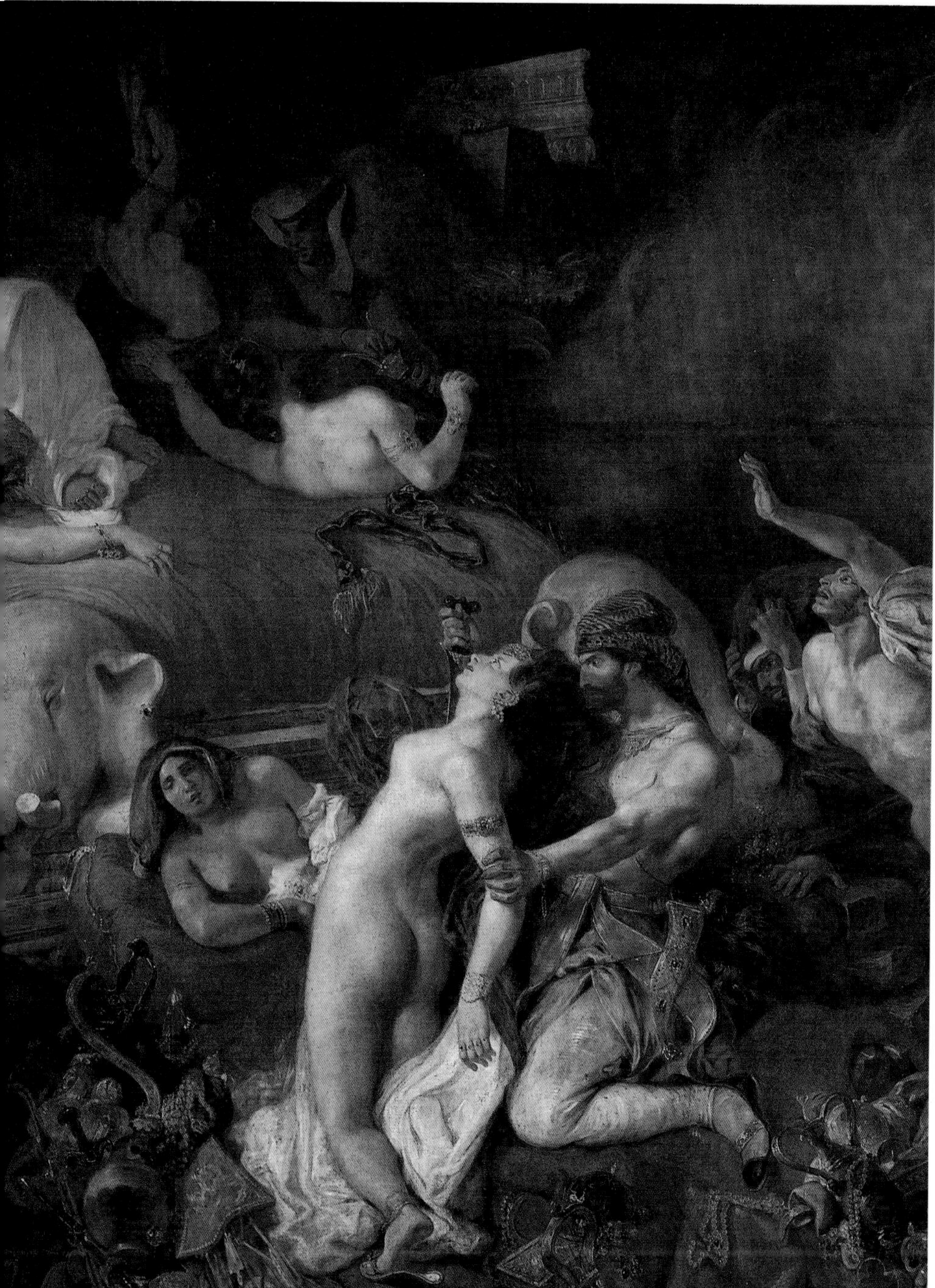

德拉克洛瓦（Eugène Delacroix, 1798-1863）
在閨房中的阿爾及爾婦女

1834年　油彩畫布　180×229cm　巴黎羅浮宮美術館

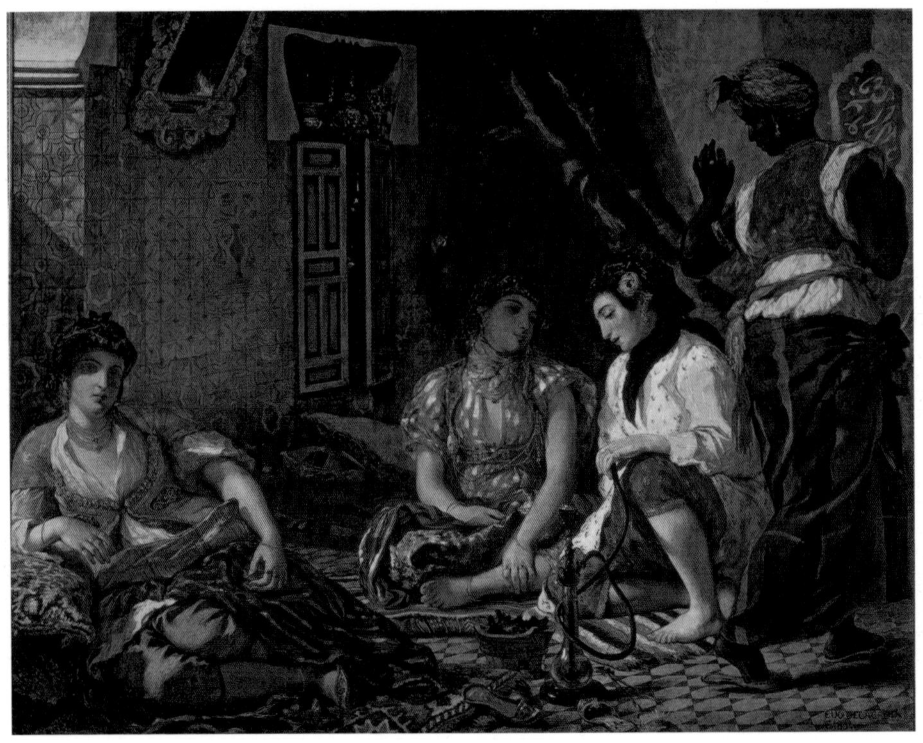

這是德拉克洛瓦 1832 年東方之旅之後的作品。從畫面可以看到他在旅行阿爾及爾期間，非常投入觀察當地人的生活。室內的瓷磚、門窗、地氈、鏡飾、水煙筒、煤爐和坐墊等，都呈現當時伊斯蘭人的家居配備特色。

畫中三名婦人坐著，婦人們似無言談交集，陷入個人的思緒或過不久將沉沉睡去。在一旁路過回頭的黑奴，恐怕也沒聽到任何吩咐而樂得清閒。

儘管是閨房中的歇息，這些阿爾及爾婦女還是梳妝打扮華麗，婦人頸間的多圈鑲寶石珍珠項鍊在室內閃閃發光，分套在數隻手指的戒指、手鍊與踝鍊，也都充滿了民俗風采。

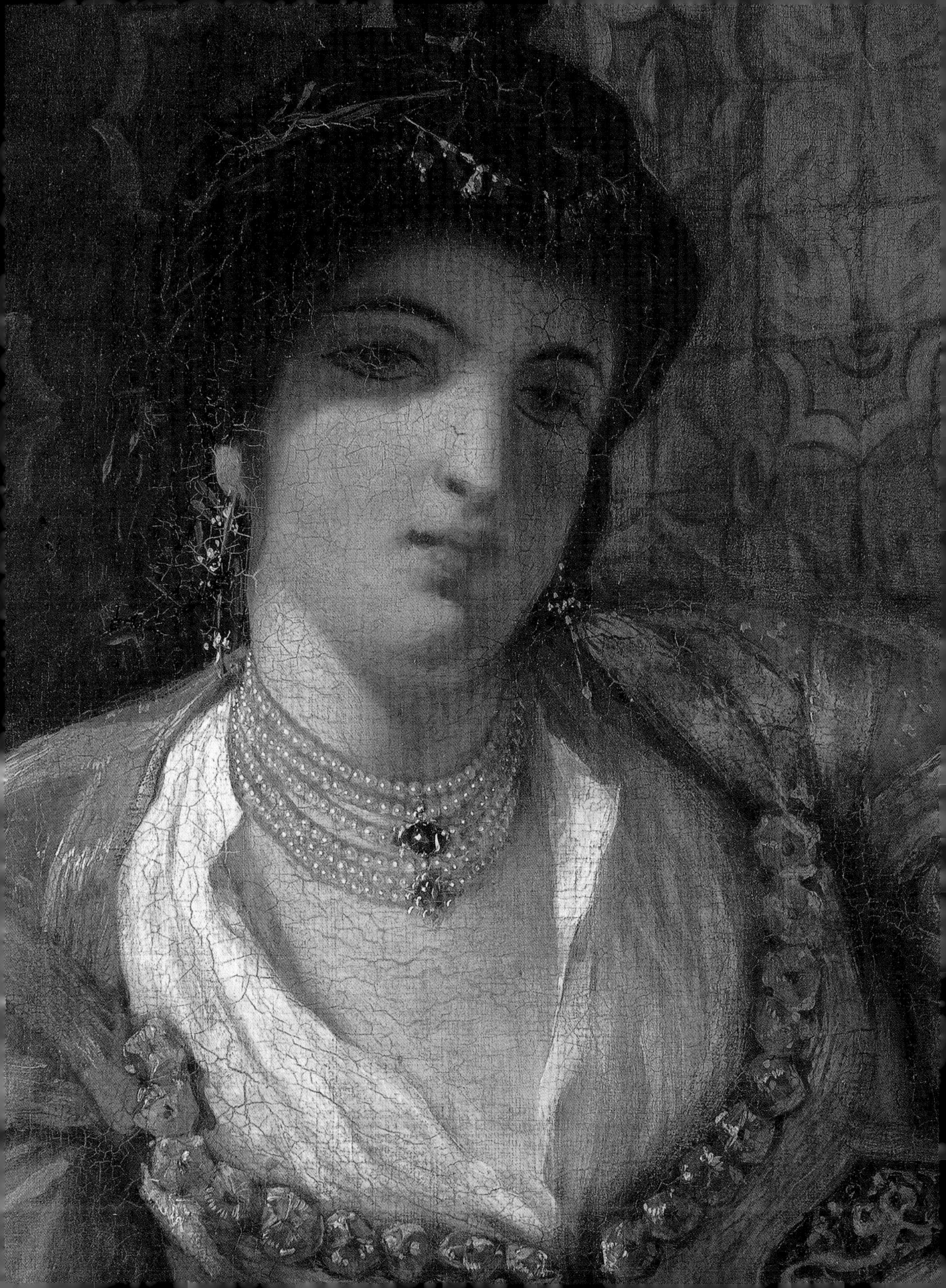

德拉克洛瓦

Eugène Delacroix,
1798-1863

亞思巴希像

1824年
油彩畫布
81×65cm
蒙彼利埃法布爾美術館

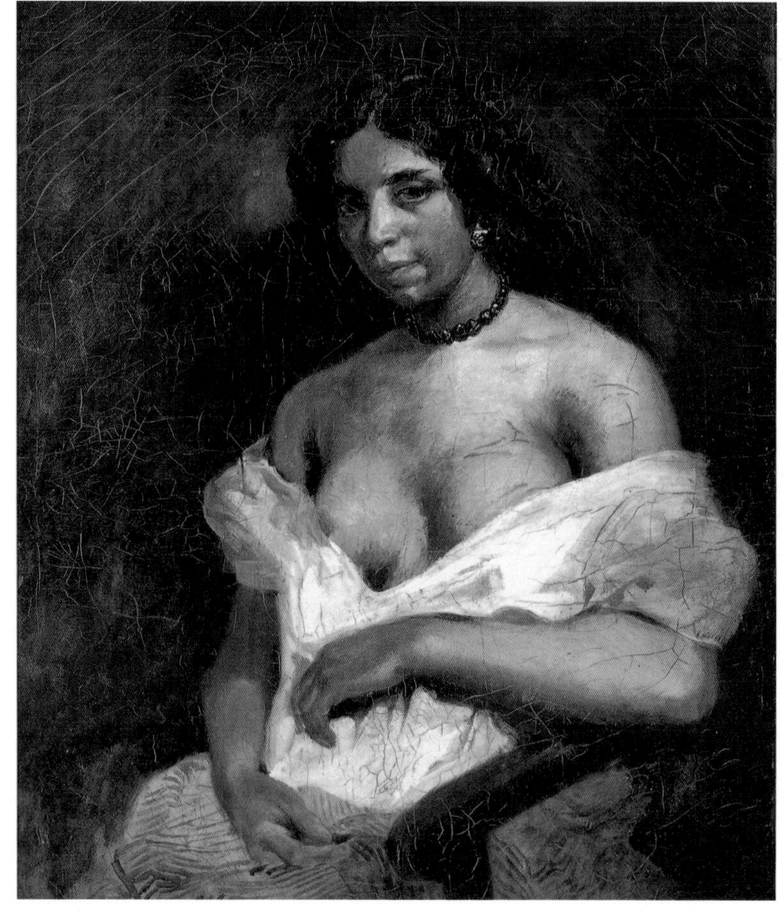

在法國19世紀畫家群中，德拉克洛瓦被公認為浪漫派集大成的畫家。他也是擁有文學、音樂等深厚學養的色彩大師，他六十五年人生，從十七歲開始就不斷地鞭策自己，創造出相當可觀的作品，傳世的油彩、素描、水彩畫逾九千件，速寫簿也有六十本之多。

這幅〈亞思巴希像〉是德拉克洛瓦二十六歲的創作。是根據他的「亞思巴希像習作」鉛筆素描畫的。當時年輕的他，已見大將之風。那得自母親教誨的音樂知識和聆賞經歷，使得他在處理色彩時似乎也洋溢著奔放的熱情。戴著黑色礦石頸鍊的亞思巴希上身坦露，健美之肌膚如一闋讚美陽光的樂章。

許內茲

Jean-Victor Schnetz,
1787-1870

逃避杜貝勒河洪水的羅馬農民

1831 年
油彩畫布
245.5×295.5cm
盧昂美術館

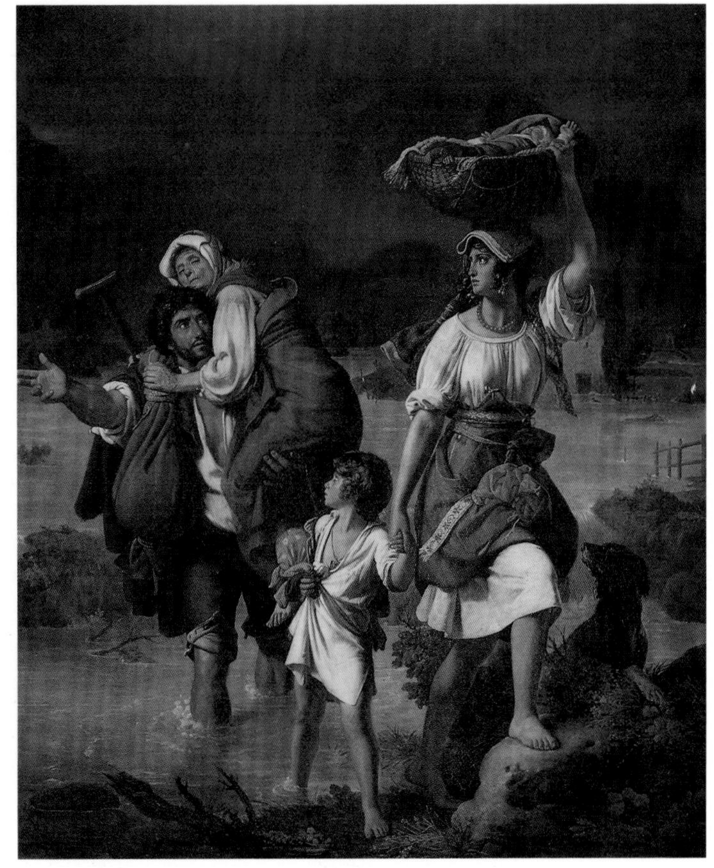

1787 年出生於法國凡爾塞的許內茲，是 19 世紀法國學院派畫家，曾經主持巴黎美術學院，以及擔任羅馬梅迪奇莊園的法蘭西學院院長。他曾在義大利停留很長一段時間，創作出許多以義大利風土民情為題的作品。

這幅畫是描寫羅馬的杜貝勒河洪水氾濫，滿臉焦慮的農民揹著不良於行的母親，帶著妻兒和愛犬，一家五口正在涉水逃難。太太頭頂上的嬰兒籃傳來哭聲，他兒子的一腳落在水中，還回頭關切著身後的長輩。

許內茲傳神的人物寫實和風景鋪陳，讓畫面充滿了戲劇的張力。年輕的農夫之妻，成了畫面的第一焦點。彷彿無語問蒼天的她，配戴著紅色珠串，她牽著的兒子胸前也有一垂胸的鍊子。莫非那就是他們僅有的、可攜的珍貴物質或訂情紀念品？

PLATE 49

格雷爾

Charles Gleyre, 1806-1874

奴比安女子

1838 年
油彩畫布
220×109cm
洛桑州立美術館

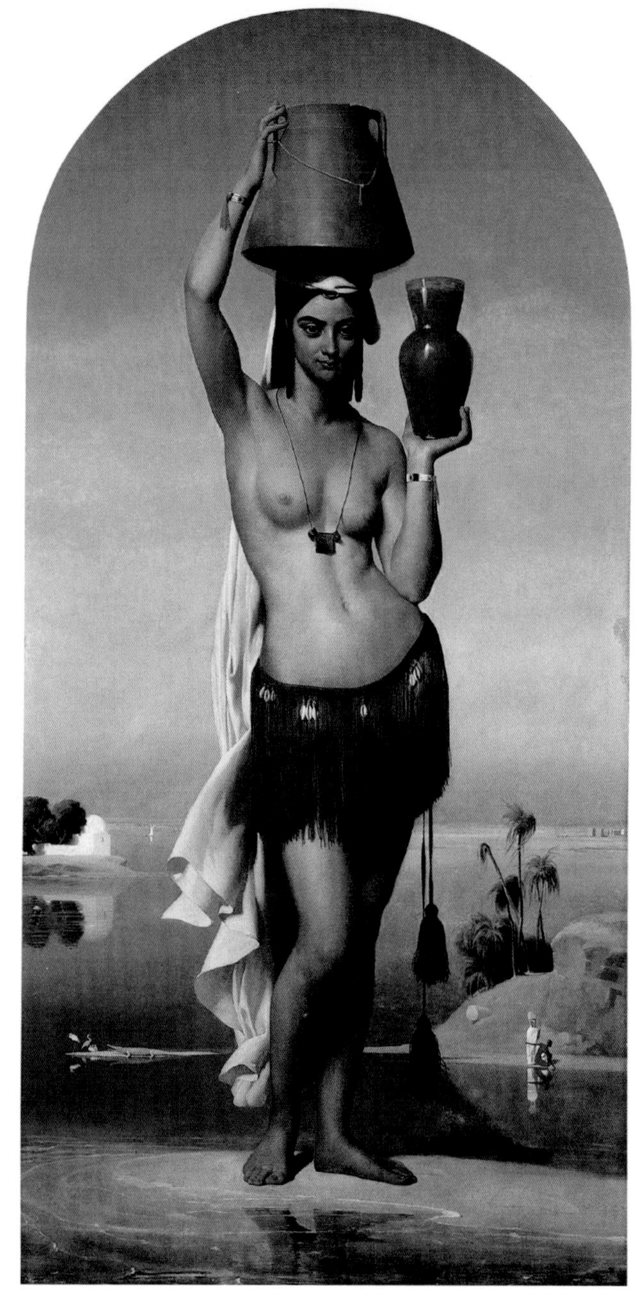

生於 1806 年的格雷爾，曾是巴黎美術學院教授。包括傑羅姆、雷諾瓦、莫內等人都曾經在他畫室學習，而後也都成為西洋美術史上的名家。但是，這位畫家一生頗為坎坷。從小父母雙亡，等到在繪畫上有成就時，經濟仍未見改善。甚至染上重疾，差點失明。

格雷爾持有高超的學院派技巧，1834 年的一段漫長的東方之旅，以及在蘇丹停留一年，導致他對東方風格的追求，〈奴比安女子〉是他從蘇丹回到法國的作品。畫中可以看到他藉由人物和風景去傳達所感受的東方情調。從河上汲水回來的妙齡女子，身上配戴著皮革和貝殼製成的飾物，遠處水岸的椰子樹在風中搖曳，彷彿在低吟著驅暑的曲調。

PLATE 50

夏瑟里奧

Théodore Chassériau, 1819-1856

沐浴的蘇珊娜

1839 年
油彩畫布
255×196cm
巴黎羅浮宮美術館

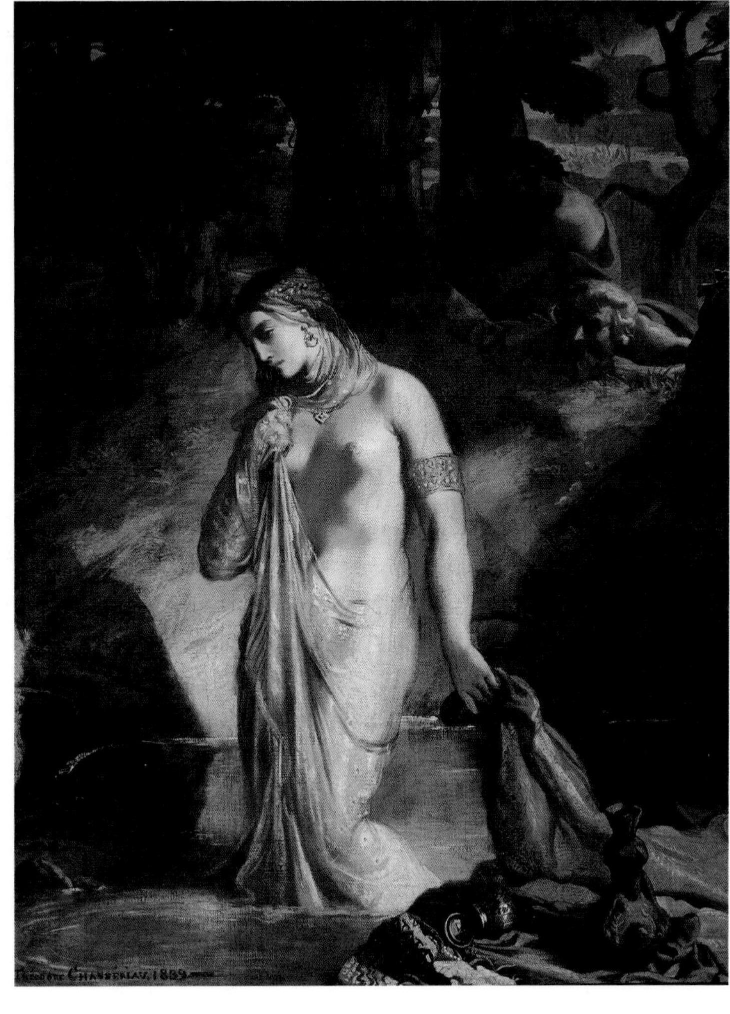

蘇珊娜剛剛卸下了外衫，走進林間水中。左手好像正要放開卸下的衣衫，右手則握著貼身薄衫的一角。若有所思的她，未察覺樹下有一老人在偷窺吧？

遠處的夕陽染紅了天際，畫家夏瑟里奧讓蘇珊娜在一日最後的光芒裡淨身，柔美的肌膚閃爍著幽幽光華，浴女在這樣一個洗淨鉛華的時刻，她身上的飾物依然留駐，包括鏤金臂飾和耳環、項鍊，黃澄色的金飾與水上的衣服摺痕，在落日黃昏裡交會成浪漫的詩章。

PLATE 51

夏瑟里奧

Théodore Chassériau, 1819-1856

艾絲特的梳粧

1841 年
油彩畫布
45×35cm
巴黎羅浮宮美術館

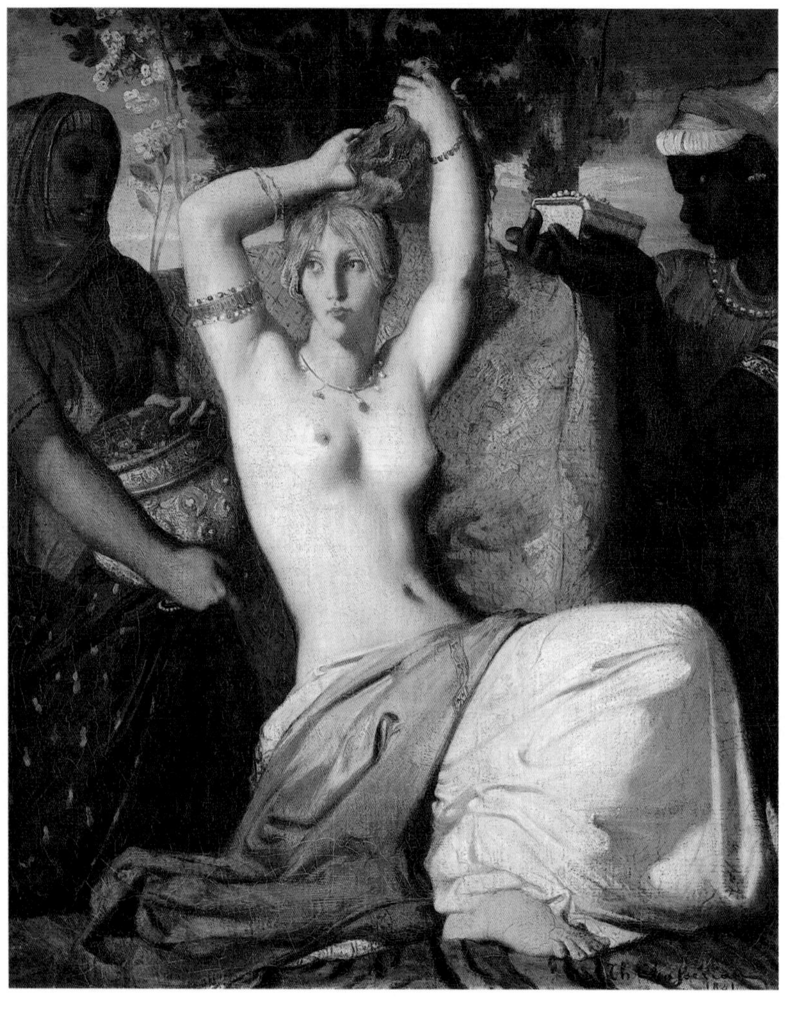

夏瑟里奧十二歲進入古典主義大師安格爾畫室學習，成名甚早。這一幅作品是他二十二歲之作。畫面主要描繪美麗動人的艾絲特，為了覲見亞述國立，正在梳粧打扮。兩名女奴捧著化粧品和飾物在旁伺候著。

顯然，這位絕世美女剛剛完成沐浴。她姿態撩人地挽起金髮。青春的肌膚似吹彈可破。夏瑟里奧對色彩的掌握，除了身體與衣裳部分，連細緻的鑲珍珠頸鍊，以及黃金與寶石雕琢而成的臂飾與手鍊，都非常講究。

米勒

Jean-François Millet,
1814-1875

寶琳-維吉尼．歐諾畫像

1841-42 年
油彩畫布
73×63cm
日本山梨縣立美術館

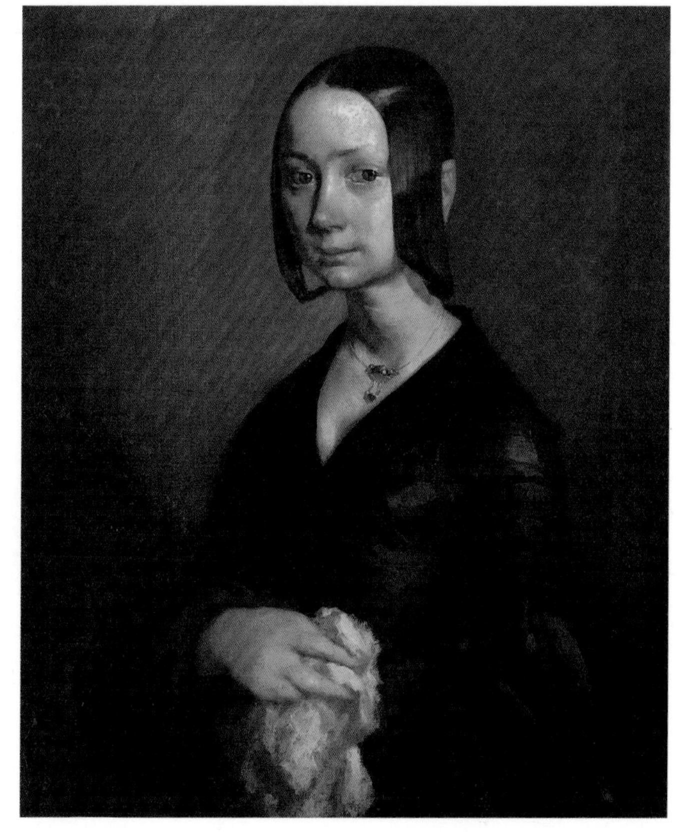

米勒是 19 世紀寫實主義傑出的代表畫家，也是美術史上偉大的田園畫家。他作畫多從日常生活與聖經故事取材，也專注於人物的描繪。他筆下的人物畫幾乎都離不開土地和勞動者，像農夫、農婦、牧羊女、樵夫等等。

這一幅〈寶琳-維吉尼．歐諾畫像〉屬於米勒早期的作品，畫於 1841 年，那年他二十五歲，與寶琳-維吉尼正新婚燕爾。經歷了在巴黎接受羅浮宮美術寶藏洗禮和浪漫派老師傳藝，肖像畫也剛入選沙龍。畫肖像，容易賺錢，也解決了他生活的困境。

珠寶飾物對女性來說，是身分、財富或者品味的象徵。米勒在專情擁抱田園題材之後，鮮少有盛裝仕女入畫，更遑論珠寶佩飾。〈米勒畫像〉是米勒傳世作品中少數出現有飾物的女像。著黑衫的寶琳-維吉尼戴著黃金項鍊，主體雕飾下另衍生一顆鑲珠墜，造型簡約而不單調，整體裝扮顯出她莊重和教養的一面。

小馬德拉索（Federicode Madrazo y Kuntz, 1815-1894）

維爾切斯公爵夫人

1853 年　油彩畫布　126×89cm　馬德里普拉多美術館

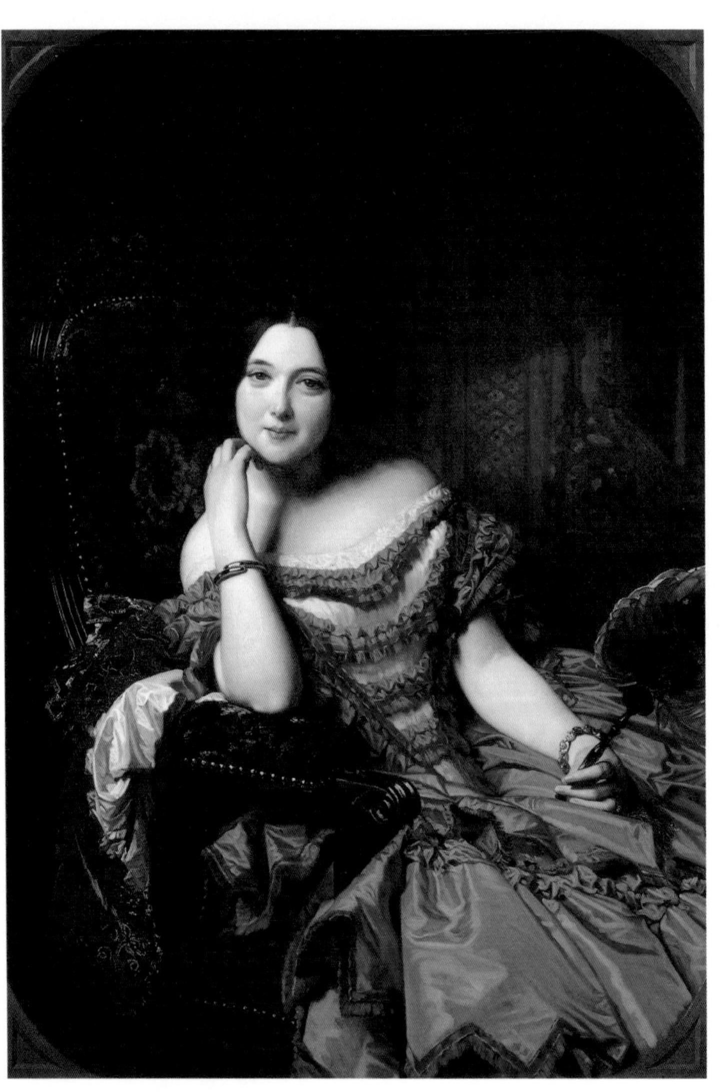

小馬德拉索是19世紀西班牙的浪漫派肖像畫大師。他曾經兩度到巴黎跟安格爾學畫，生動細膩的人物造型，洋溢於畫面的甜美氣氛，不愧為安格爾得意之入室弟子。

〈維爾切斯公爵夫人〉是為西班牙女作家維爾切斯公爵夫人而畫。這位文采翩翩且多產的女作家，在當時更是有名的美女。小馬德拉索將她無可挑剔的五官描繪得絲絲入扣。如水晶一般明亮的雙眸、微抿淺笑的紅唇，引人遐思。

在手工精製的寶藍色衣服襯托下，女作家的肌膚顯得十分潤澤光滑。她的左手戴著鑲寶石的手鍊，右手的金鐲和她的美麗眼睛，一起在光線中閃爍。

羅賽蒂

Dante Gabriel Rossetti, 1828-1882

唇吻

1859 年
油彩木板
32.1×27cm
波士頓美術館

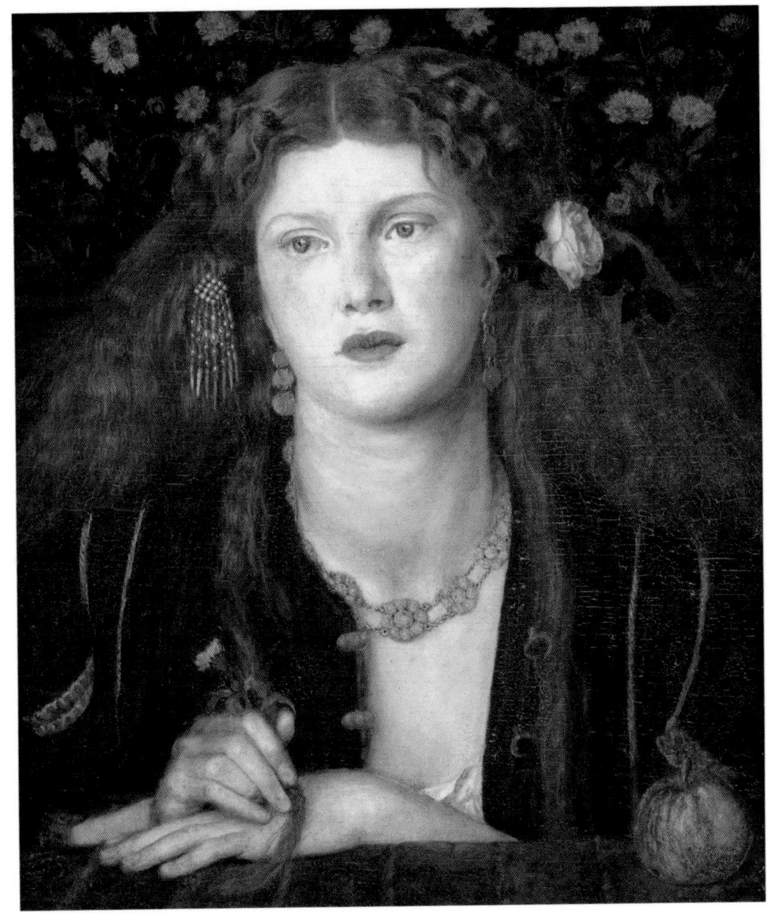

羅賽蒂是 19 世紀英國前拉斐爾派藝術運動的領導人物之一，反對成為學院式的古典主義，他的女性肖像畫，被認為是開創了 1860 年代英國新藝術風潮。這幅完成於 1859 年的女性肖像畫〈唇吻〉，是以金髮的管家芬妮康佛為模特兒。

芬妮康佛在 1856 年認識羅賽蒂，為畫家管理家務，並成為羅賽蒂的紅粉知己之一。從畫中可以看出這位成熟女性的豐腴體態與美麗秀髮，這也是畫家所鍾愛的特色。

手持雛菊的芬妮康佛，戴著雕花的玫瑰金項鍊和長耳環，金髮上也有引人注目的裝飾。左側鬢邊戴著香檳色玫瑰，右側鬢邊的輕巧髮飾，彷彿稍微移動，身軀就會閃動碰撞呢！

羅賽蒂

Dante Gabriel Rossetti, 1828-1882

美麗佳人羅莎孟

1861 年
油彩畫布
51.9×41.7cm
卡地夫威爾斯國家美術館

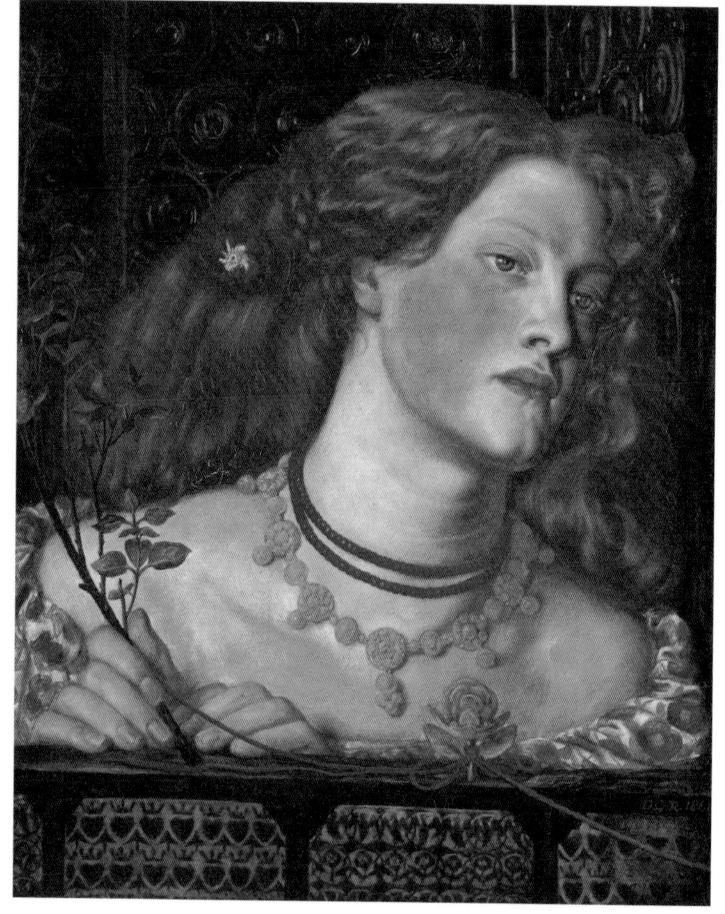

玫瑰，在這幅畫裡盛開！

名為〈美麗佳人羅莎孟〉的這幅畫，是以英國國王亨利二世的情婦羅莎孟為描寫對象。「羅莎孟 Rosamund」就是拉丁文的「世界之玫瑰」。美麗嫵媚的羅莎孟，在 1176 年遭亨利二世的太太殺害，亨利二世對她念念不忘，每逢羅莎孟忌日，都到她墓前獻上大束的玫瑰花。

〈美麗佳人羅莎孟〉中的羅莎孟，手拿著玫瑰花枝，垂肩金髮上插著一朵紅玫瑰，全身也都以玫瑰裝扮，戴著玫瑰金項鍊，穿著有玫瑰圖案的衣裳，還有室內的屏風與欄台也都裝飾有玫瑰圖案。為強調其主題，羅賽蒂還在羅莎孟臉頰敷以粉嫩的玫瑰色胭脂！

PLATE 56

羅賽蒂（Dante Gabriel Rossetti, 1828-1882）

法西奧的情人（奧萊莉亞） 1863-73 年　油彩畫布　43.2×36.8cm　倫敦泰德美術館

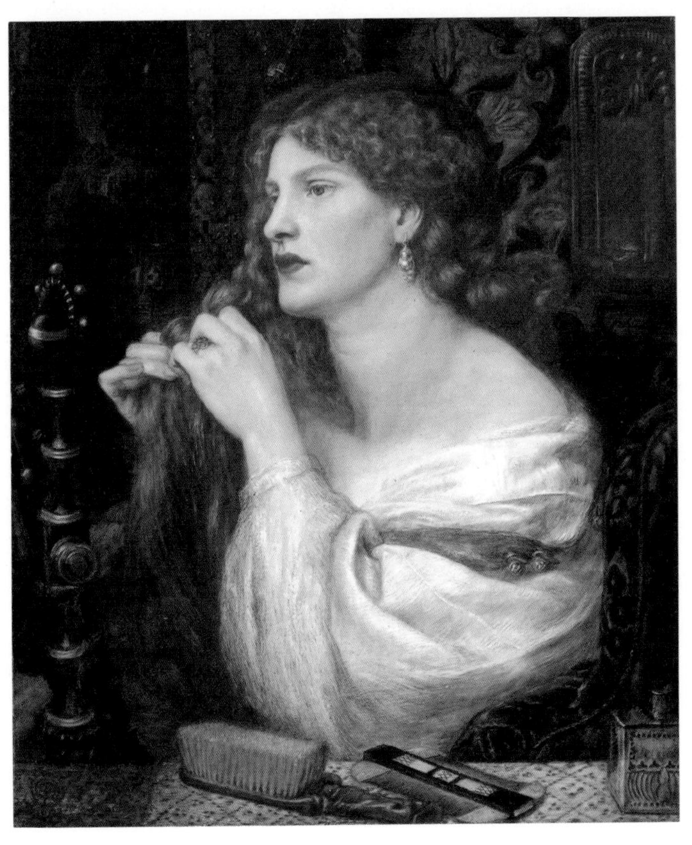

我凝視著捲曲的金髮，
為此，我沈湎無法自拔，
愛情編織成一個網……
我凝視著性感美麗的紅唇，
我凝視著她白皙柔細的粉頸，
如此優美呀……

這是羅賽蒂在 1861 年所翻譯的義大利詩人法西奧．烏柏提（Fazio degli Uberti）詩作之片段。法西奧．烏柏提以此讚美他的情人，羅賽蒂在 1863 年將詩中愛情轉化為繪畫，並以他的紅粉知己芬妮康佛做模特兒。1869 年他將此畫易名為〈奧萊莉亞〉，企圖模糊原有的文學意涵，以因應當時唯美主義的風潮。

畫中的法西奧的情人，有著及腰的金黃長髮。她戴著黃金鑲珍珠耳環，雪白細緻手上的翠玉戒指，幽幽地發光，似在告訴世人她所得到的愛之承諾。羅賽蒂也在這幅畫的背景裡，置入他所收藏的鏡子等文物，以營造他所要的氛圍。

羅賽蒂

Dante Gabriel Rossetti,

1828-1882

特洛伊的海倫

1863 年
油彩木板
32.8×27.7cm
漢堡市立美術館

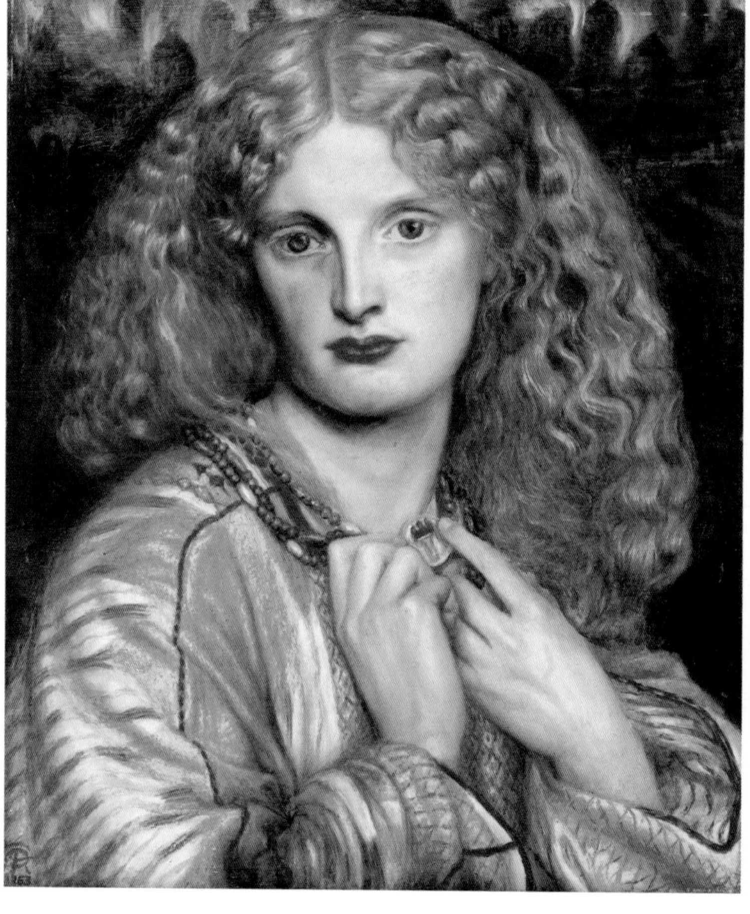

這幅畫中美麗的金髮女人，就是引發特洛伊戰爭的海倫。

特洛伊這個城市據荷馬史詩所描繪，在三千多年以前，富饒繁榮無比。特洛伊的王子帕里斯從斯巴達帶回國王之女人海倫之後，激怒了希臘人，圍剿特洛伊城十年之久。

許多文學藝術作品都以特洛伊的海倫為題材，像荷馬的《伊里亞德》、但丁的《神曲》等。在羅賽蒂的美人圖系列當中，也少不了這一位傳說中的絕代佳人。我們所看到的「羅賽蒂的海倫」有著與衆不同的詮釋。他將故事的焦點放在海倫所佩戴的項鍊上。

用玉石、紫水晶和珍珠等寶石所串成的多圈項鍊，有一個特殊的墜子，墜子上竟是火炬的圖案。表情冷豔而若有所思的海倫，右手握住項鍊，左手指著火炬。傳說帕里斯王子的母親懷孕時曾夢見自己生下火炬，最後火炬燒毀了特洛伊皇宮。母后之夢預言了綺麗的男歡女愛終以悲劇收場，羅賽蒂筆下的海倫眼神，流露著深沉的憂傷。

羅賽蒂

Dante Gabriel Rossetti, 1828-1882

藍色閨房

1865 年
油彩畫布
84×70.9cm
伯明罕大學

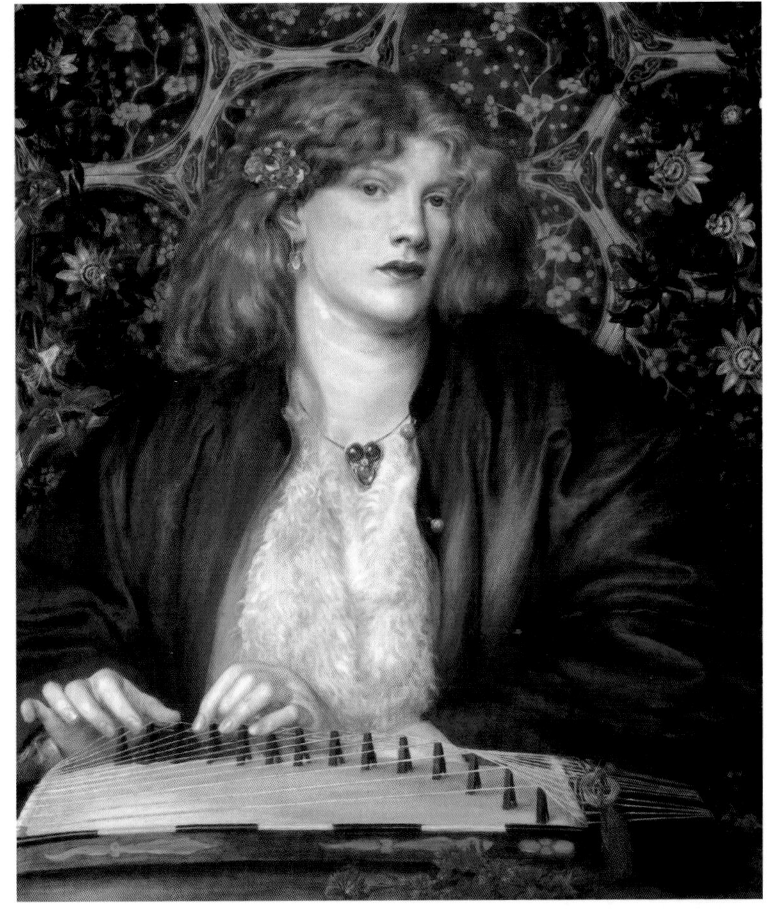

〈藍色閨房〉正如畫名，整幅作品沉湎於帶著詩情的藍調之中。畫中女人的穿著打扮有些許東方情調。她的髮簪似以金屬絲架構，飾以中國古典的翠羽、銀鍍金和紅寶石等。胸前頸鍊的墜子以兩顆紅寶與翠玉組合，簡約典雅。

羅賽蒂所描繪的這位彈琴女子，若有所思。他讓寬大的絲質外衣帶出女子之慵懶，別出心裁的是，如同中國棉襖的衣著，猶見金色的小鈕釦，彷若懸在衣上的耳環。

羅賽蒂（Dante Gabriel Rossetti, 1828-1882）

被愛之人（新娘）

1865-66 年
油彩畫布
82.5×76.2cm
倫敦泰德美術館

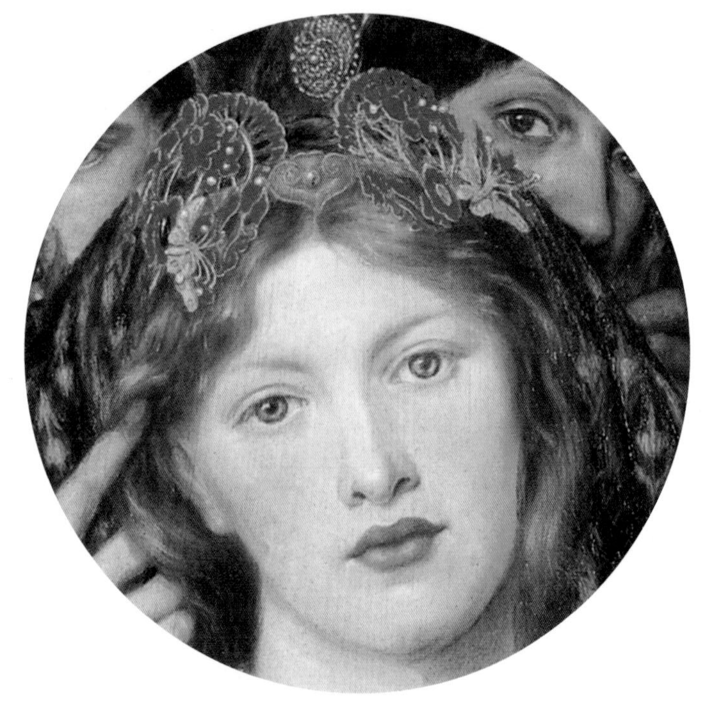

〈被愛之人（新娘）〉是出自羅賽蒂筆下極少數的群像畫之一。這幅作品內容分別來自《舊約聖經》「雅歌」的基督新娘、但丁的《神曲》。畫中主角是《神曲》中的碧雅翠斯。

美麗嫵媚的碧雅翠斯在四名侍女擁簇下，用深情的眼睛凝視前方。她的金髮點綴著中國式的髮簪和鑲有珍珠的髮飾。她的頸間、左手中指與雙手腕佩戴著金飾，與花卉圖案的日本和服式大罩衫相映和諧。

除了碧雅翠斯，畫中的一位侍女以綠水晶裝點頭巾，中立者以米粒珍珠髮飾點綴髮間，另一人戴著玫瑰金與紅寶石串成的頸鍊。而最下方的黑人小孩，他的頭飾、耳環與鑲工講究的大型掛飾更令人眼睛為之一亮。

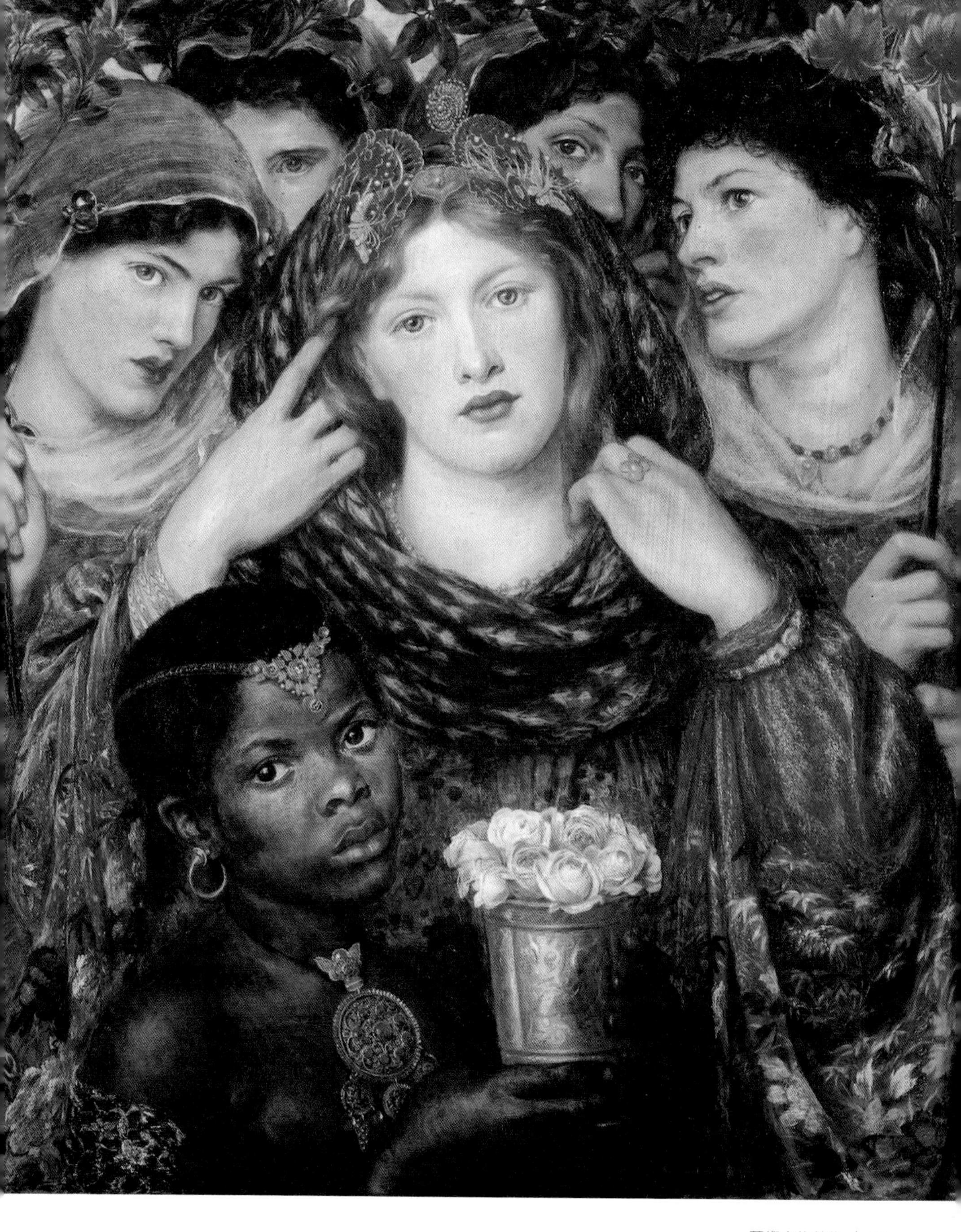

羅賽蒂（Dante Gabriel Rossetti, 1828-1882）

紅心皇后：艾莉絲 · 外爾汀

1866 年
油彩畫布
59.7×49.5cm
格拉斯哥美術館

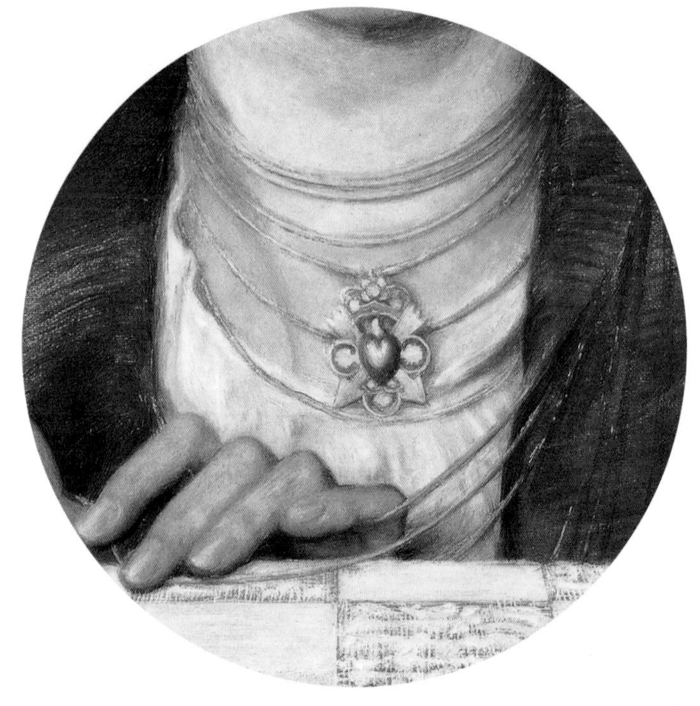

羅賽蒂這時期的肖像作品，採用令人耳目一新的構圖，將人物放在似有花紋壁紙的平台前，如照相般的特寫鏡頭，讓我們清晰地看到刻畫對象的正面神采。

畫中模特兒是紅髮女子艾莉絲 · 外爾汀，她的嘴唇紅潤、皮膚白皙，正是拉斐爾前派畫家所喜愛的女子類型。而在櫻桃樹枝與金色背景的襯托、金色項鍊的輝映下，她的美顯得格外耀眼。

〈紅心皇后：艾莉絲 · 外爾汀〉以盛開的紅玫瑰為平台醒目裝飾，艾莉斯戴著多層的黃金項圈，在衣服外沿也可看到多圈的金飾。位在胸前正中的項圈上有一心型鑲花墜飾，彰顯了畫的主題。

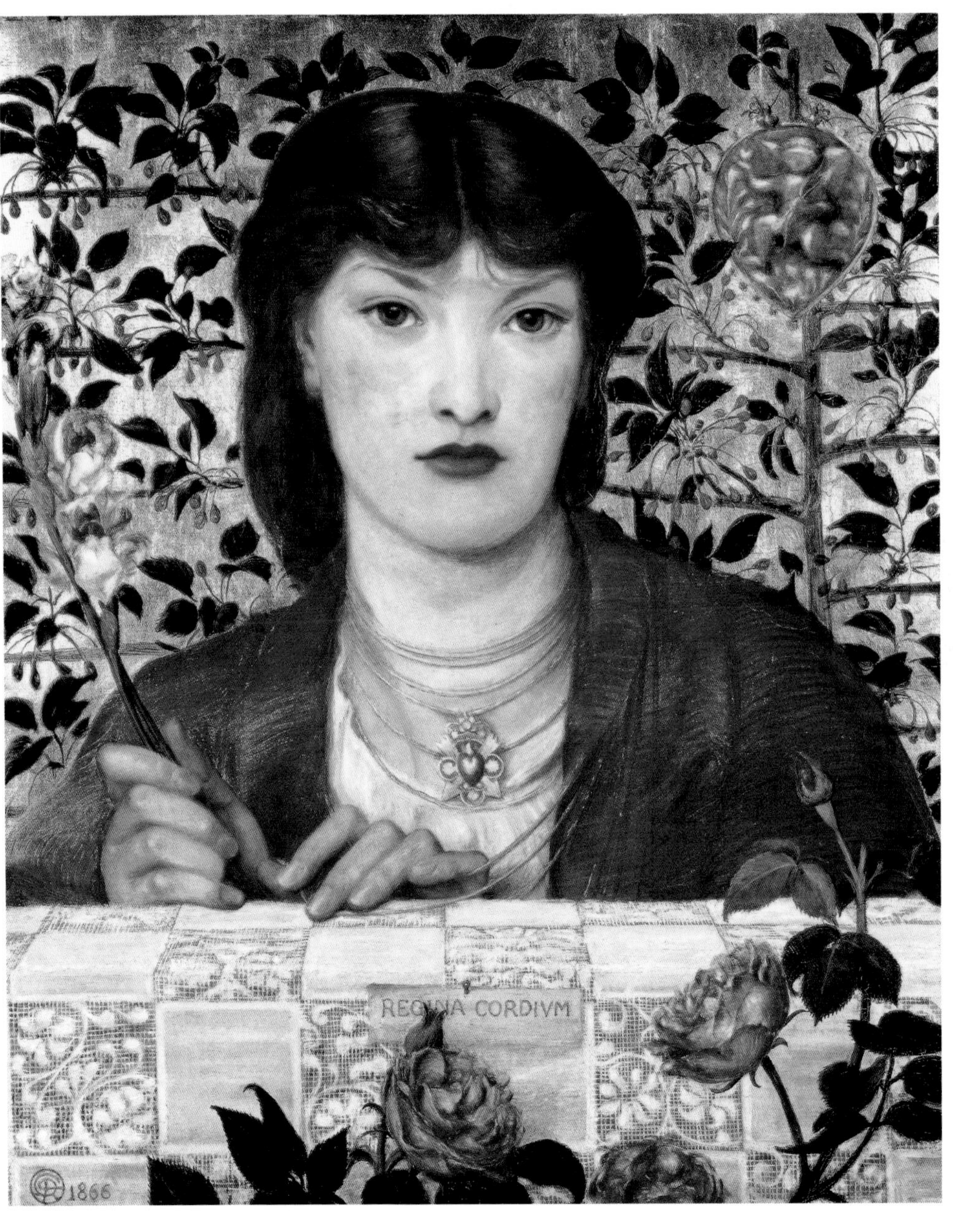
REGINA CORDIVM
1866

PLATE 61

羅賽蒂（Dante Gabriel Rossetti, 1828-1882）

蒙娜宛娜

1866 年　油彩畫布

88.9×86.4cm　倫敦泰德美術館

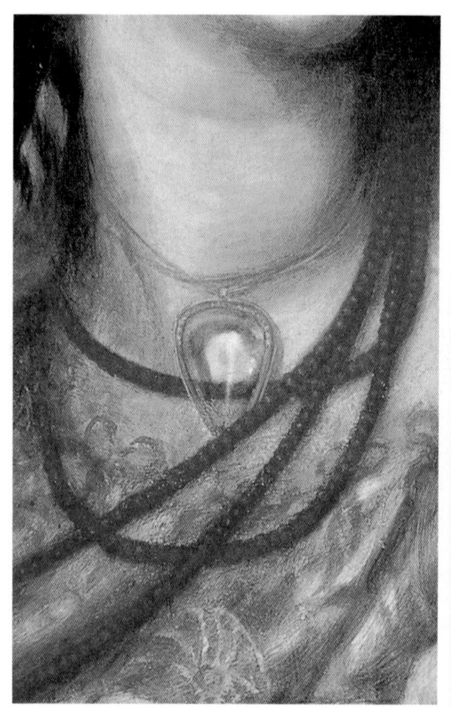

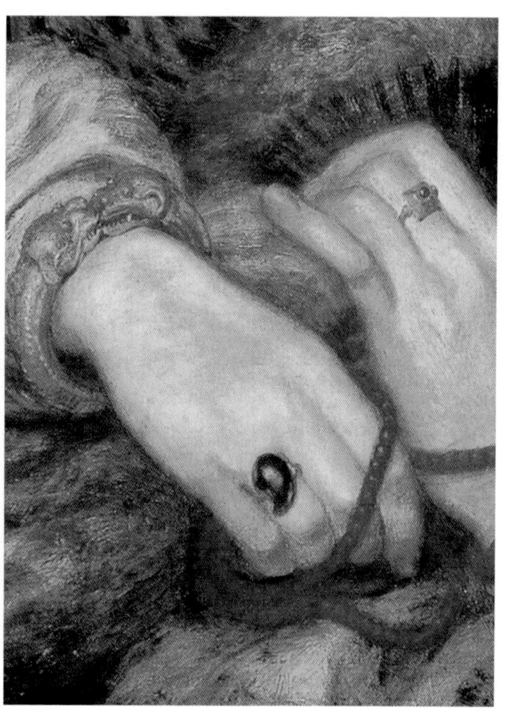

1866 年，三十八歲的羅賽蒂完成這幅〈蒙娜宛娜〉，再次表現他擅長的以色彩挑動觀者視覺的美人肖像。

外型冶豔而投射出無限魅力的蒙娜宛娜，衣著華麗而貴氣逼人，她身上的飾物也讓人目眩。蓬鬆金髮上有一對鑲珍珠的髮簪。玫瑰金製成的耳環，以上下成組設計，隨著行走之間而微微晃動。特長的紅寶石珠鍊在胸前產生多層次的裝飾美感，胸前還另佩戴著一條透明的水晶墜頸圈。

畫中一雙纖纖玉手也未留白。右手無名指戴著黑珍珠戒指，左手中指似是鑲寶石的金戒。

一身珠光寶氣的蒙娜宛娜並未顯出俗麗，應是羅賽蒂所賦予的筆下氣質吧！

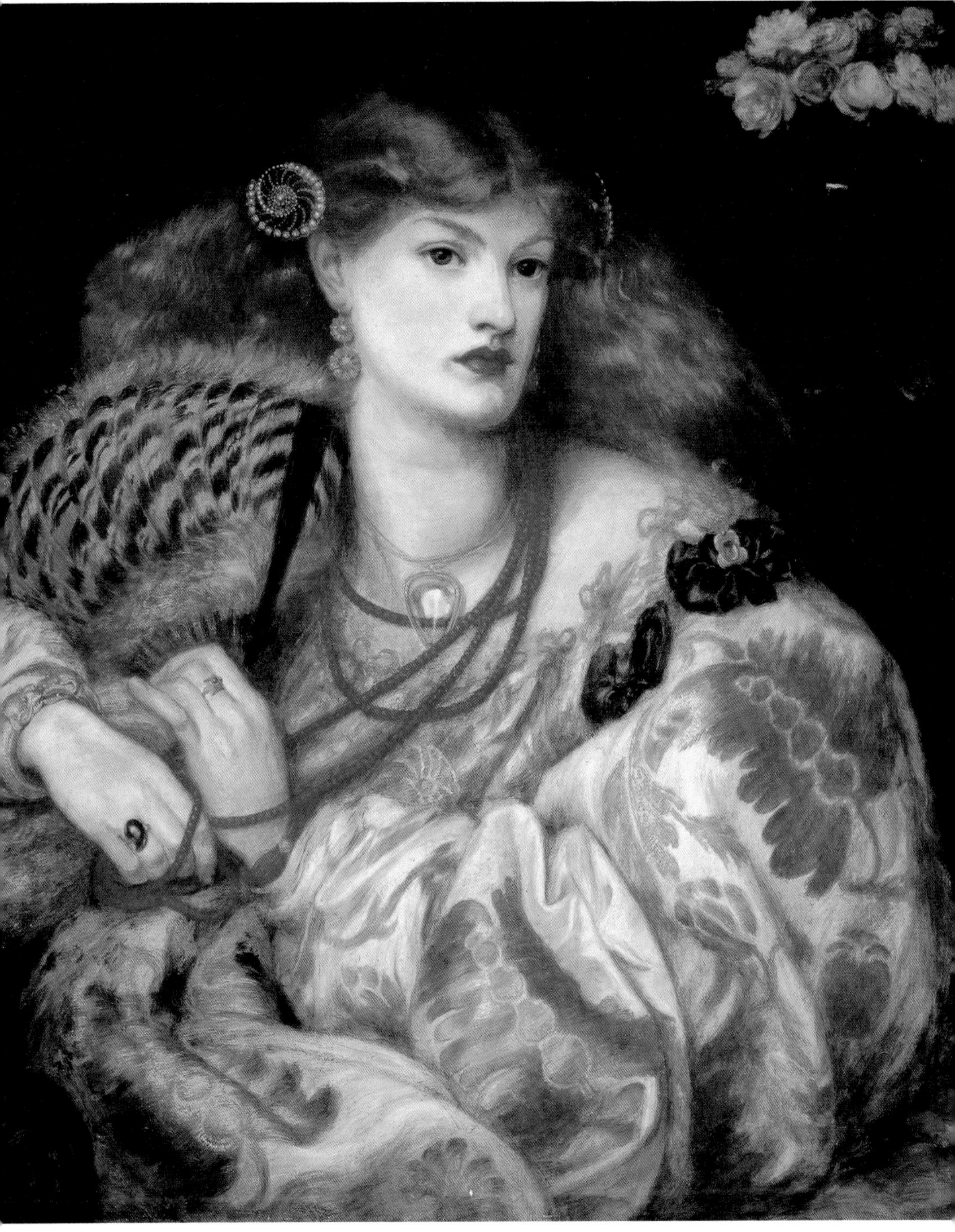

PLATE 62

傑羅姆

Jean-Léon Gérôme, 1824-1904

陪審人前的菲里內

1861 年

油彩畫布

120×80cm

漢堡市立美術館

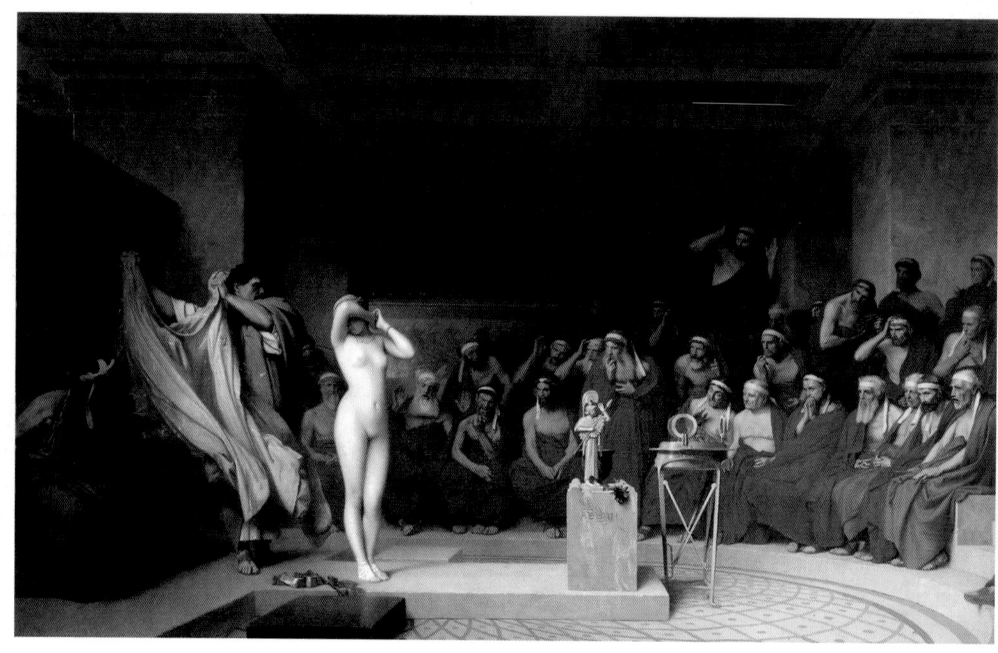

據傳，菲里內是古希臘雅典從海中誕生的美女。正因為她美麗的容貌和身材成為炙手可熱的模特兒，以致於受到法庭傳訊，她在接受審判時，藝術家出面替她辯護，結果她被判無罪。

傑羅姆根據這個傳說，完成了這一幅〈陪審人前的菲里內〉。畫中，藝術家正在法庭上揭去菲里內的衣裳，庭上的法官和陪審人看到菲里內的身材，無不露出驚嘆的表情。

擁有精湛寫實功力的傑羅姆，傳神地刻畫藝術家掀衣的剎那。衣服上的金色扣飾還在飛揚呢！黃金項鍊與手鐲襯托著菲里動人的胴體，美得令人屏息。

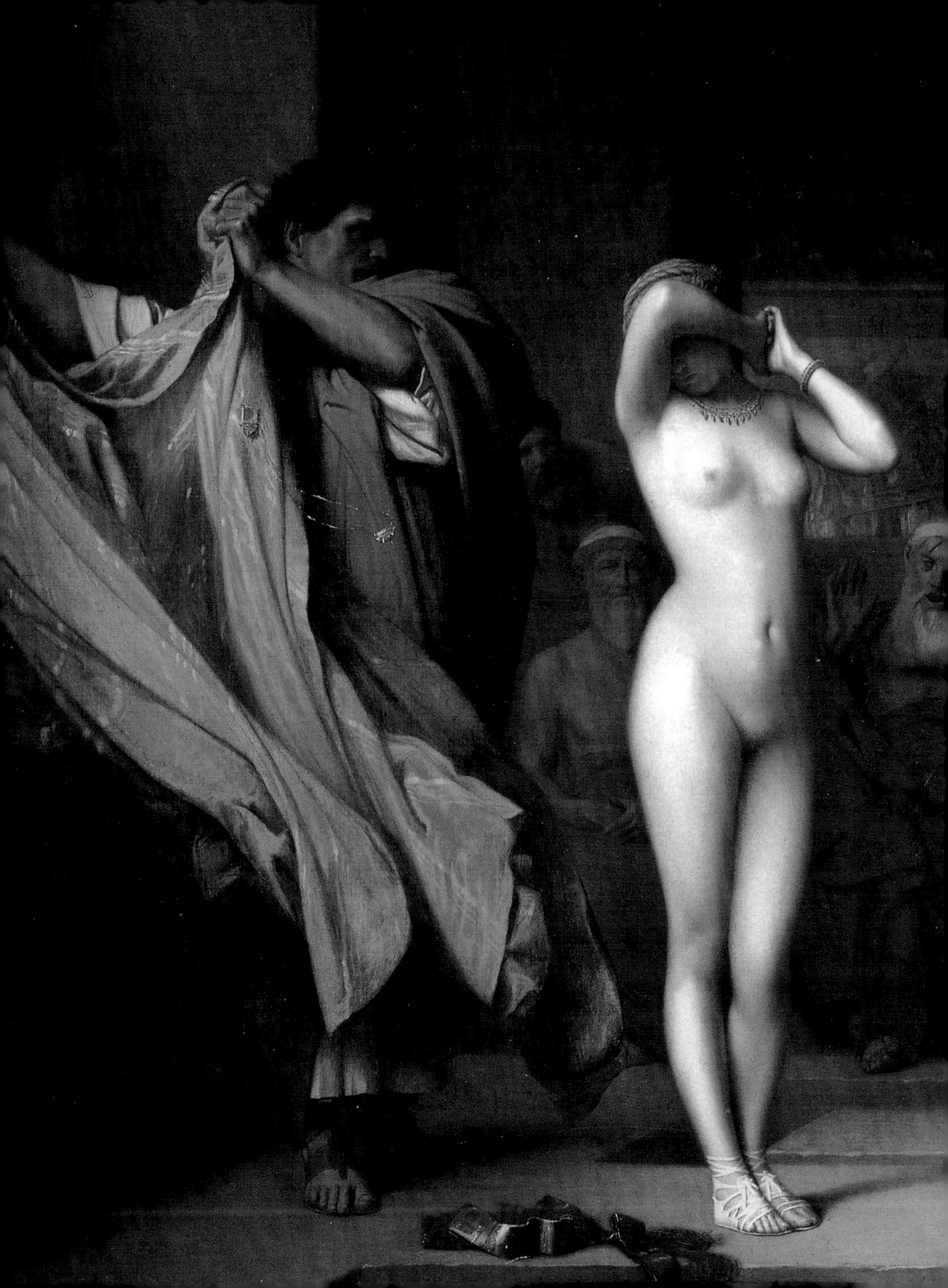

傑羅姆（Jean-Léon Gérôme, 1824-1904）
摩爾人式的沐浴

1870年　油彩畫布　50.8×40.6cm　波士頓美術館

生於1824年的傑羅姆，是法國學院派的名家。1847年他以〈鬥公雞〉畫作獲得沙龍一等獎，從此聲名大噪，陸續接到許多教堂裝飾壁畫製作和公共場域的裝飾委託。

傑羅姆身為巴黎美術學院教授，崇奉於新古典主義，但是他也對東方題材有著很深的喜愛，這可能跟他到土耳其和埃及等地旅行有關。

在這一幅描繪正在浴場進行摩爾人式浴的作品裡，相對於沐浴者的一絲不掛，那工作中的摩爾女奴卻帶著厚重的飾鍊，由紅色琉璃串連金屬的胸飾，粗獷中不失個性美。

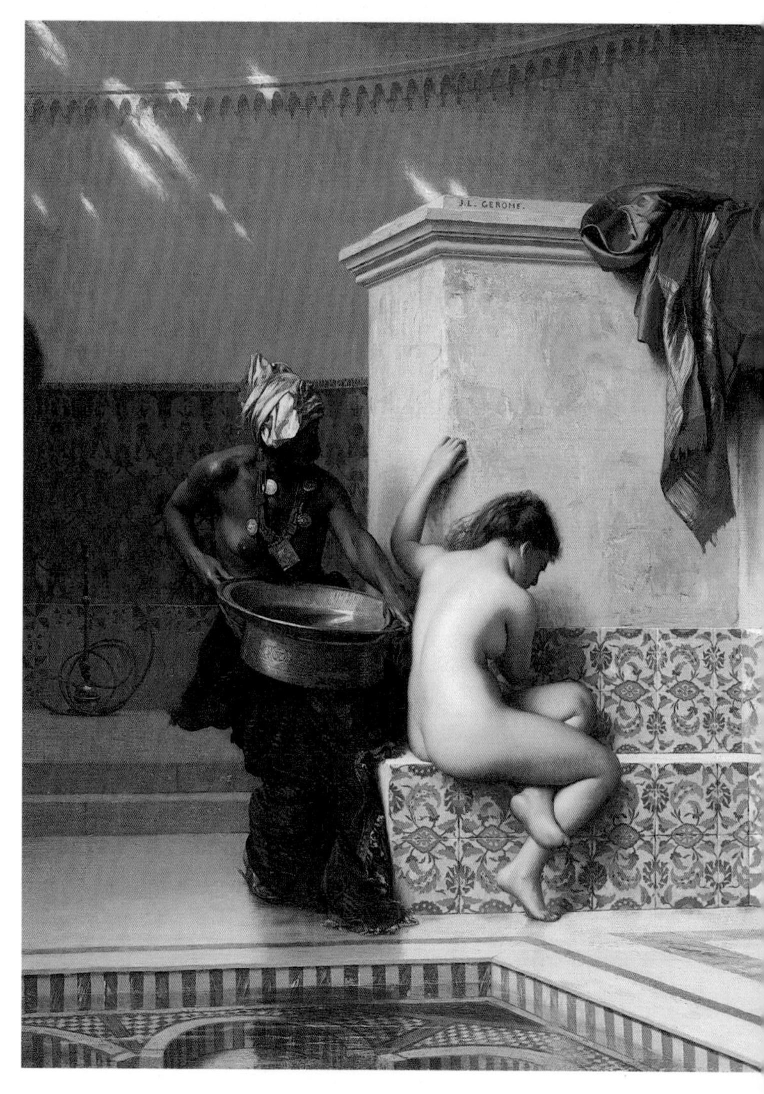

PLATE 64

傑羅姆

Jean-Léon Gérôme, 1824-1904

浴女

1880-85 年
油彩畫布
73.7×59.7cm
舊金山榮譽軍殿堂

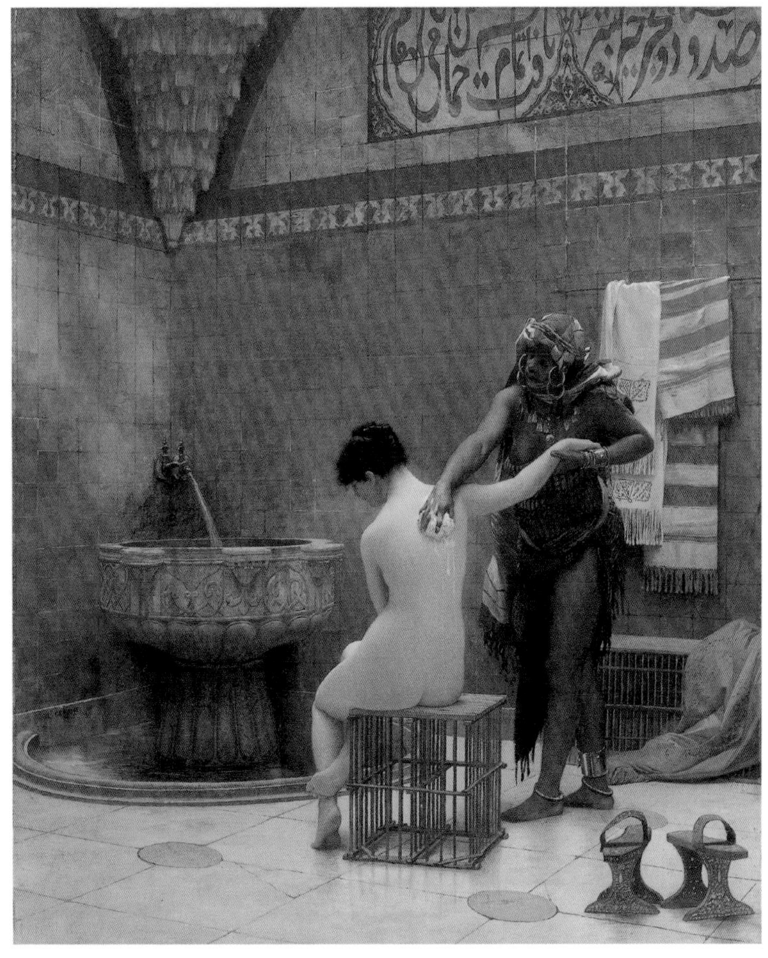

傑羅姆出身於金銀工匠的家庭，少年時代就研習素描，十五歲時拜師有名的歷史畫家德拉羅須，而後又在另一名家格雷爾門下學習。他有相當紮實的寫實基礎，對人物畫有關肌理和設色的掌握也受到藏家的讚賞。

這幅為美國機構收藏的〈浴女〉，是他的沐浴題材作品之一。摩爾女奴正在替浴女搓背，白色的皂沫沿著背脊直下。沉靜的空間只有牆邊傳來的水流聲。畫中之女奴全身帶著銀製飾物，偌大的耳環垂落在雙頰，除了胸前項鍊，她的左手和雙足踝也都有相同樣式的銀飾。其裝扮和一身光溜的浴女，產生鮮明的對比。

馬奈（Édouard Manet, 1832-1883）

驚嚇的寧芙

1859-61年　油彩畫布　146×114cm　布宜諾斯艾利斯阿根廷國立美術館

寧芙，在希臘神話中是指女神或仙女，也有一說是指精靈在人間的化身。馬奈在二十九歲完成這幅油畫，在之前，他曾在木版上做了一幅習作。

完成版的〈驚嚇的寧芙〉呈現了大地之母一般健美的寧芙。交疊的雙腿更顯露她的豐腴。置身於森林水畔的她，受到何種的驚嚇呢？是沐浴時發現被窺視？還是受到凌虐傷害而躲到這幽靜的自然一角？她的心情好像尚未平息，戴著尾戒的右手按住左臂，似在安慰自己。一頭金髮像瀑布似的流洩在頸背，雙層的珠串項鍊，貼在柔和的肌膚上，成為簡約輕盈的點綴。

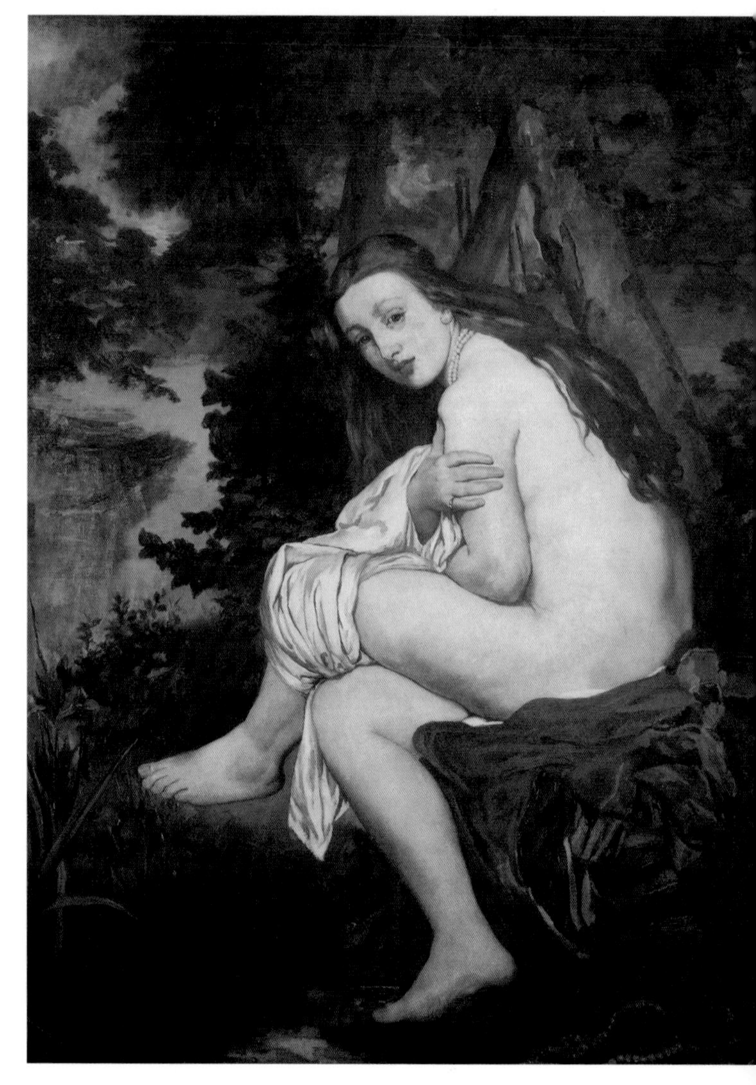

PLATE 66

馬奈（Édouard Manet, 1832-1883）
陽台

1868-69 年　油彩畫布　170×125cm　巴黎奧塞美術館

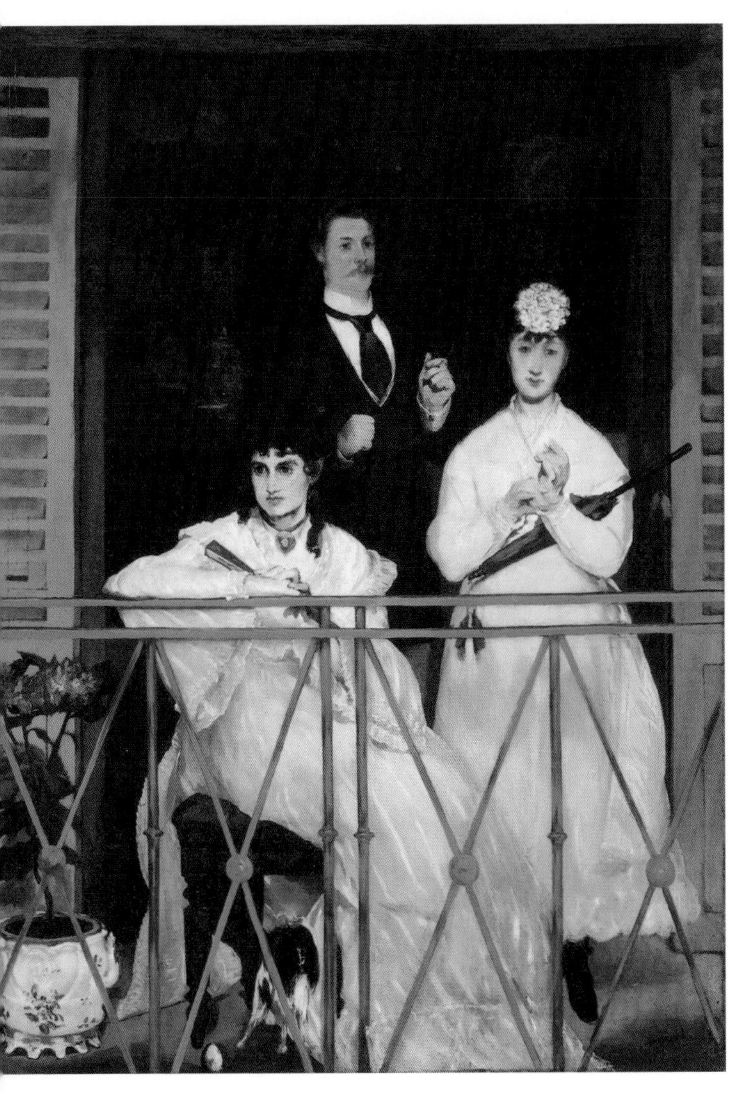

許多人到巴黎的奧塞美術館，都會在馬奈的這幅畫前駐足良久。這就是美術史上的名畫吸引力。在 1869 年，它曾經在法國官辦的沙龍展出。

馬奈從街道面向建築物的陽台取景。兩女一男在陽台上休憩。坐著的女性是馬奈的弟媳婦莫莉索，她是印象派第一位女畫家，1874 年印象派舉行第一次展覽會時，她已是其中的一分子，當時，她展出的作品〈搖籃〉目前也在奧塞美術館展出。

〈陽台〉中的莫莉索似在參加一場聚會，髮型與穿著都顯得正式。馬奈在此畫突顯大量的綠，像欄杆、盆栽、站立著女性的陽傘等。在莫莉索頸間，我們可以看到繫著寶石的綠絲絨帶，在白色衣服襯托下格外顯眼。

馬奈（Édouard Manet, 1832-1883）
奧林匹亞

1863 年　油彩畫布
130.5×191cm　巴黎奧塞美術館

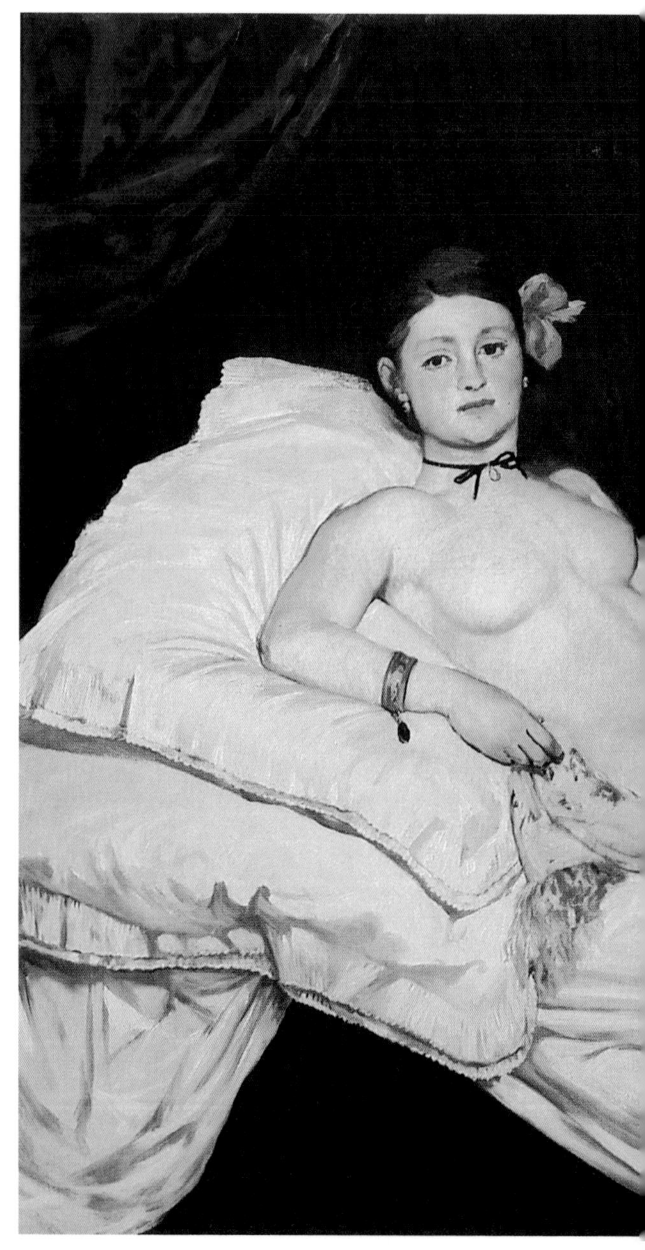

馬奈是 19 世紀印象主義的奠基人，他的創作挑戰了保守的法國官展的規範。包括這幅〈奧林匹亞〉和另一幅名畫〈草地上的午餐〉等，都是美術史上重要的馬奈探索創新的代表作。

〈奧林匹亞〉呈現了馬奈革命性的藝術步伐，也描繪當時巴黎社交生活的一面。畫中黑人女僕捧著愛慕者送來的花束，雙眼看著女主人，似在等待吩咐。臥榻上的奧林匹亞目中無人似的，對著前方並未理睬女僕。這幅畫表現手法的現代感曾引發議論，同時將生活中的維納斯以裸女出場，加上女主人對女僕之不良互動的畫面，在巴黎也掀起了撻伐聲音。

馬奈作此畫是從提香的〈烏比諾的維納斯〉獲得靈感。充滿魅力的奧林匹亞，雖裸露著身軀，也保持了女性的虛榮。頸間戴著絲帶繫的寶石。雕金的手鐲讓青春的肌膚更顯得柔綿光滑。

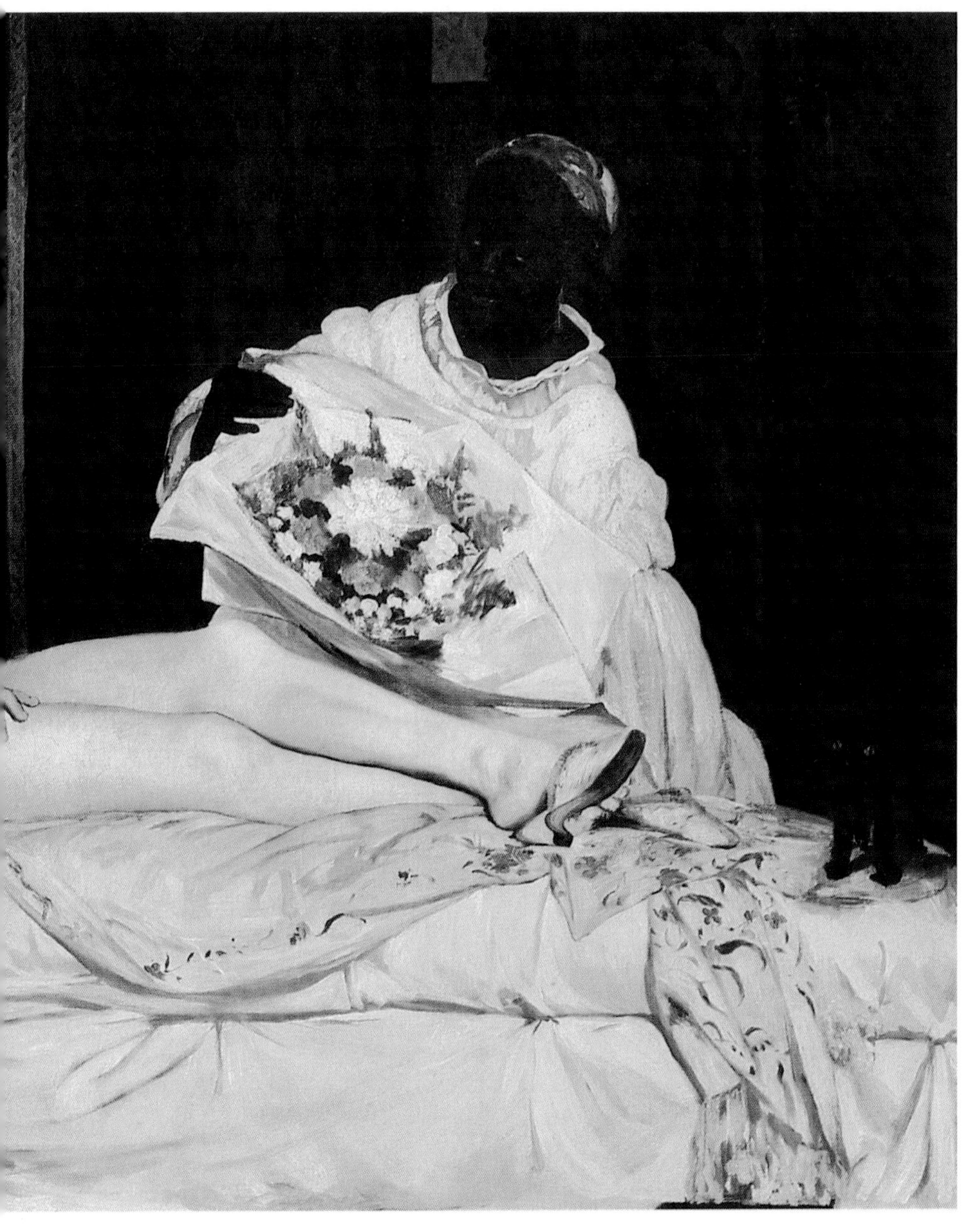

阿瑪塔德瑪（Lawrence Alma-Tadema, 1836-1912）

高盧羅馬女子 1865 年 油彩畫布 101.6×80.6cm 私人收藏

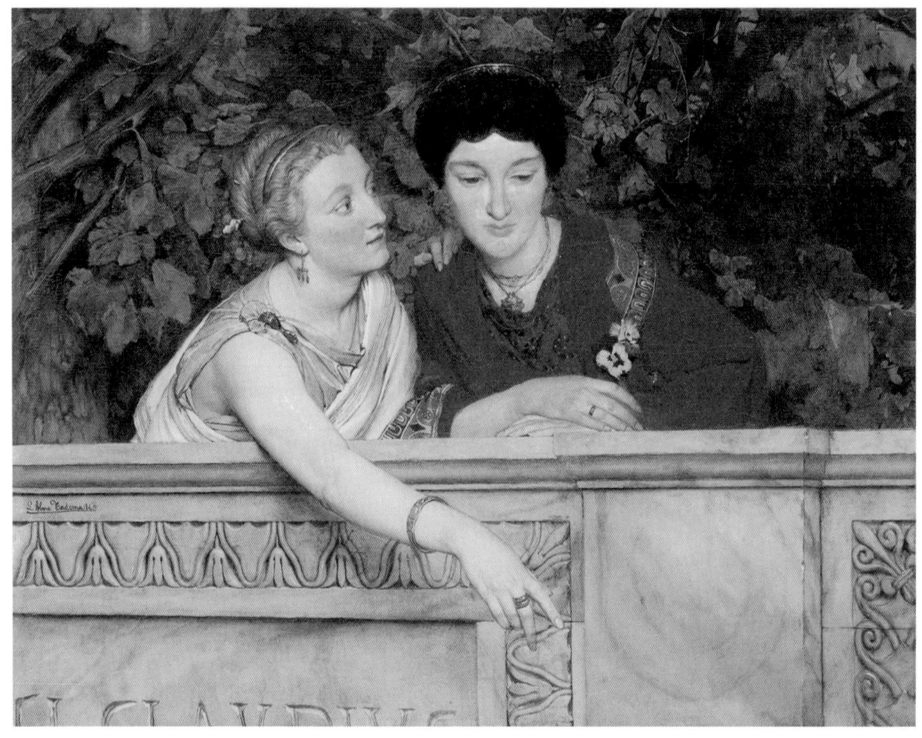

阿瑪塔德瑪是英國維多利亞時期代表畫家，他的寫實技法卓越，以表現古典生活的閒雅、安逸情境，受到收藏家喜愛。他傳世的作品也有許多以羅馬式或龐貝古城樣式做為場景，畫面洋溢著一片溫馨美感。

〈高盧羅馬女子〉完成於 1865 年，在之前，他和新婚的第一任妻子瑪莉－寶琳前往義大利羅馬、翡冷翠等地度蜜月，創作深受啓發，開創了一系列以古羅馬時代生活為背景的作品，此畫便是其中之一，以高盧在西元前 51 年被羅馬征服後的貴族生活做為場景。

畫中女子穿著講究，金髮婦女戴著黃金髮簪，紅寶石垂墜的耳環，懸在白皙頸間，右手有一鑲工精緻的手環，中指則套著雙環戒。黑髮婦人的頸間露出細緻的項鍊，項鍊之墜子的樣式與她衣衫的織繡圖案十分搭配，華麗而脫俗。

PLATE 69

阿瑪塔德瑪（Lawrence Alma-Tadema, 1836-1912）

安娜．阿瑪塔德瑪　1883 年　113×78.5cm　倫敦皇家藝術學院

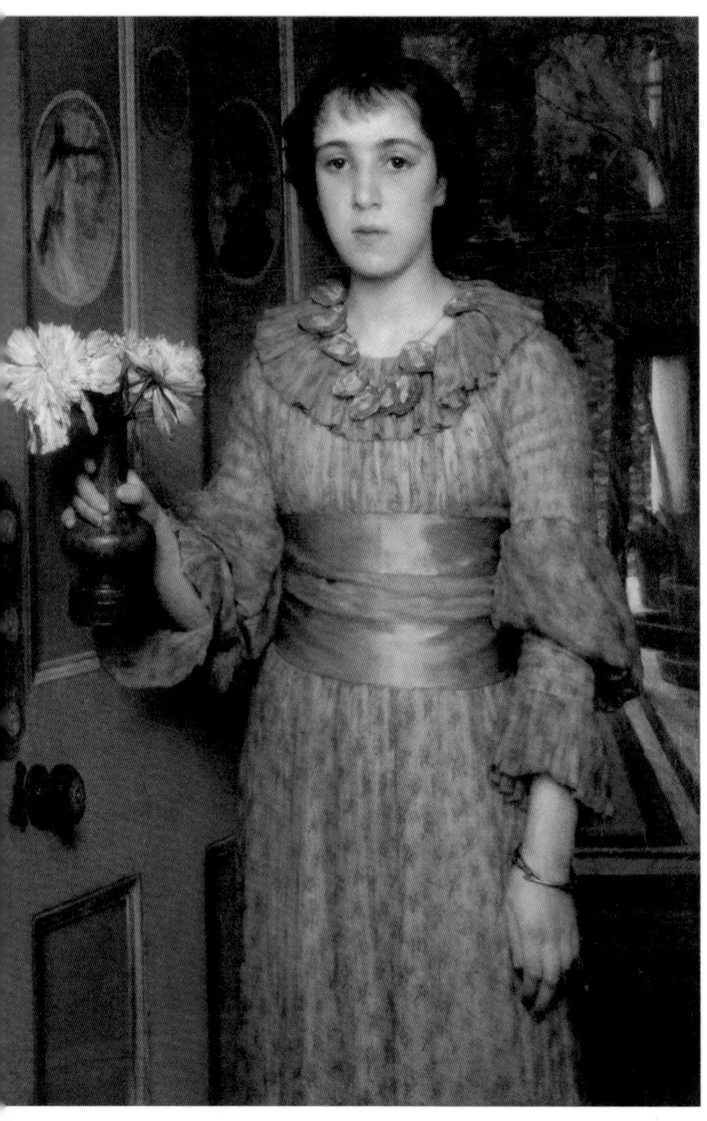

阿瑪塔德瑪第一任妻子瑪莉-寶琳，二十二歲時因感染天花而病逝，留下蘿倫絲和安娜兩個女兒，她們曾同時出現在阿瑪塔德瑪 1873 年的作品〈這是我們的角落〉中。1883 年，安娜再出現於父親作品中時已亭亭玉立。1912 年，阿瑪塔德瑪罹患胃癌，她緊隨在側，陪七十六歲的畫家父親接受手術，並送他人生最後一程。

安娜年幼喪母，小時候由姑媽撫養。從在文學領域發展的她，從畫面看來有些內向而憂鬱。這幅畫裡的安娜穿著時尚，胸前的項鍊配飾並非奢華珠寶，而是看似工藝創作，樣式自由而帶著浪漫的情調，左手的金屬鐲子造型簡約，甚至在 21 世紀的今天，若干名牌的手鐲似乎可以看到類似的設計。

阿瑪塔德瑪（Lawrence Alma-Tadema, 1836-1912）

發現摩西　1904 年　油彩畫布　137.5×213.4cm　私人收藏

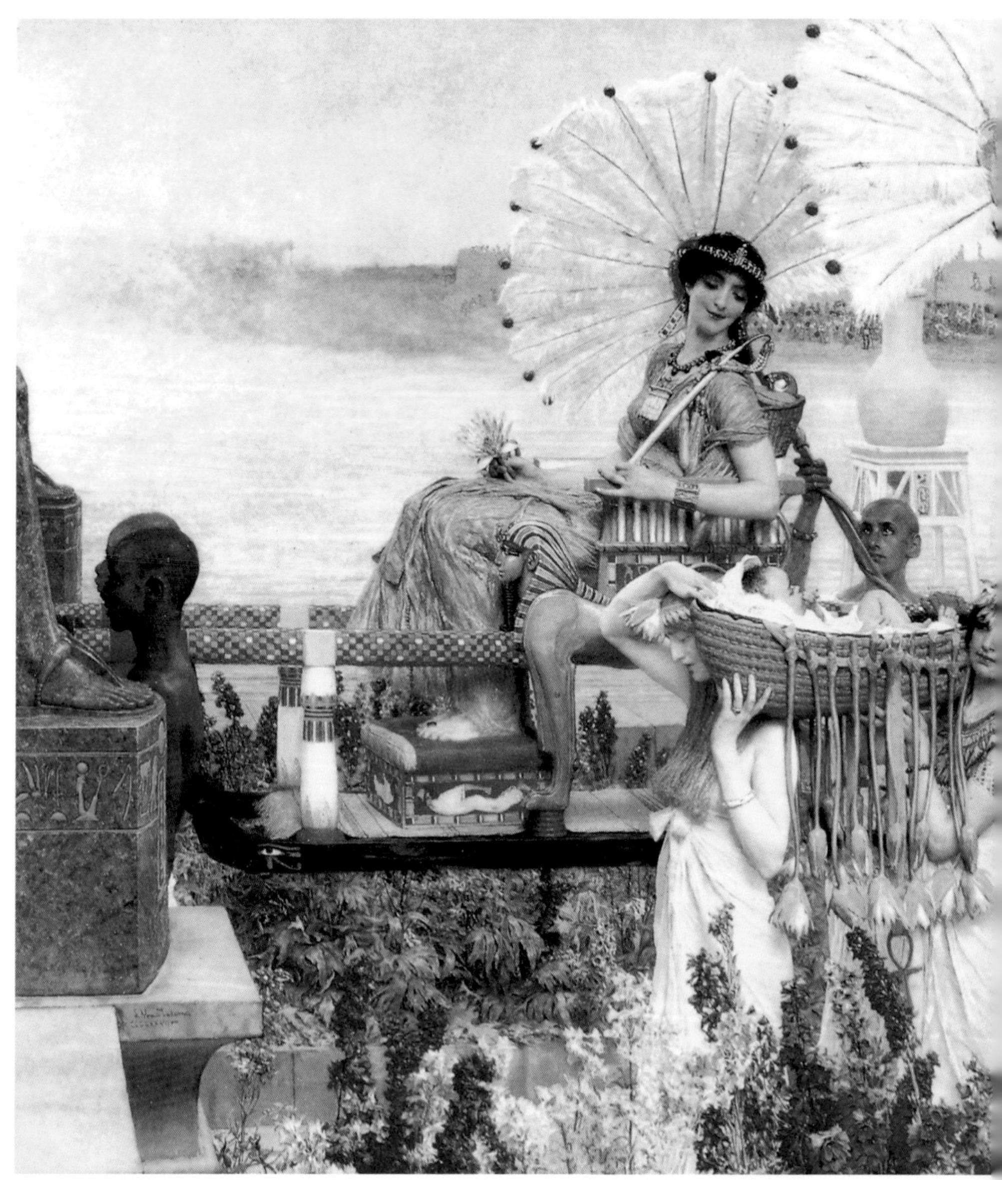

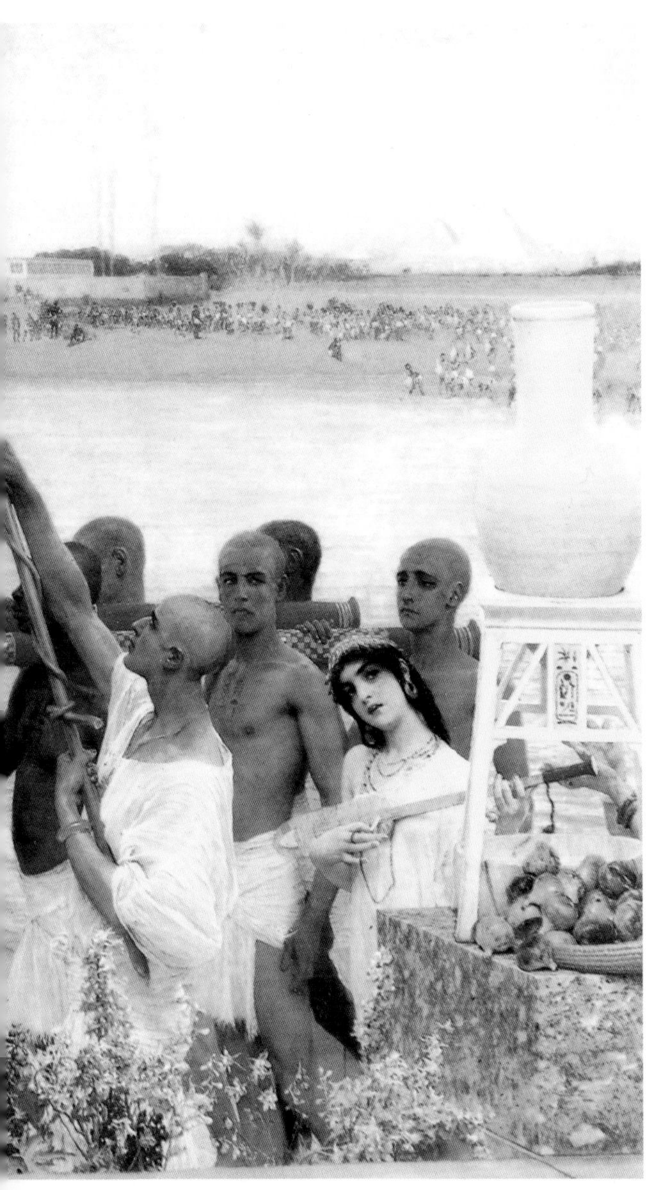

〈發現摩西〉完成那年，阿瑪塔德瑪六十八歲。那時他已是名利雙收的大畫家，擁有英國維多利亞授封的爵士殊榮，也得到許多國際藝術大獎，雖然如此，他依然以一貫細心，灌注精神於每一件創作。

在美術史上有不少名家以「發現摩西」題材入畫，描繪在埃及法老王對以色列男丁有戒心的法令下，摩西母親唯恐兒子受波及，乃將他放到包著防漏紙的竹籃中，並置入尼羅河，結果被埃及公主拾回撫養。阿瑪塔德瑪描寫這段故事充滿了歡愉氣氛。

在河畔，穿戴華麗的公主坐在衆僕力抬的轎上，正微笑望著身旁由侍女扛著的摩西寶寶。她戴著蜜蠟珠串和寬邊金手鐲，隨行的侍女有的戴臂飾，有的飾以手環和戒指，隊伍後方的吟唱侍女，戴著翠綠琉璃耳環和細巧的頸鍊，都在烘托著當時生活背景的綺麗和富足。

柯洛（Jean-Baptiste Camille Corot, 1796-1875）
亞柯絲迪娜

1866年　油彩畫布　132.4×97.6cm　華盛頓國家藝廊

柯洛在西洋美術史上是有名的風景畫家，鄉野是他心靈和創作的優聖美地。他不像一些19世紀的法國畫家那樣好名樂利。他終生埋首於藝術，也多次前往義大利、瑞士、英國等地寫生。除了風景畫，也畫當地的模特兒。

〈亞柯絲迪娜〉是柯洛七十歲時的作品。他從接受古典美術洗禮，而後漫長的一生經歷了新古典主義、浪漫主義、寫實主義和印象主義；他融匯所有畫派風格，並保持一貫的對自然的崇奉。

他後期的人物畫並將風景融入，產生人與自然對話的溫馨氛圍。這幅畫中的義大利女孩──亞柯絲迪娜配戴著珍珠與紅寶石項鍊，神情自若。整幅畫的色調調和且明暗處理講究，也反映出畫家的創作已達爐火純青。

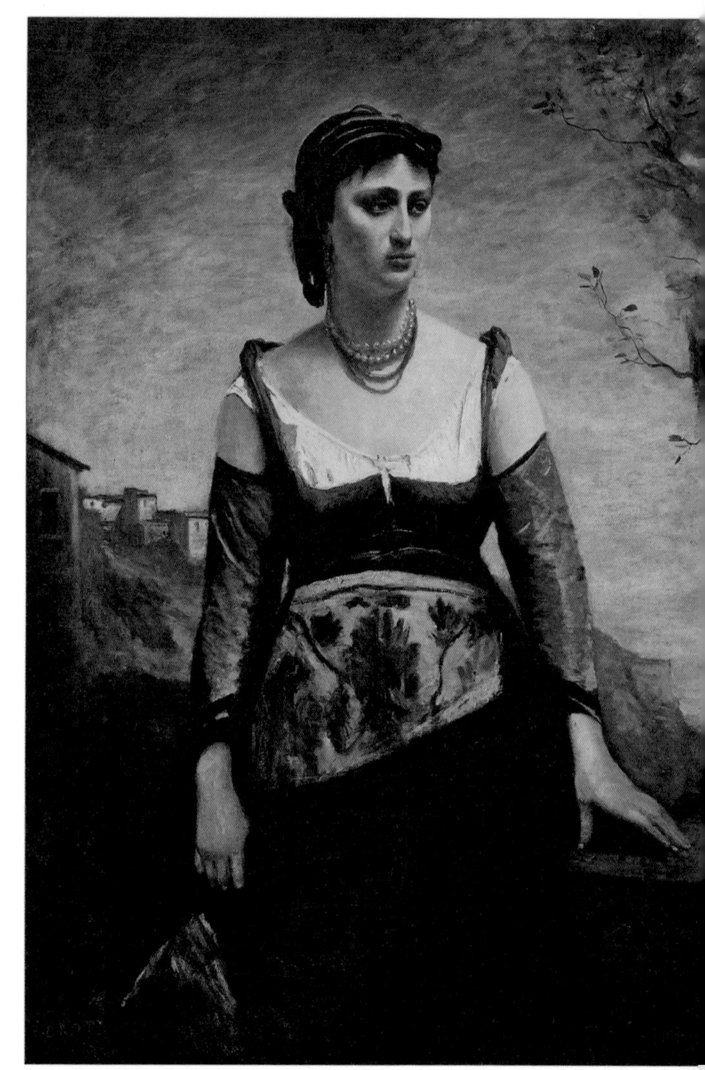

PLATE 72

波納

Léon Joseph
Florentin Bonnat,
1833-1922

犧牲
（沉思女子）

1869 年
油彩畫布
59×39cm
阿根廷國立美術館

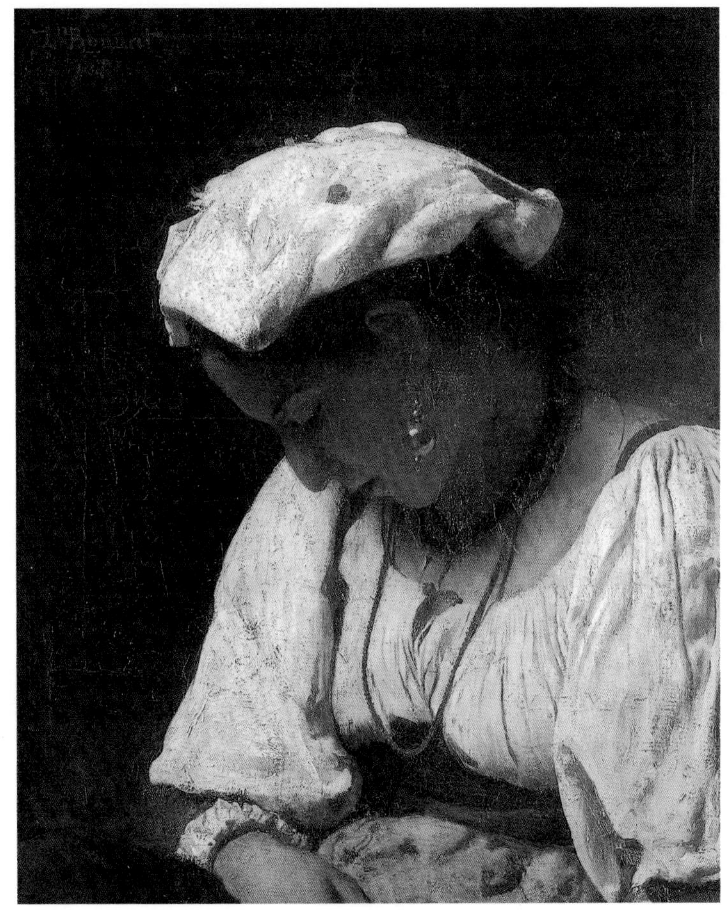

波納是 19 世紀的人像畫名家，在傳世的作品中，我們可以欣賞到他的聲名並非虛傳。他擅長捕捉創作對象的特有神采，彰顯畫中人的身分與時代性裝扮。

生於巴黎的這位畫家，對西班牙情有獨鍾，曾在西國首都馬德里長住，畫風技巧也受到 17 世紀西班牙大師維拉斯蓋茲等人的啓發。

這幅〈犧牲〉（又名〈沉思女子〉）是波納三十六歲的作品。戴著紅珠項鍊、低頭閉目沉思的婦人，似乎忘卻了現實，還是她正在承擔著人生的負荷或無奈？只見在一片暈黃的背景前，光線正好投射在她下垂的金圓耳環上，為沉默畫上了一個嘆號！

PLATE 73

勒弓．丟．奴以

Jean-Jules-Antoine Lecomte du Noüy, 1842-1923

後宮裡的拉姆西斯
（三聯作左幅）

1886年　油彩畫布　113×144cm

勒弓．丟．奴以是法國19世紀學院派畫家，他的藝術學習從新古典主義開始，曾接受格雷爾、傑羅姆等人教導，開創出東方風味的創作風格。

這幅作品主要描寫埃及法老拉姆西斯後宮女眷的合奏情景，此幅則是三聯畫的左幅。從左往右看去，三女人分別在使用響板、豎琴和管樂器。畫面中心的女子雙手打著響板，外罩薄紗的姣好身軀，似乎隨著音樂起舞。水藍的玻璃珠項鍊在臉龐下閃閃發光，白皙手腕上的一對金鐲因響板的張合而上下滑動著。

以肖像畫見長的勒弓．丟．奴以，對人物的刻畫與設色都極為用心考究。深宮的聲色情調，躍然於觀者眼前！

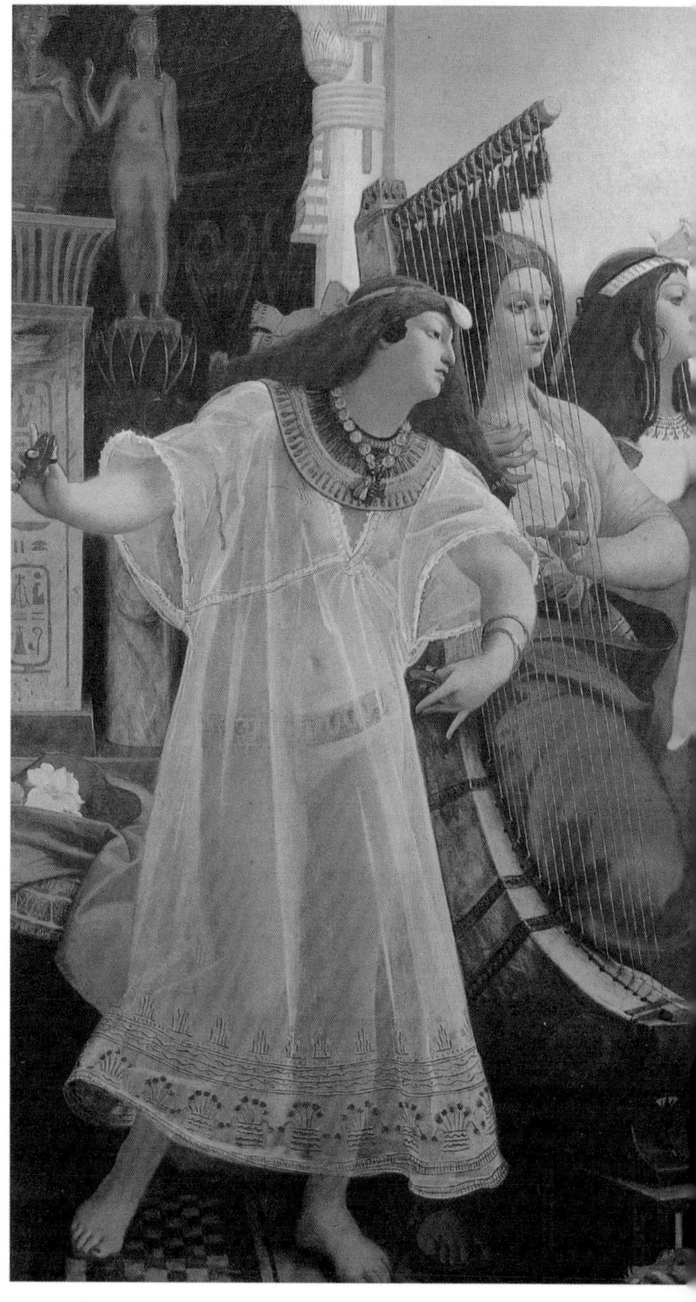

勒弓·丟·奴以

Jean-Jules-Antoine Lecomte du Noüy, 1842-1923

白奴

1888 年
油彩畫布
149.1×117.9cm
南特美術館

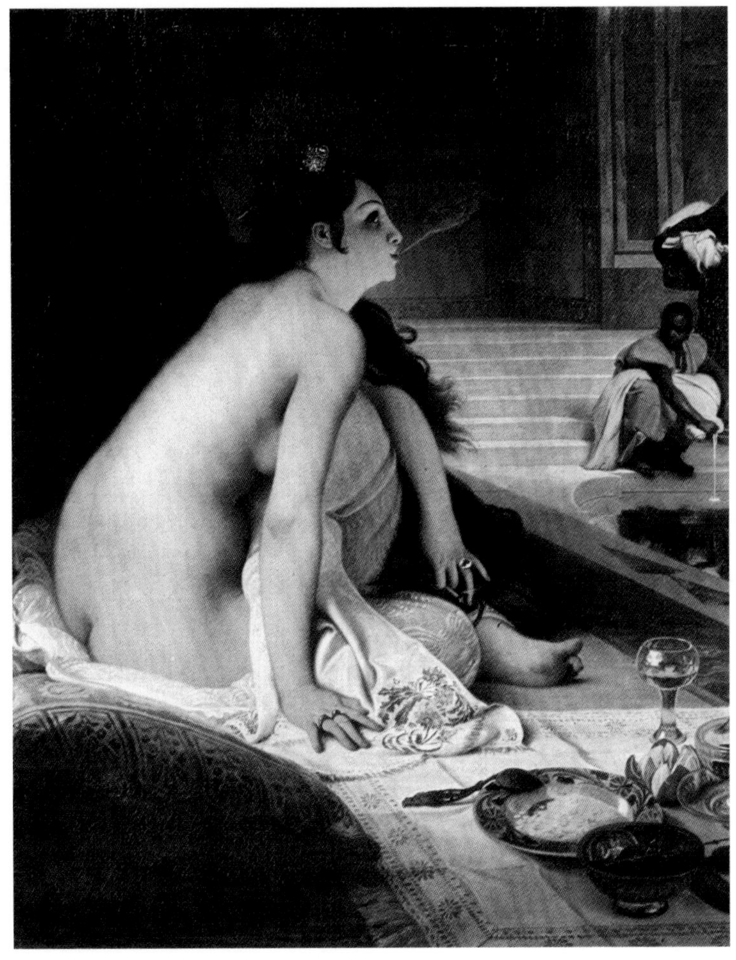

1842 年出生於巴黎的勒弓·丟·奴以，他許多富有異國色彩作品的靈感，都來自旅行的見聞和靈感。曾經到羅馬尼亞、土耳其、埃及等地旅行的他，每到一地都會做素描，日後將之以油畫創作。

〈白奴〉一作，似畫後宮浴室的一角。剛浴罷的白奴，用珠飾髮簪維繫著長髮。她無視於身邊擺著的餐飲和水果，左手夾著香菸，白煙從她小巧的紅唇吐出，一派悠閒模樣。三隻雪白細膩的手指上都戴著寶石戒指，她光豔照人，讓在一旁工作的黑奴都投以羨慕的眼神。

雷諾瓦

Pierre-Auguste Renoir, 1841-1919

阿爾及利亞風格的巴黎女郎

1872年
油彩畫布
156×128.8cm
東京國立西洋美術館

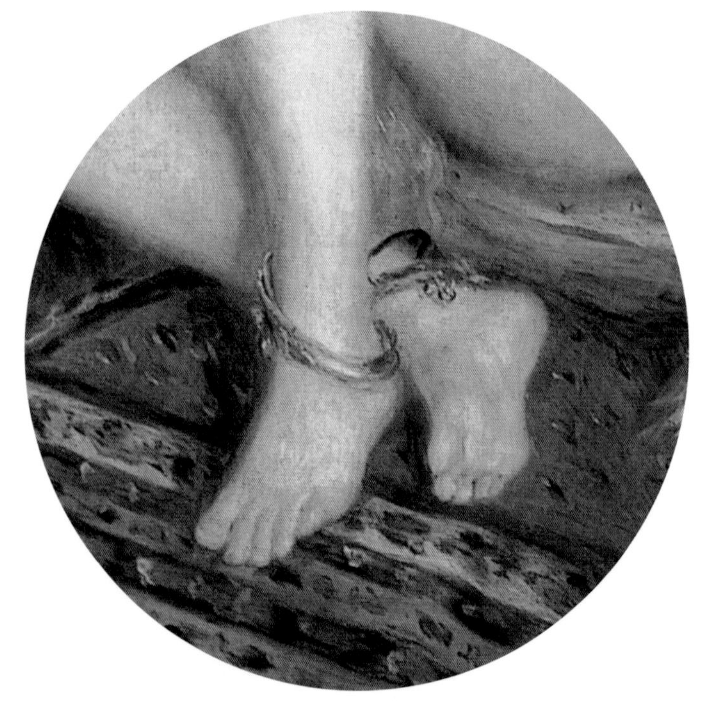

雷諾瓦的家鄉里摩日，是法國著名的瓷器產地。他家人為了他將來謀生容易，十三歲那年就送他去學畫陶瓷。後來他走上美術創作之路，那一段在瓷器上學畫人物與花卉的學習經驗，便成為他日後色彩表現的莫大助力。

〈阿爾及利亞風格的巴黎女郎〉的女性肌膚，呈現出珍珠一般的光澤和晶瑩感，這正是雷諾瓦受到讚賞的作品魅力所在。畫中心的金髮、異國風味打扮的巴黎女郎，配戴著沉甸甸的金飾，從耳環、胸鍊、手戒和腳環，金黃的飾物與身體的柔美色澤相互輝映，像詩歌一般緩緩低吟。

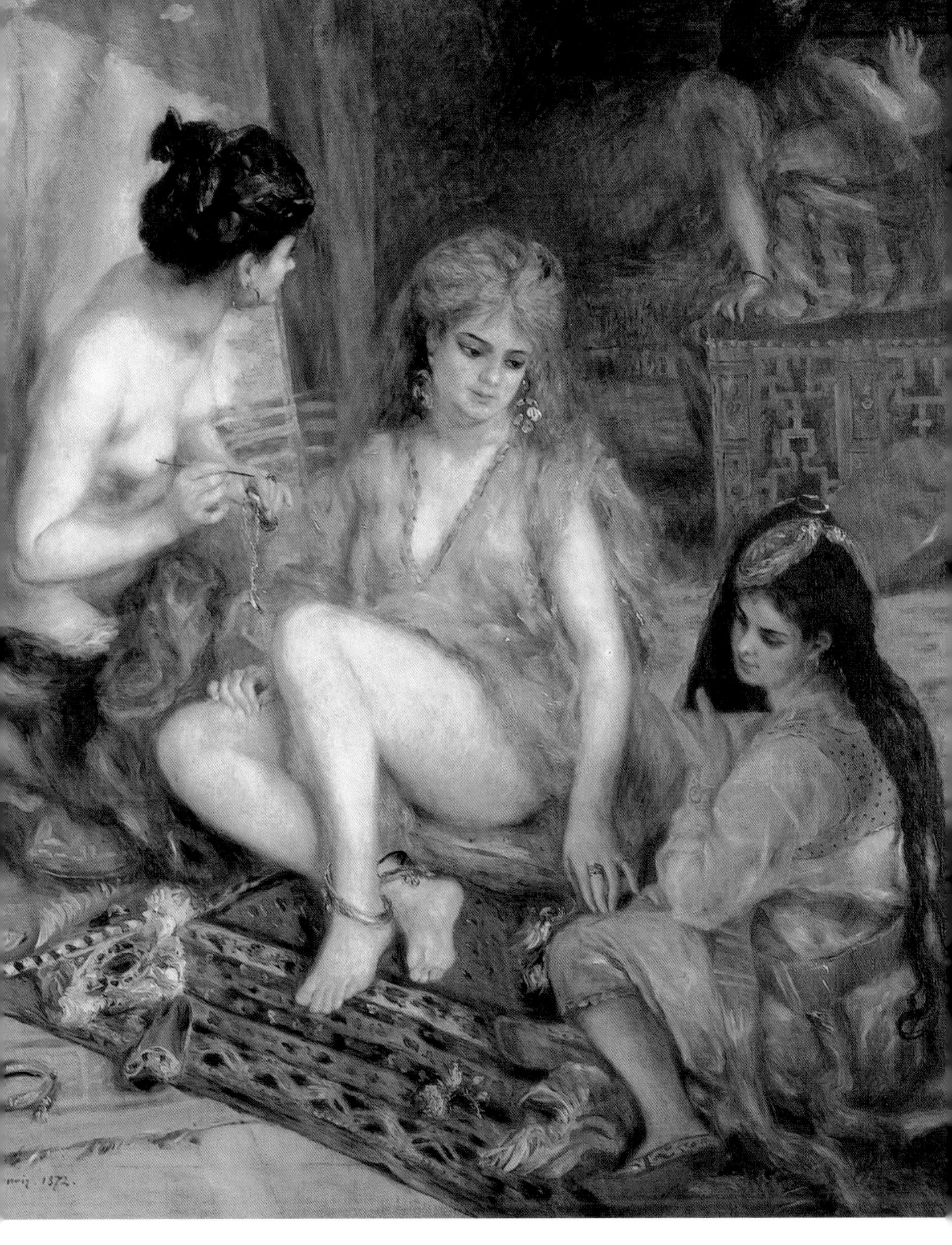

雷諾瓦

Pierre-Auguste
Renoir, 1841-1919

包廂

1874 年
油彩畫布
80×63.5cm
倫敦柯陶美術館

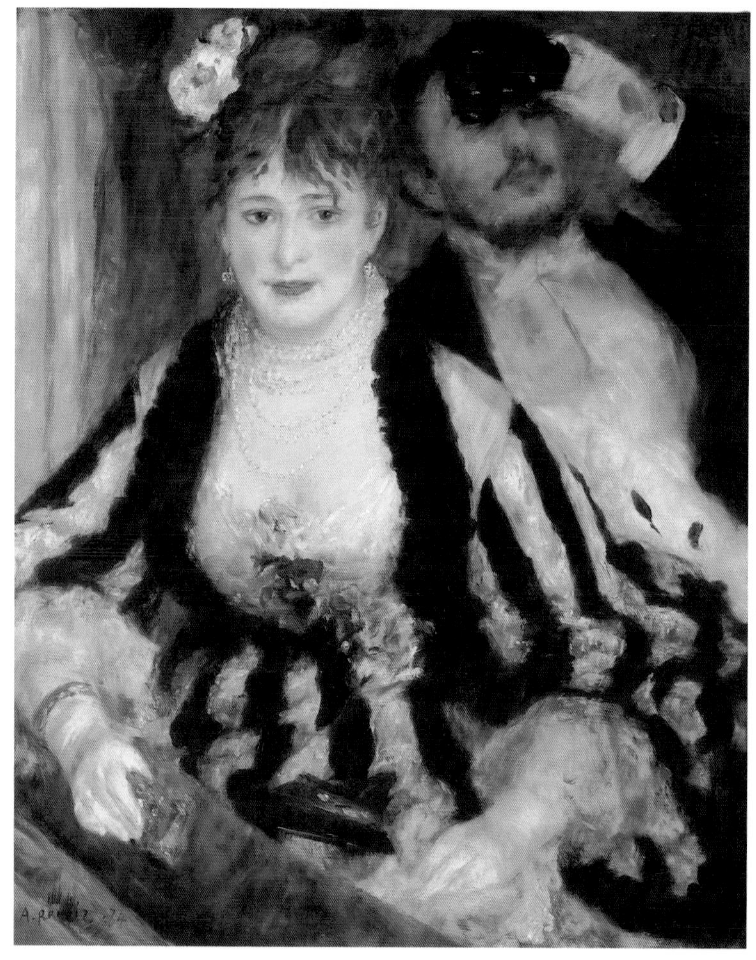

雷諾瓦是西洋美術史印象派的巨匠，1874年，第一屆印象派畫展在巴黎舉行。這一幅畫也在參展行列。

〈包廂〉取景自劇院的包廂一角。年輕美麗的貴婦盛裝觀賞演出，她身旁的男士也是著正式衣裝，正在用望遠鏡補助視覺效果！

雷諾瓦以豐富色彩見長，也擅長表現女性生活優美、恬適的一面，出現在劇場的婦人頭髮挽起，佩戴著他最愛入畫的粉嫩鮮花。女性的豪門背景從她頸間光彩奪目的耳環與飾鍊，可看出一二。

雷諾瓦

Pierre-Auguste Renoir, 1841-1919

佩戴玫瑰的加布莉列兒

1910年
油彩畫布
81×65cm
私人收藏

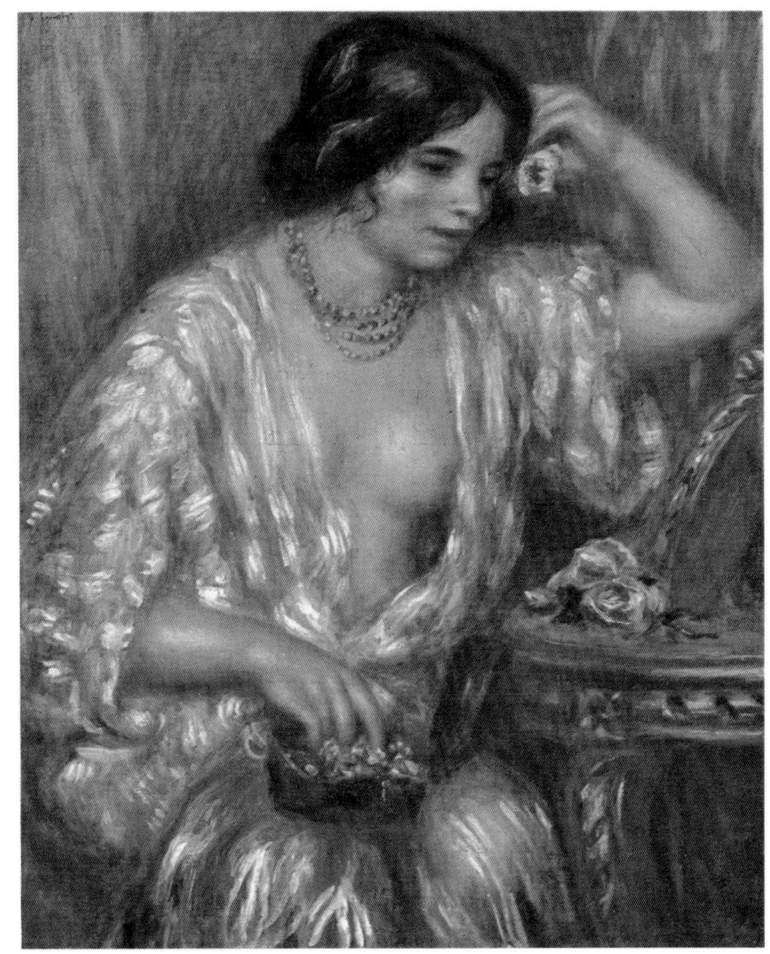

加布莉列兒是雷諾瓦最鍾愛的模特兒。她十六歲那年到雷諾瓦家裡幫傭後，就成為這位畫家的模特兒。

雷諾瓦筆下的許多女人，都是以加布莉列兒為描寫對象。據說，他欣賞加布莉列兒玲瓏有致的胸脯，並非豐滿的上身和壯碩的臀部，是雷諾瓦畫中所歌頌的加布莉列兒之美。

〈佩戴玫瑰的加布莉列兒〉的加布莉列兒，已經三十三歲了；白裡透紅的肌膚配戴著湖綠色項鍊，加上髮際的盛開玫瑰，顯出熟女的吸引力。此畫也可以深刻感受到雷諾瓦拿手的明亮色彩與優美氛圍的特質。

列賓

Илья Ефимович Репин,

1844-193

馬拉斯肖像

1883 年

油彩畫布

112×85cm

聖彼得堡俄羅斯博物館

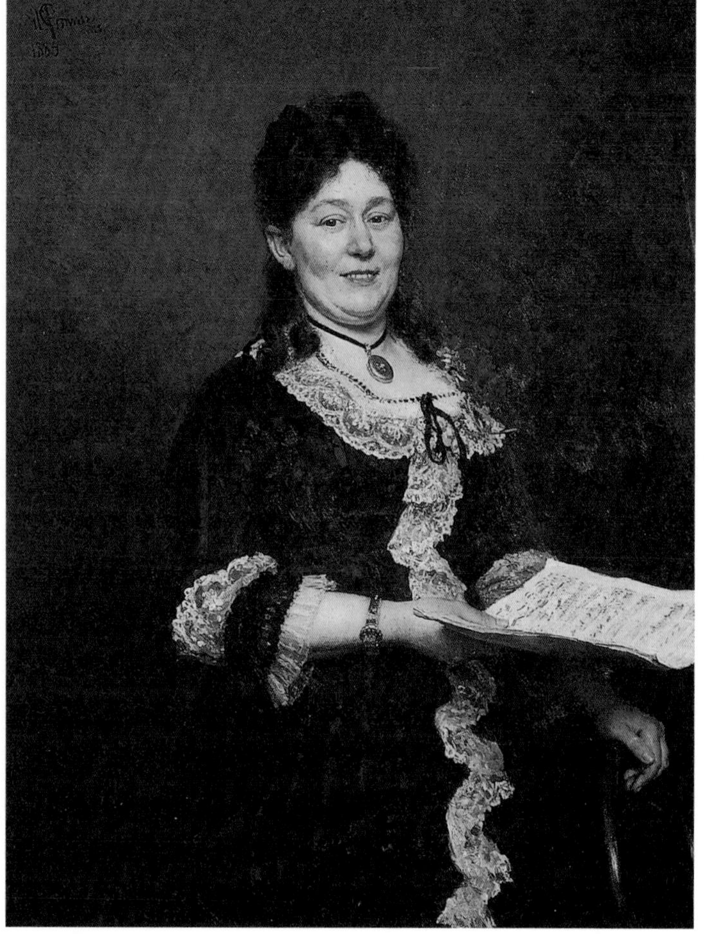

俄羅斯繪畫大師列賓和法國的莫內，在19世紀後期分別是歐洲東、西兩方的代表性美術家。1991年蘇聯解體後，世界各地的藝術愛好者隨著旅遊之便，在俄羅斯的美術館得以欣賞到列賓技巧卓越、觀察入微且描繪深刻的作品真蹟時，無不打從心底發出驚嘆。

在列賓的創作生涯當中，作品可觀。包括大量的歷史畫、民俗畫和肖像畫，其中以肖像畫最具分量；他認為肖像畫「最富現實意義」。他的社交領域寬廣，八十六年人生歲月和無數的人交往，光是藝文圈和學界，就有長長的名單。有音樂家，有文學家，有詞曲家，有演員，有各類專長的學者。

這幅〈馬拉斯像〉是以手拿曲譜的歌唱家入畫。馬拉斯戴著線圈的圓型金墜，穿著寬邊蕾絲裝飾的禮服，顯得富態而華麗。

列賓

Илья Ефимович Репин, 1844-193

詩芳采娃肖像

1889 年
油彩畫布
89×69cm
赫爾辛基芬蘭國立藝廊

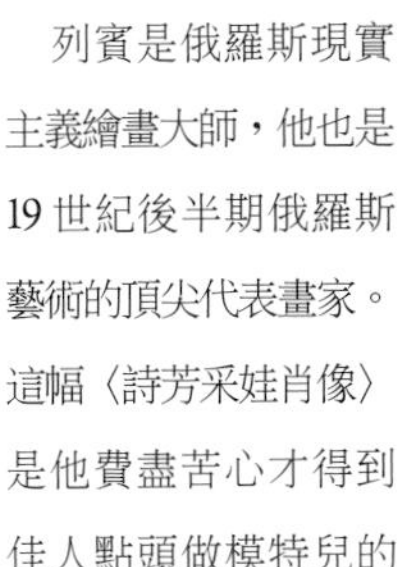

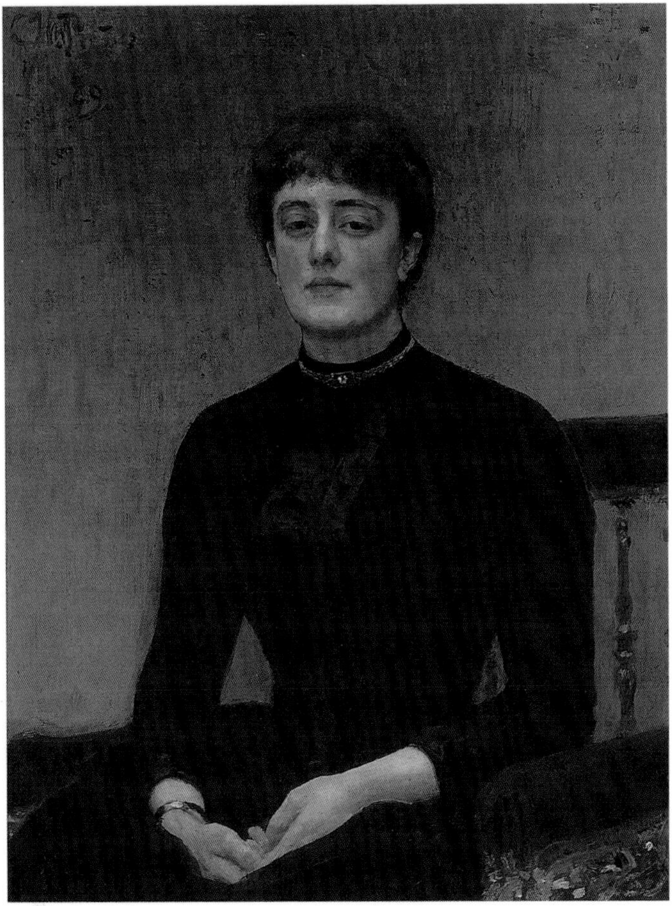

列賓是俄羅斯現實主義繪畫大師，他也是19世紀後半期俄羅斯藝術的頂尖代表畫家。這幅〈詩芳采娃肖像〉是他費盡苦心才得到佳人點頭做模特兒的成品。文件記載他在1888年開始迷戀這位女學生。那時已婚的列賓，比她大二十多歲且是四個孩子的爸。女方家長也反對他們的交往。長達十四年當中，據說列賓寫給詩芳采娃的情書有八十多封。

詩芳采娃讓列賓畫像時才二十五歲。畫中這位讓畫家神魂顛倒的女子，穿著黑絨衣裳，金質刻花的頸鍊和手環似乎是成套的飾物，整體的裝扮突顯她的自信與略帶神秘的魅力。

列賓與詩芳采娃的愛情沒有結局，有一說是他單戀的成份較大；然而，詩芳采娃的欲進還退，未嘗不是對列賓的名氣存在著仰慕的虛榮？列賓一直保存這幅畫，到晚年還掛在他住家的餐廳裡。

列賓（Илья Ефимович Репин, 1844-1930）

伯爵夫人戈洛維娜肖像

1896 年
油彩畫布
90×59cm
聖彼得堡俄羅斯博物館

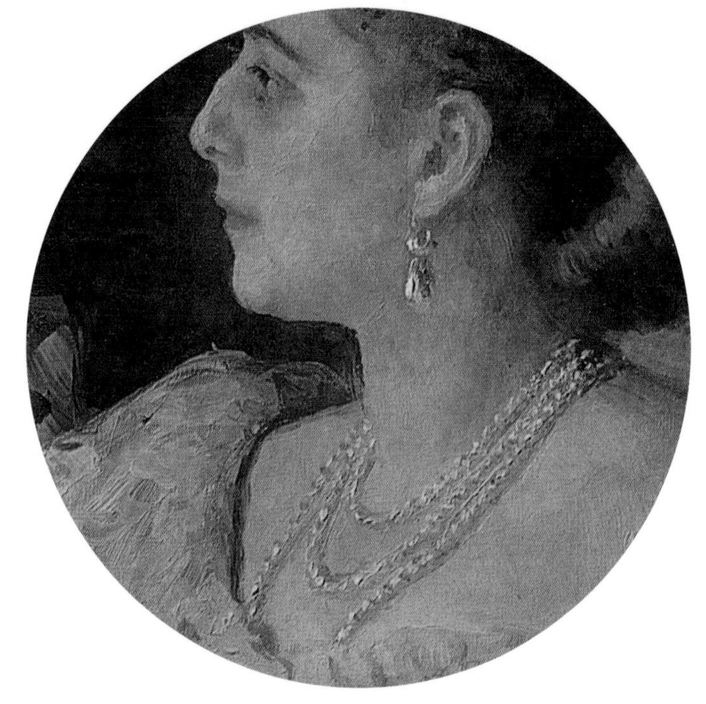

生於烏克蘭的丘古耶夫小城的列賓，是俄羅斯美術史上的批判現實主義泰斗，他在揭露專制制度、描繪社會不同階層的生活方面有獨到之處，創作態度嚴謹，也都志在完整呈現繪畫對象的內心。他生前舉行的歷史畫和肖像畫巡展，每次都引起觀衆共鳴，含淚看畫者都依依不捨離去。

列賓中晚年後，畫了相當多的肖像畫。在他聲名大噪後，更有許多上流社會的仕女紳士，出入他的寓所，以做他模特兒為榮。這幅伯爵夫人戈洛維娜畫像是他五十二歲時的作品。標致的戈洛維娜側坐，顯出她美好的額頭和鼻唇輪廓。她的佩飾分別用在髮際、頸間和手腕。三圈成型的項鍊更顯見她粉頸的細緻，貴婦風華經由列賓精湛的筆法，充分呈現出來。

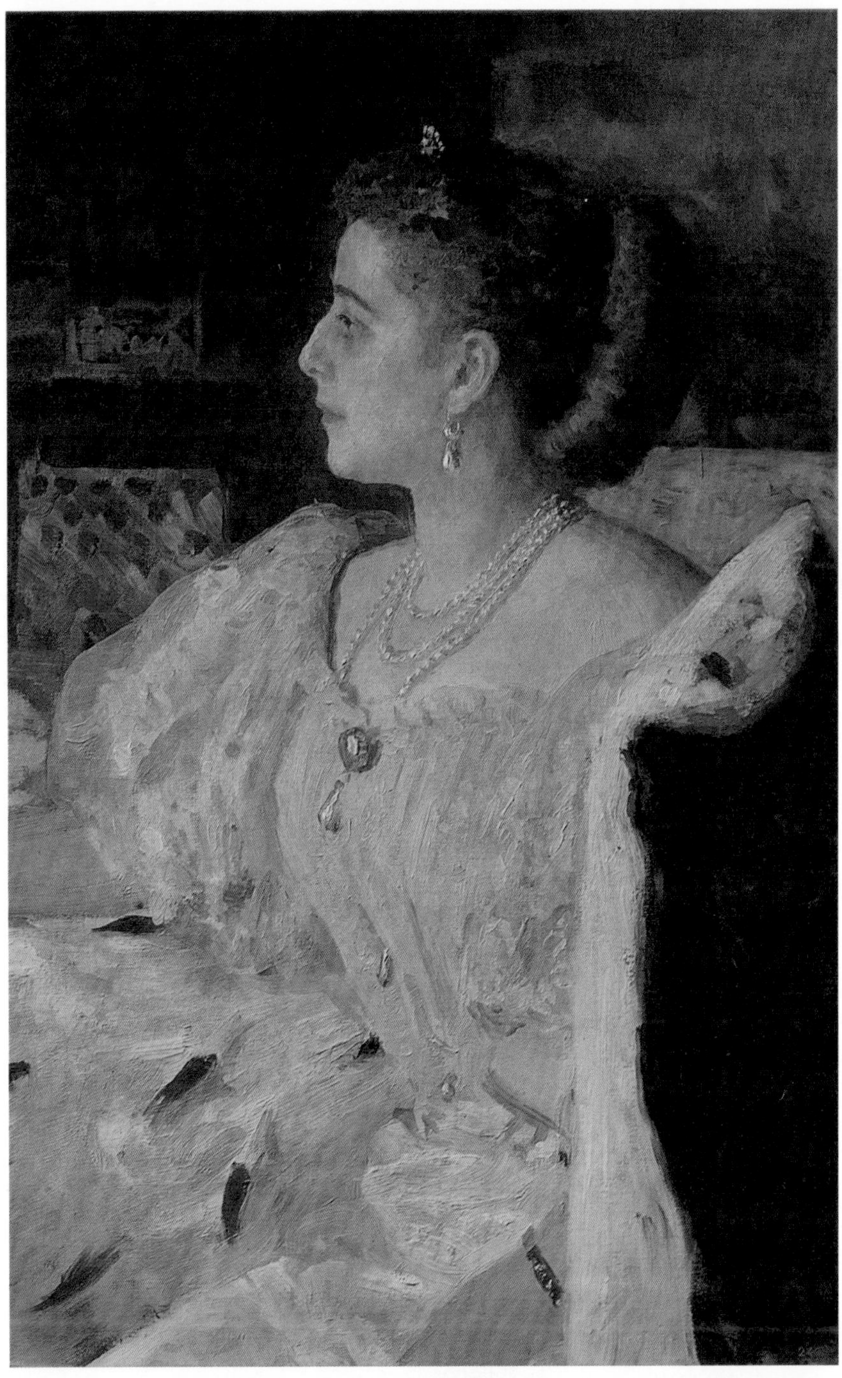

克林姆

Gustav Klimt, 1862-1918

雕刻寓言

1889 年
水彩、鉛筆、畫紙
41.9×30.8cm
維也納奧地利工藝美術館

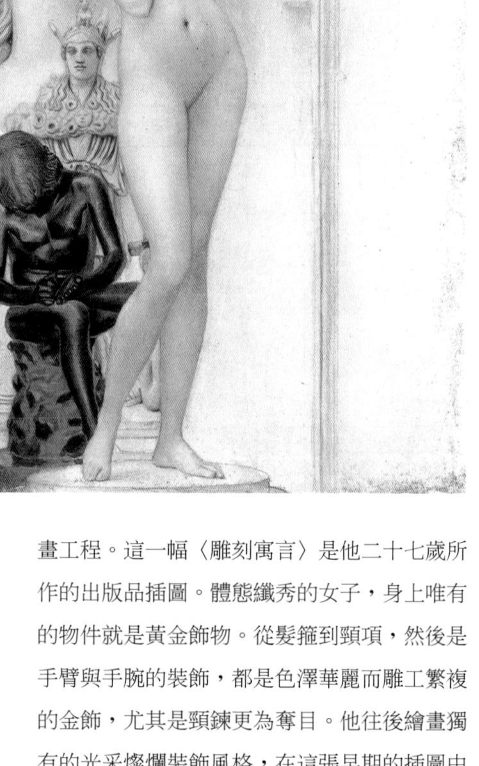

古斯塔夫．克林姆是奧地利維也納分離派大師，他的畫風帶著裝飾性的象徵主義風格，也顯現東方藝術特有的色感。從他創作的女性畫像與裸體畫，我們可以感受到19世紀末至20世紀初葉特有的神祕、慵懶和情色氛圍，也有一種接近天堂樂土的超絕輝煌美感。

出身於奧地利工藝美術館附屬工藝學校的克林姆，早在十七歲時就開始跟隨教授參與壁畫製作，二十四歲承接維也納市立劇院的裝飾畫工程。這一幅〈雕刻寓言〉是他二十七歲所作的出版品插圖。體態纖秀的女子，身上唯有的物件就是黃金飾物。從髮箍到頸項，然後是手臂與手腕的裝飾，都是色澤華麗而雕工繁複的金飾，尤其是頸鍊更為奪目。他往後繪畫獨有的光采燦爛裝飾風格，在這張早期的插圖中已經顯現一二。

克林姆

Gustav Klimt, 1862-1918

一個女人的肖像

1894年
油彩木板
30×23cm
維也納市立歷史博物館

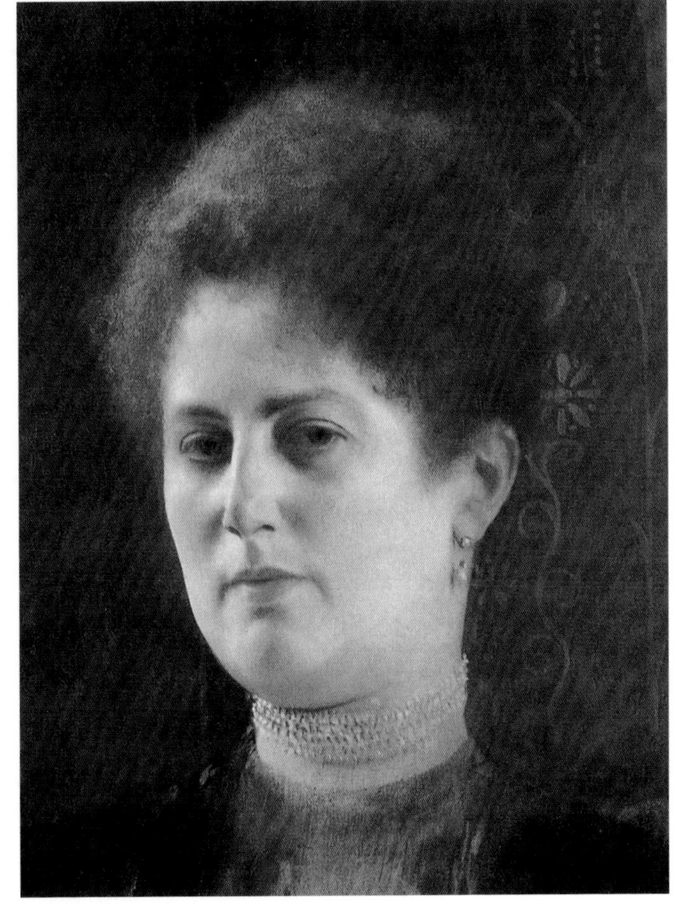

出生於維也納郊外小鎮泮加登的克林姆，從小喜歡塗鴉，可能受到金飾雕刻師父親的影響。事實上，他也具備了相當的藝術天賦，在工藝學校時代的人體素描，就引起教授極大的稱讚和鼓勵，還曾被推薦進入特別班學習。

這幅〈一個女人的肖像〉是他早期的肖像作品。雖是沒有特別標示名字的婦人畫像；但從畫中可以看到畫者用心地在描繪，同時非常穩重且清楚地表現主角的特徵。

這是克林姆三十出頭時，表現他人物畫實力的代表作之一。畫中人戴著珍珠耳環和貼頸的多圈金鍊，相較於克林姆後期廣受矚目的黃金時期畫作，這幅肖像就顯得樸實、內斂許多了！

克林姆

Gustav Klimt, 1862-1918

羅莎肖像

1900-01 年
油彩畫布
190×120cm
維也納奧地利國家美術館

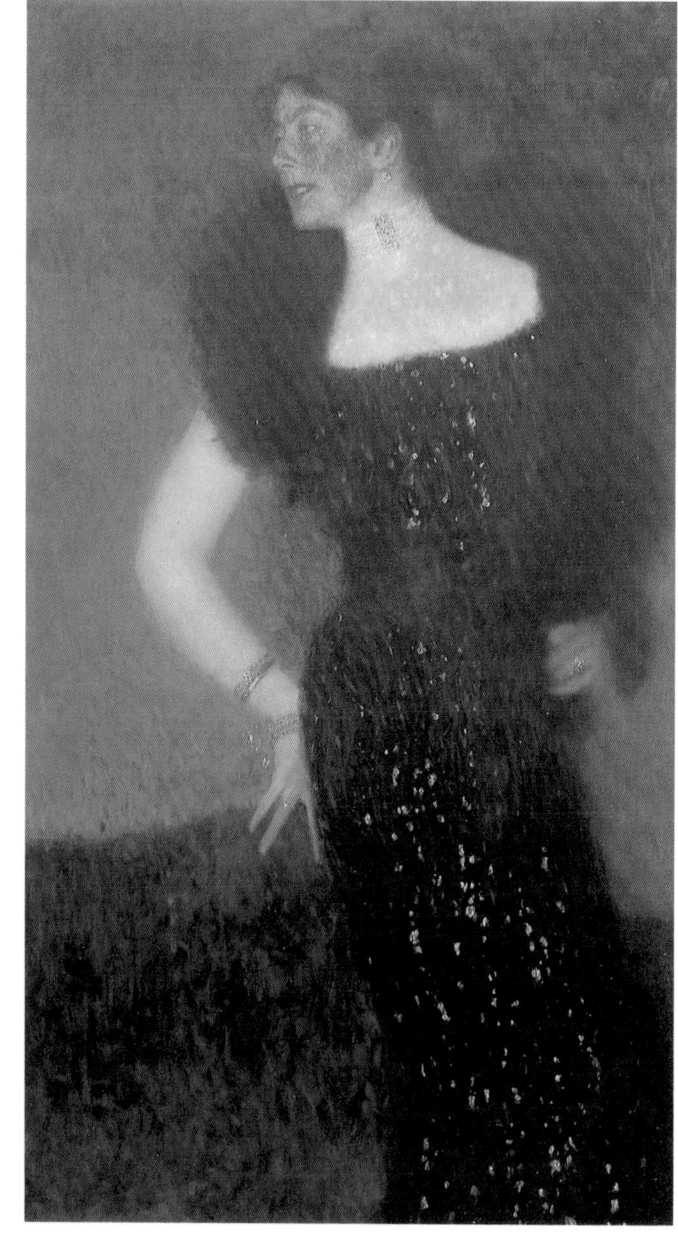

克林姆的藝術成就，在 1900 年達到巔峰，這幅肖像畫正是這個時期的作品。

和他許多以女性為題的畫作一樣，〈羅莎肖像〉強調的是畫中人物的站姿與其裝飾。穿著有披肩長禮服的羅莎側面而立。如此突顯了她頸間光彩逼人的珠寶寬版項鍊。右手腕戴著多個鑲寶石的金鍊，以及左手的婚戒，搭配著綴有金片的黑色禮服，屬於古斯塔夫·克林姆特有的裝飾風格繪畫，再一次呈現於我們面前。

克林姆

Gustav Klimt,
1862-1918

女孩頭像

1898 年
油彩紙板
38×43cm
私人收藏

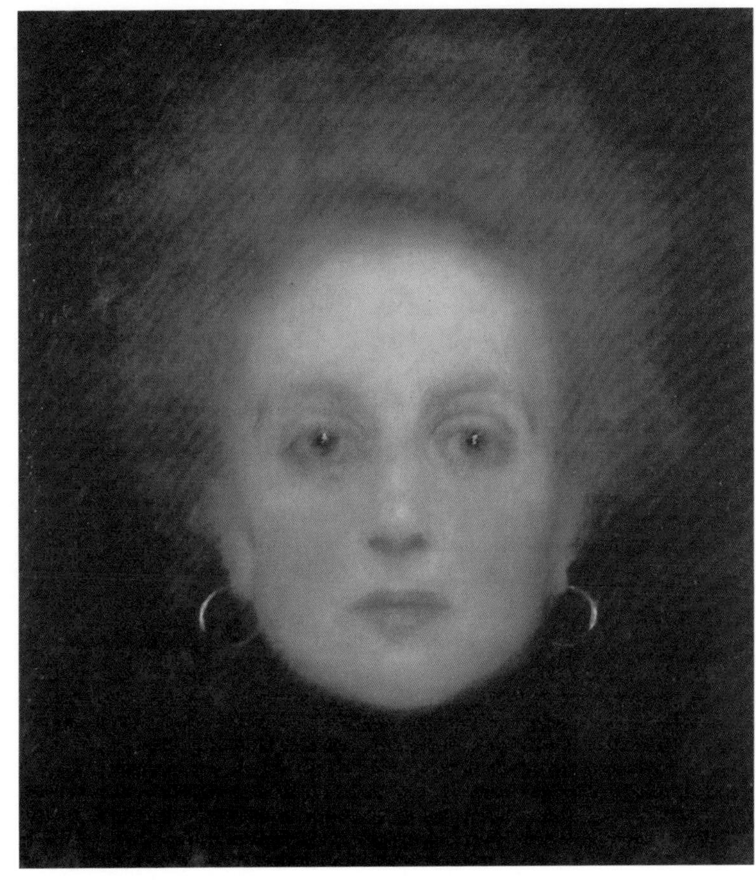

這是克林姆早期的肖像畫之一。成為維也納分離派大師的克林姆，在 1898 年、三十多歲的作品已顯現其特有的繪畫風格，畫中人物如此深不可測的神情，反而有一種統御人心的隱形力量。

這幅作品所畫的女人有可能是奧地利工業家安·奈普司夫人宋嘉（1873-1959）。宋嘉在婚前曾和克林姆有一段羅曼史，兩年多的交往期間，曾為她做一些人像速寫。後來，宋嘉嫁給奈普司。

宋嘉·奈普司在當時她是有名的藝術贊助者之一，與分離派的成員熟識，對克林姆才華也十分欣賞。1898 年克林姆應邀替她畫肖像，做為鄉村別墅的裝飾品，他也送她不少速寫作品做紀念。

這一幅肖像刻畫了若有所思地凝視著的女子。她所配戴的金色圓型耳環，在暗地裡發光，映照著如夢似幻、美麗的雙眸！

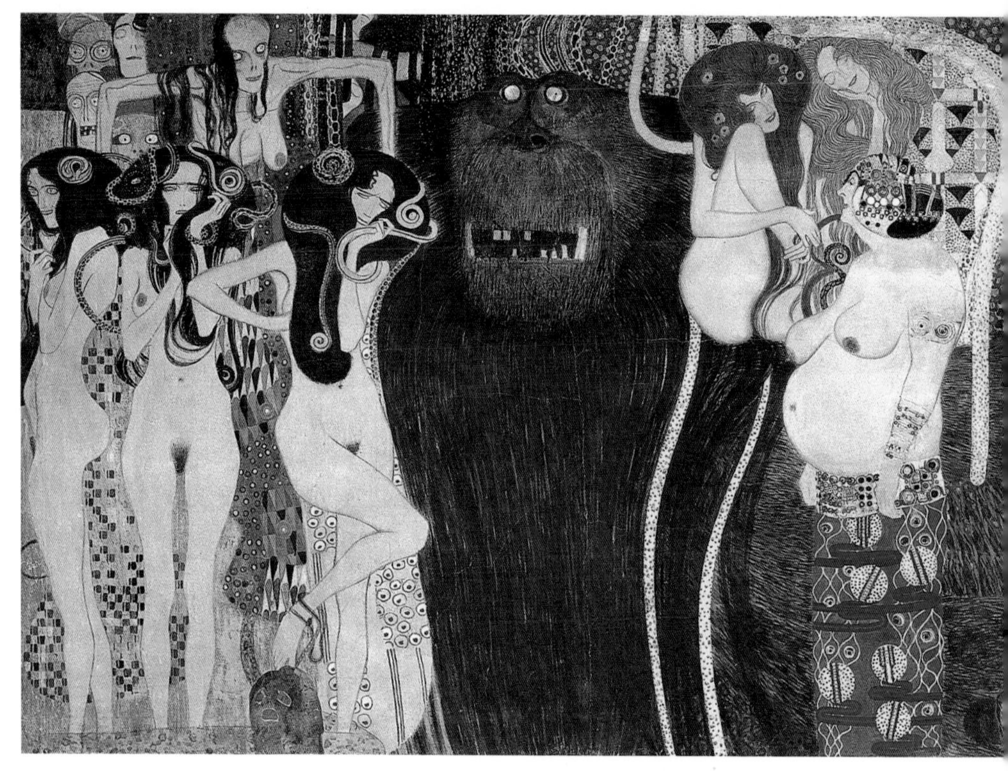

PLATE 85

克林姆（Gustav Klimt, 1862-1918）

貝多芬牆角裝飾畫（敵對的力量） 1902 年 壁畫 維也納分離派展覽館

1902 年，四十歲的古斯塔夫．克林姆應邀繪製〈貝多芬牆角裝飾畫〉，再次引起廣大的注目。這是一幅畫在相連三面牆的巨幅作品，長達 3414 公分。整件創作是以偉大音樂家貝多芬的一生為主題。三面牆分別以〈敵對的力量〉、〈幸福的憧憬〉和〈歡喜〉三子題來敘述。

圖中所見的畫面是〈敵對的力量〉。克林姆此時期的裝飾畫，充滿了無比的自信。繁複而豐饒的圖案效果、大膽堆砌的多重造型交錯，令人眩惑又忍不住浸淫其中。畫裡如大地之母的婦人，裸露著上身，突顯孕育之偉大。她碩實的左手臂和手腕有一半為飾物所盤據，金工與鑲寶石的製品，是克林姆一再使用的裝飾，但也讓人百看不厭。

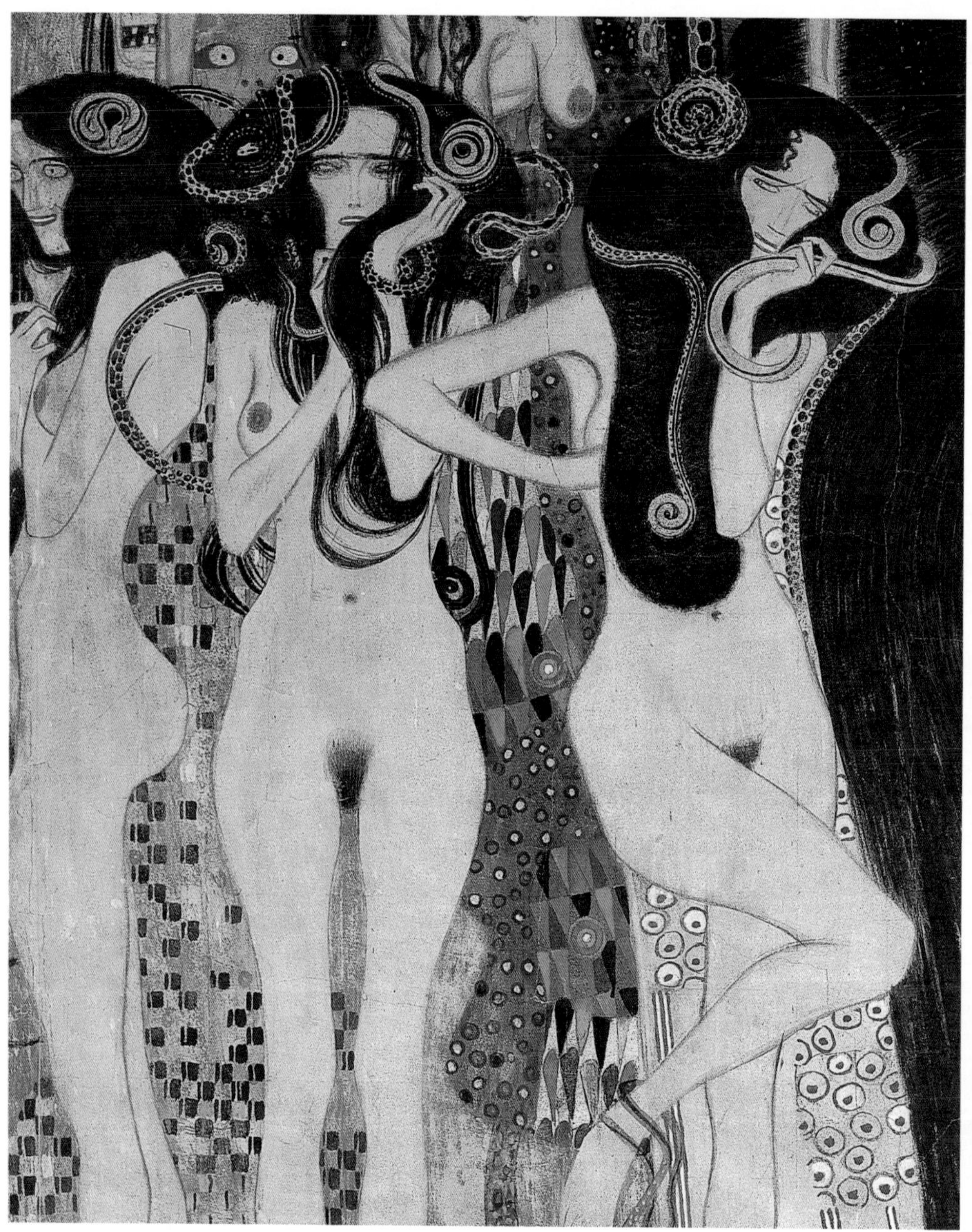

克林姆　貝多芬牆角裝飾畫（敵對的力量，局部）

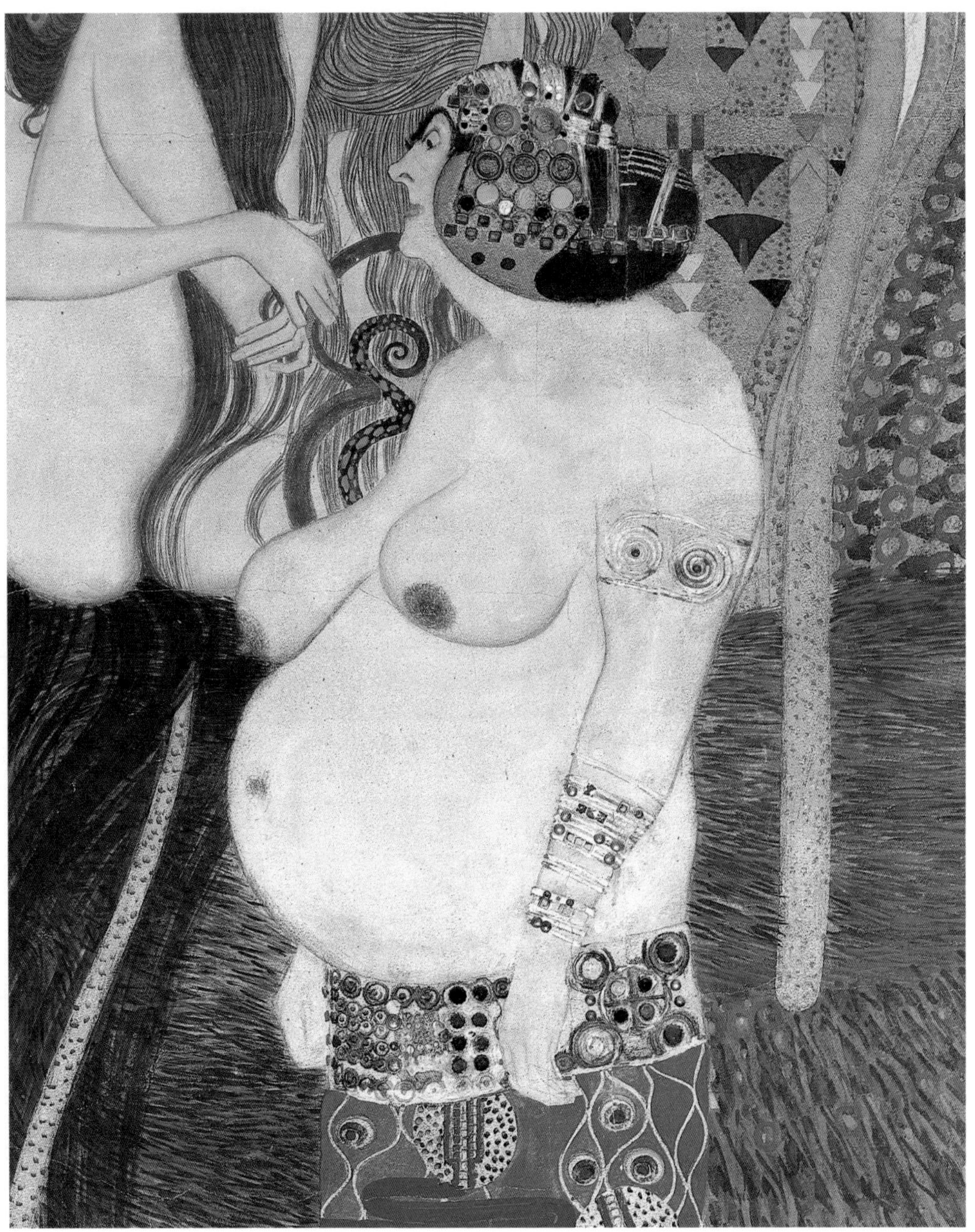

克林姆　貝多芬牆角裝飾畫（敵對的力量，局部）

PLATE 86

克林姆（Gustav Klimt, 1862-1918）
芙麗莎．瑞德勒肖像

1906 年
油彩畫布
152×134cm
維也納奧地利國家美術館

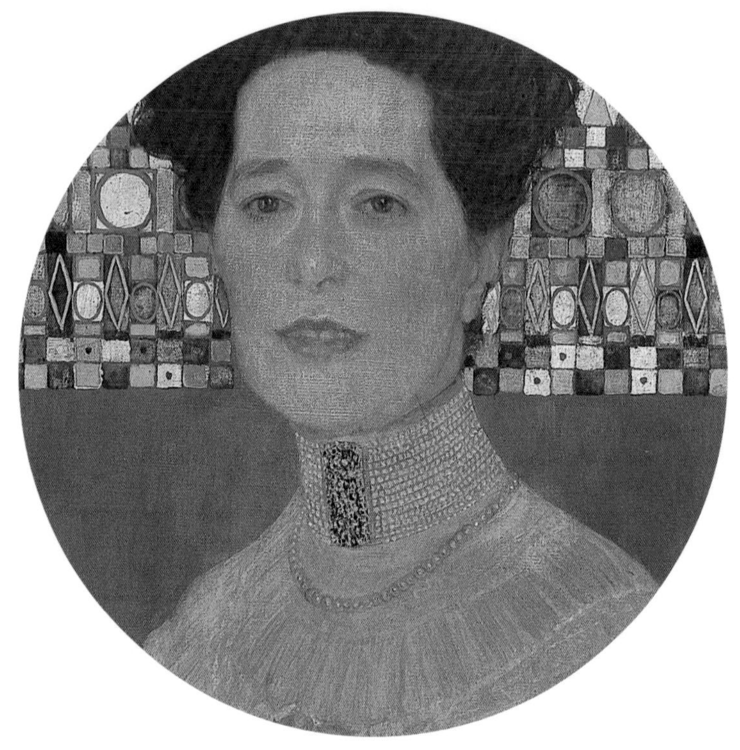

1906 年，克林姆為德國籍的瑞德勒夫人芙麗莎畫肖像，是肖像畫沒錯！但是許多人的看後觀感是：克林姆還是沉酣於他鍾情的裝飾表現。在長方形畫面中端坐的芙麗莎，好像被精美彩麗的裝飾圖案所包圍，或者，她看來有著將被淹沒的感覺。

克林姆確實也在這幅畫中發揮了他的才情。室內背景牆面的大小金銀裝飾、若馬賽克圖樣的窗飾、如禽鳥羽毛圖案的椅榻，編織成精緻的舞台。穿著粉色禮服，配戴著彩鑽頸鍊的芙麗莎．瑞德勒，好像被嵌到這美麗的舞台似的，在畫家的主觀與強勢營造裝飾的需求下，她的個性特質在畫中，好像未明顯呈現。

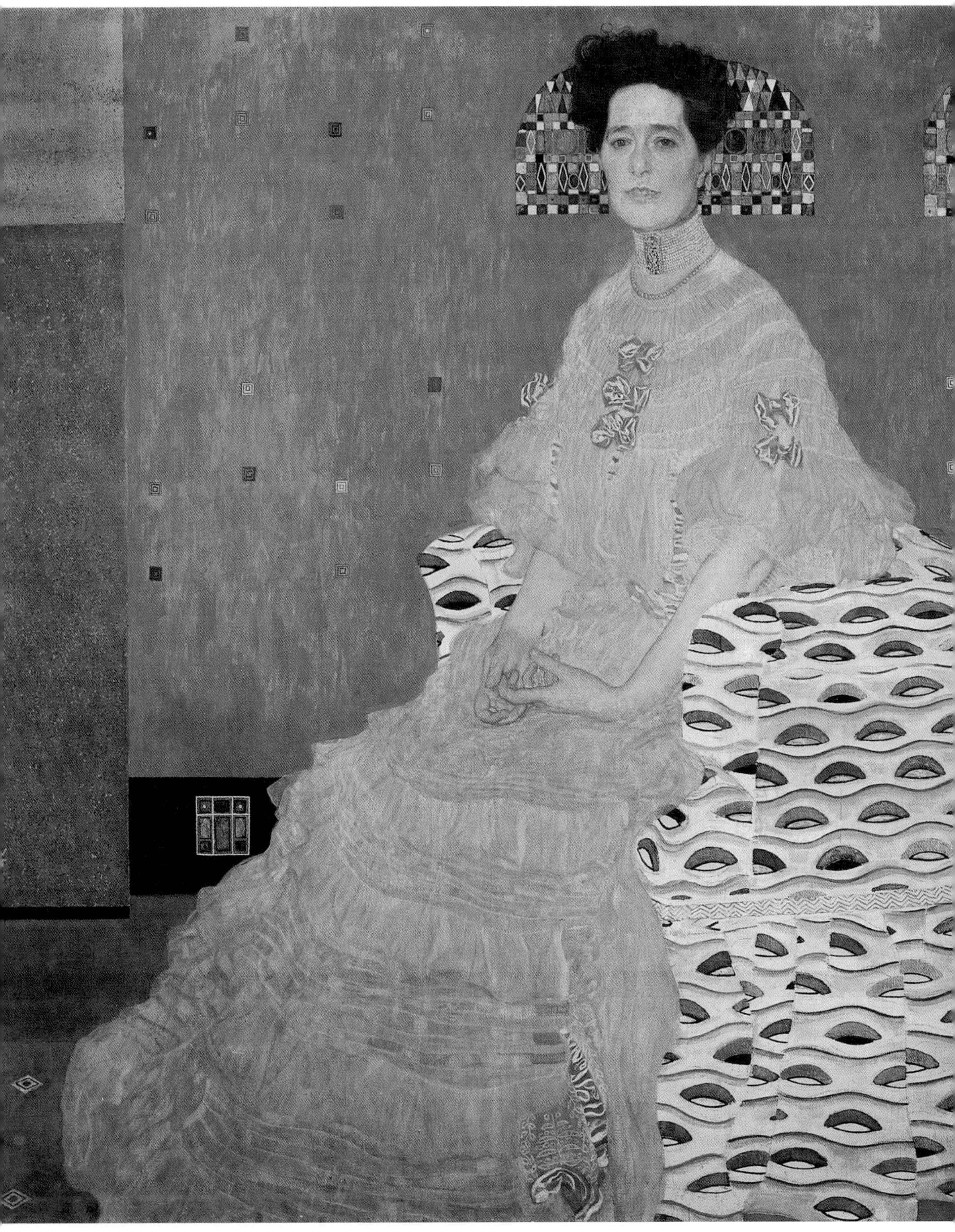

PLATE 87

克林姆

Gustav Klimt, 1862-1918

雅德勒・布羅奇-波兒肖像

1907 年
油彩金彩畫布
138×138cm
維也納奧地利國家
美術館

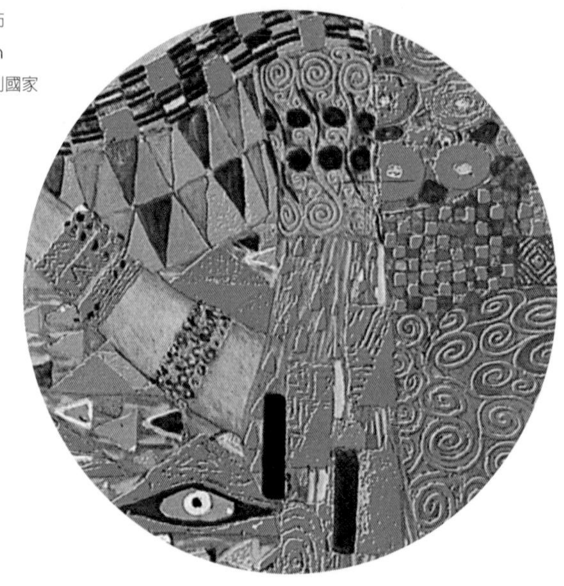

1907 年，克林姆創作了美術史的不朽名畫〈吻〉，〈吻〉也成為這位畫家的象徵。這一幅〈雅德勒・布羅奇-波兒肖像〉和〈吻〉產生於同一年，也被公認是克林姆肖像畫中以裝飾主導繪畫的非常代表性作品。

在此肖像畫中，女主人翁好像將被一片金銀裝飾的圖案所淹沒。克林姆有段時期習慣性的主觀手法，讓裝飾的光芒高於一切。畫裡神情充滿愛慾的雅德勒・布羅奇-波兒，她的項鍊與手環在金碧輝煌的背景和衣著裡，也極力在張揚它那精湛的設計風華。

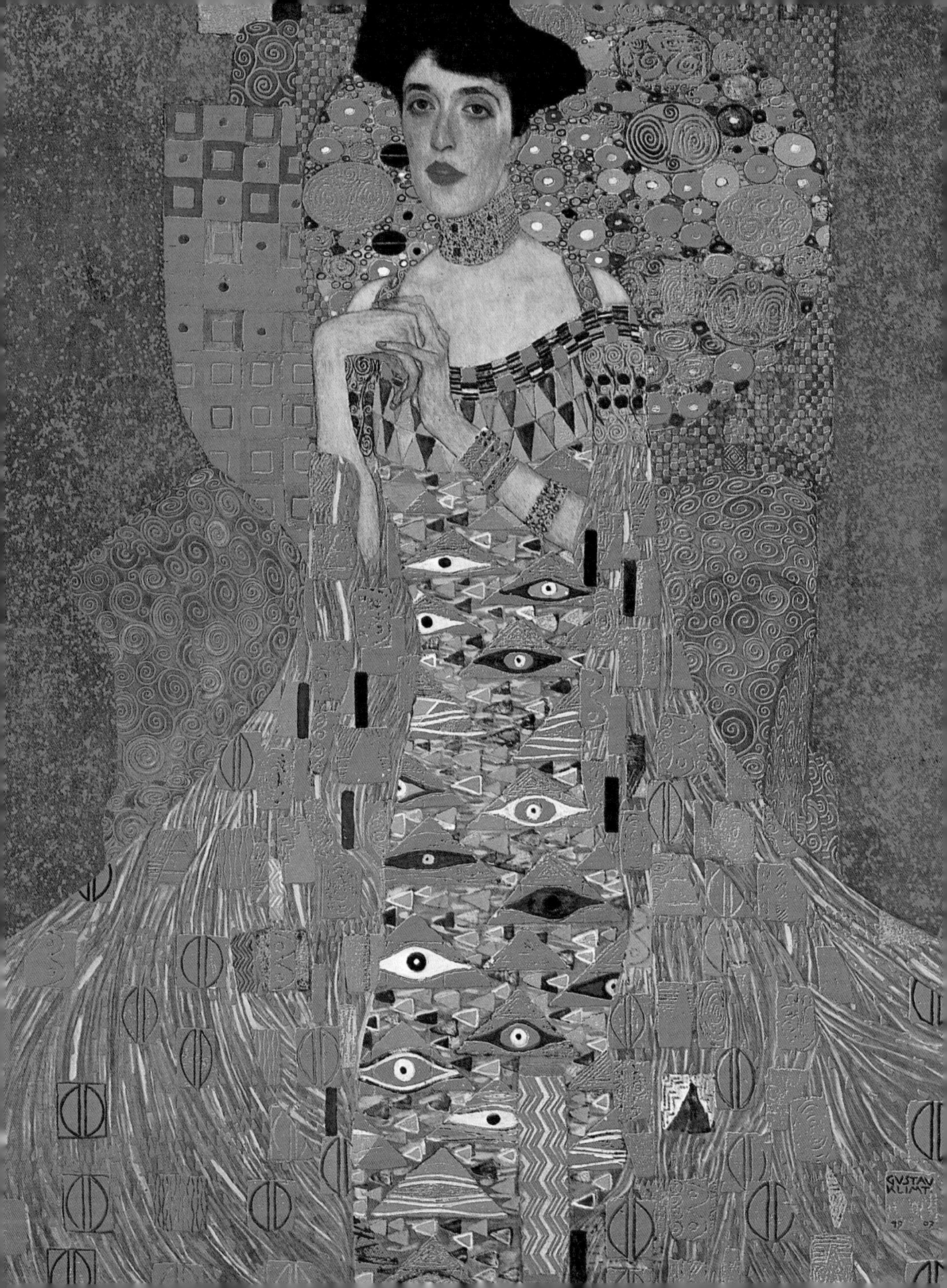
GVSTAV
KLIMT

PLATE 88

克林姆（Gustav Klimt, 1862-1918）
朱迪絲 2（莎樂美）

1909 年　油彩畫布　178×46cm　威尼斯近代美術館

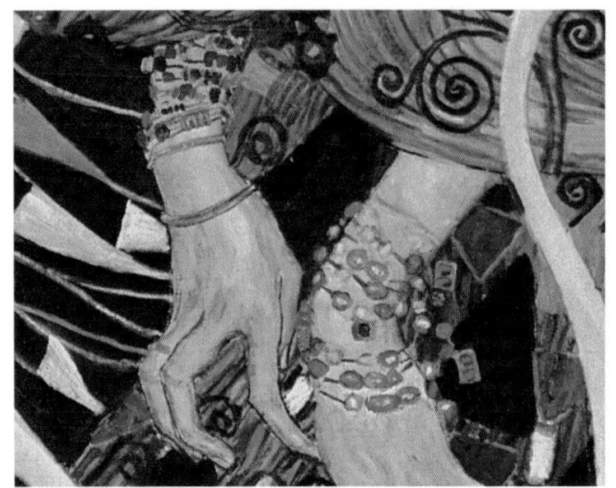

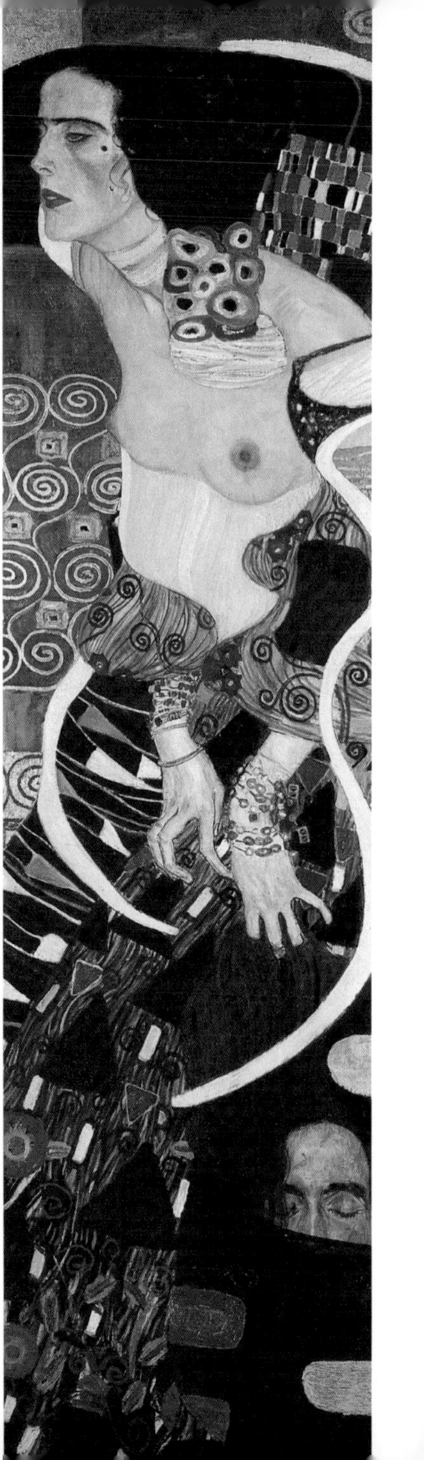

朱迪絲在古希伯來文學中，是一位女性復仇者。她替丈夫報仇，色誘亞述軍隊將軍，並趁對方酒醉之際取下他的頭顱。美術史上許多巨匠如米開朗基羅、卡拉瓦喬、盧本斯等都曾描繪此題材。這是克林姆傳世的兩幅朱迪絲的第二幅。第一幅完成於 1901 年。

處在 19 世紀末至 20 世紀的世紀交替時代，這位藝術家畫第二幅朱迪絲，顯然是存著當時一般男人對女性的矛盾心態。他筆下的神話人物成了蒼白冷酷的妓女，雙手像爪牙一樣，左手還抓著死者的頭顱。

克林姆在刻畫頌揚女人美和性感的同時，也在作品中質疑了女之本性存在的惡。然而他還是不忘裝扮畫中的復仇者，朱迪絲瘦如枯枝的雙手戴著五彩繽紛的環鍊，從黑白相間的背景跳脫出來，彷彿述說著她所經歷滄桑中的繁華。

PLATE 89

沙金

John Singer Sargent,
1856-1925

安格紐女士

1892 年
油彩畫布
127×101cm
蘇格蘭國家畫廊

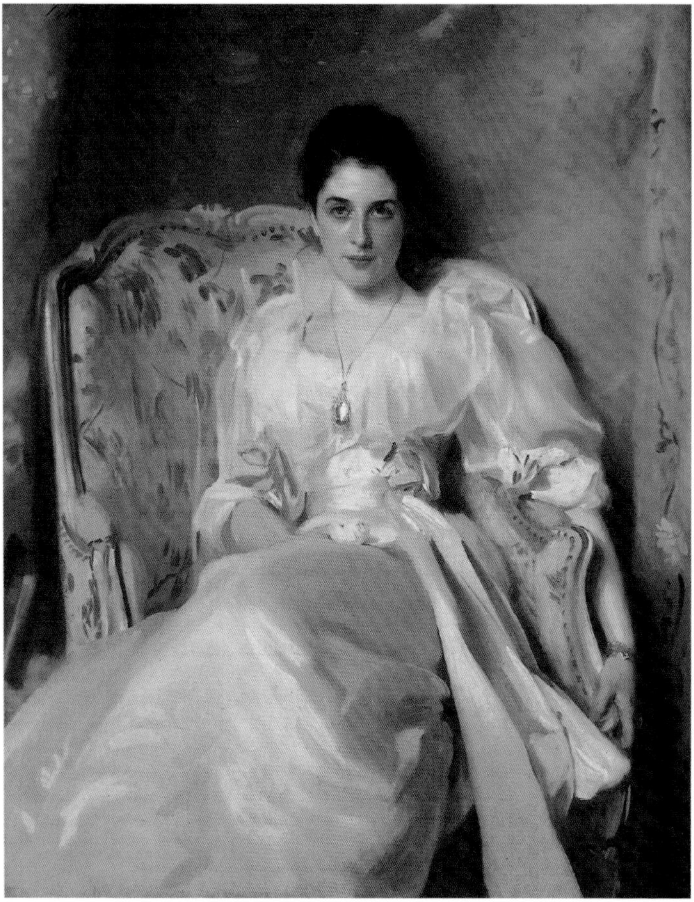

約翰・辛格・沙金本籍美國，卻是出生在義大利的翡冷翠，少年時代隨父母移居巴黎。由於這樣的背景，使得他在 19 世紀末至 20 世紀初葉活躍於歐美兩地，以人像畫和水彩畫的成就，成為世界級的繪畫大師。

沙金在三十出頭就享有盛名，包括英美各地的許多望族名流都爭相請他畫像。三十五歲那年，還被英國畫壇稱是「活在世上最卓越的肖像畫家」。這一幅〈安格紐女士〉是他三十六歲的作品。透過沙金精準高超的刻畫技巧，讓我們看到安格紐女士美麗的外表及外現的高雅氣質。

除了栩栩如生的五官神情，沙金筆下的服飾也相當引人入勝。他以細膩的手法，表現安格紐女士上好的衣服材質與光澤，也不厭其煩地處理她垂胸的鑲寶石細鍊和手飾，這樣完整美好的作品，正符合了畫家的名氣與外來的評價。

莫迪利亞尼（Amedeo Modigliani, 1884-1920）

芮妮　1917年　油彩畫布　61×38cm　巴西聖保羅美術館

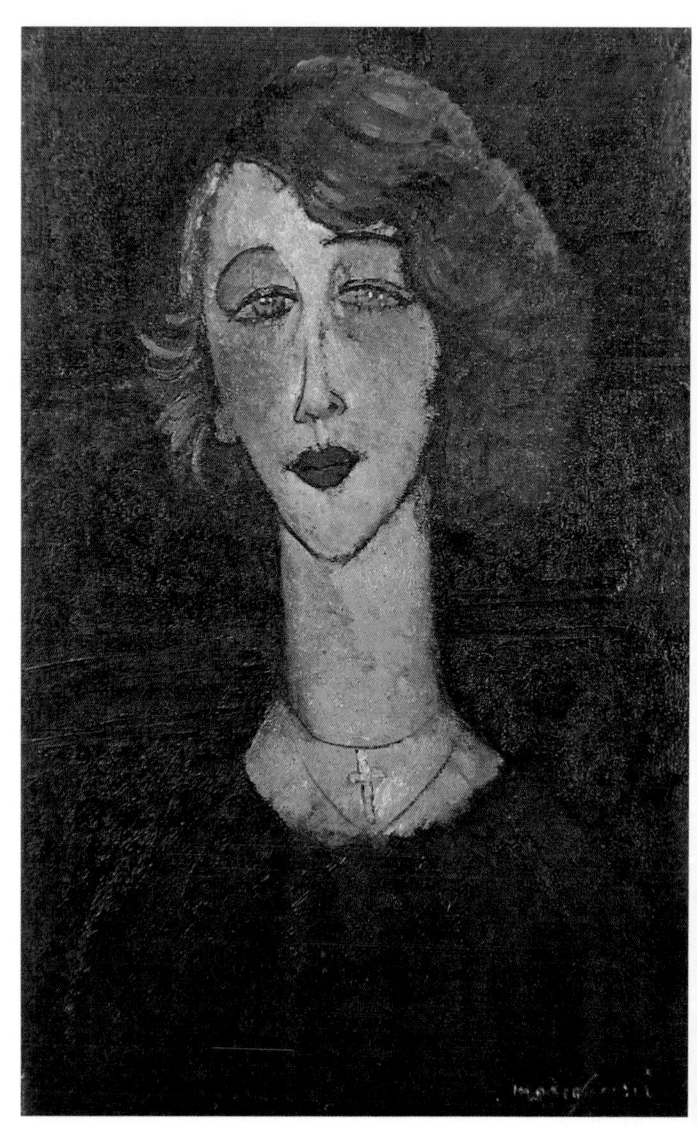

20世紀初葉至30年代，一群來自異國的畫家聚集在巴黎。他們受現代藝術流派和思潮的洗禮，卻能夠創造自我獨特的風格，莫迪利亞尼就是這個「巴黎畫派」團體（Ecole de Paris）的代表人物之一。他筆下的人物畫呈現主觀變形，長而有力的線條鼻子、新月型的眼睛和誇張拉長的脖子，加以穿透生命似的感性色彩，讓觀者不自覺產生心靈悸動。

莫迪利亞尼短暫的三十六年人生，為生命和情愛奮戰、傷懷或歌頌，有「蒙巴納斯王子」之稱的這位美男子人緣好，身邊更有許多紅粉知己，同時成為他畫中的模特兒。芮妮是其中的一位。

1917年，充滿魅力的芮妮幾次走進「蒙巴納斯王子」的作品。這幅畫中的她戴著金質十字架墜子的項鍊，這也是莫迪利亞尼女性肖像當中少數有佩戴首飾者之一。

莫迪利亞尼（Amedeo Modigliani, 1884-1920）

安娜．芝波羅夫斯基肖像

1917 年　油彩畫布　55×38cm　羅馬現代與當代國家藝廊

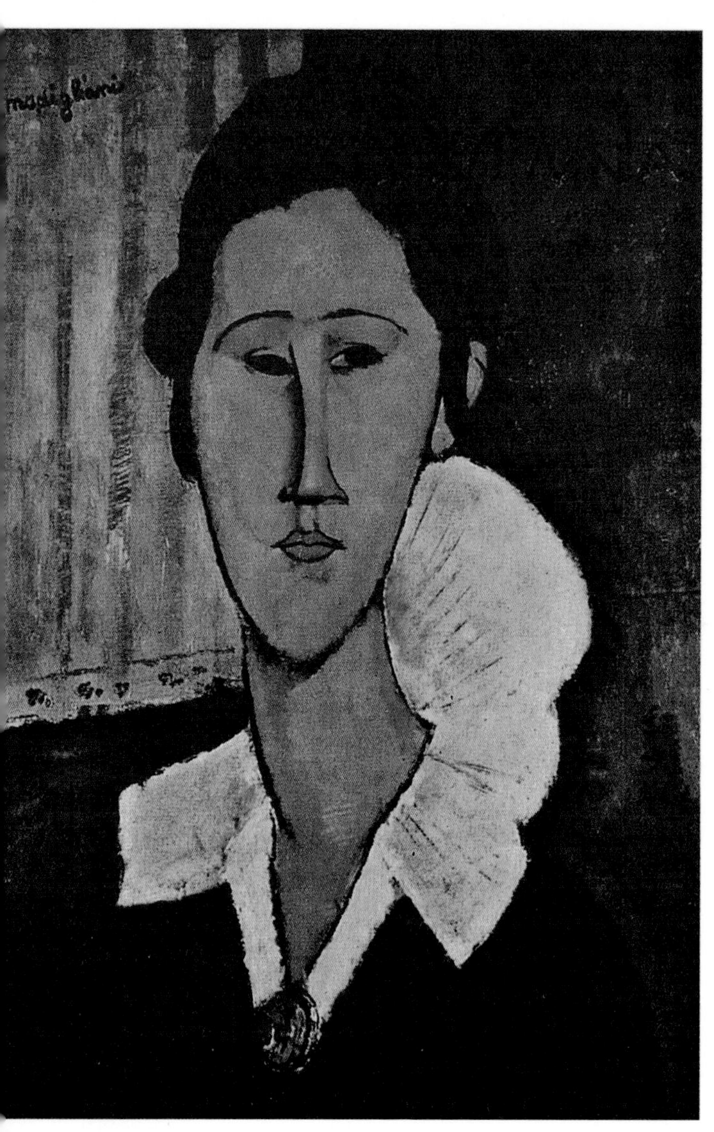

這一幅畫的模特兒，是莫迪利亞尼生命最大的貴人：芝波羅夫斯基夫人安娜。1916 年，芝波羅夫斯基夫婦與莫迪利亞尼結識，從此成為他最大的鼓舞者、資助者和收藏者，直到 1920 年莫迪利亞尼離世。

莫迪利亞尼 1917 年的首次個展，就是芝波羅夫斯基一手促成。他因為熱愛莫迪利亞尼的才華而全心照顧他的創作和生活需求，甚至讓出住家一房作為畫室。當莫迪利亞尼無法請到模特兒時，芝波羅夫斯基就找他太太幫忙充當。

這幅畫完成於 1918 年，安娜佩戴著看似琥珀的胸針。我們所見到的這位收藏家夫人，蛋型的臉、弧狀的眉毛、細長的鼻子、緊抿的紅唇。莫迪利亞尼的人間造像，將自己內心深處的低嘆都畫進去了！

卡蘿

Frida Kahlo, 1907-1954

時光飛逝

1929 年
油彩纖維板
77.5×61cm
私人收藏

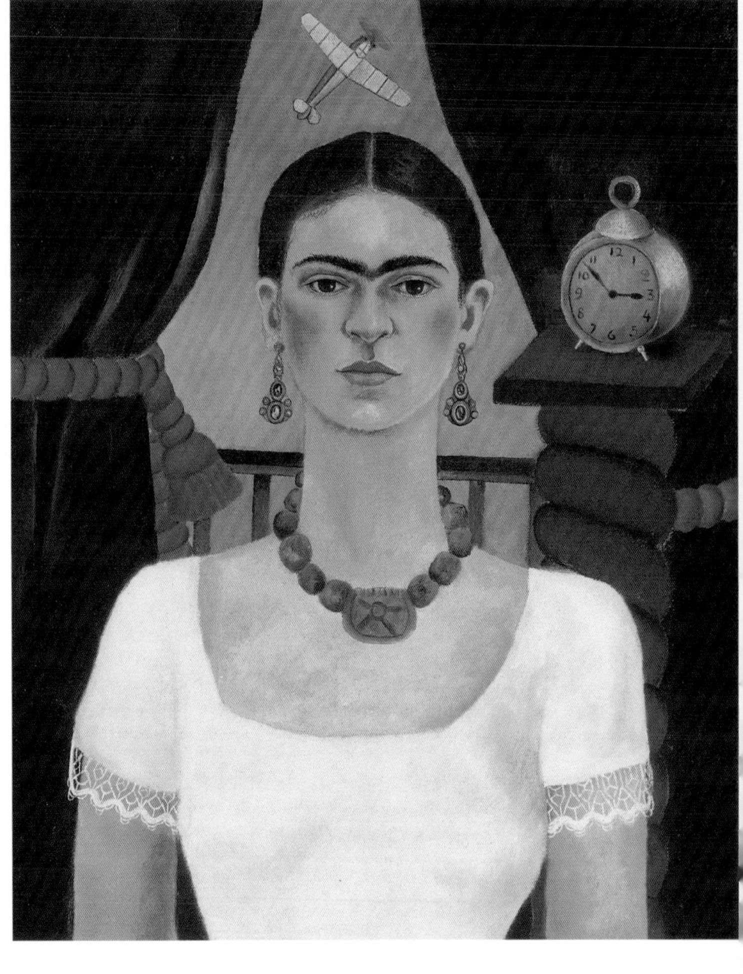

芙烈達・卡蘿生在墨西哥革命的年代，她飽受苦難、挑戰愛憎糾葛的傳奇人生，她也以和個性同等炙熱的獨特風格，直接訴諸於彩筆，成就了在 20 世紀美術史的地位。這一位天生的超現實主義畫家，全然瓦解一般人對女性畫者作品的想像。她的膽識和才華，在與生俱來的烈火性情燃燒下，令人為之心動。

這一幅〈時光飛逝〉的自畫像，完成於她二十二歲那年，畫中的她，看不出從小因小兒痲痺而右腳微跛，也看不出四年前一場嚴重車禍留下的肉體創傷。或許這是她初做新娘的時刻吧，嚴肅的眉毛下仍散發著青春的美麗。

卡蘿的自畫像風格强烈，正如她説的，都在表現她所了解的自我。她將生活中的穿著打扮帶入畫中。民族風、波希米亞色彩和裝飾風味混搭的主觀裝扮，使她成為先進的時髦樣式，也感染了下一世紀的服飾設計。畫中的她戴著鑲水晶長耳環、石製項鍊，强烈的質材對比是那麼引人入勝！

卡蘿

Frida Kahlo,
1907-1954

自畫像

1930 年
油彩畫布
65×54cm
私人收藏

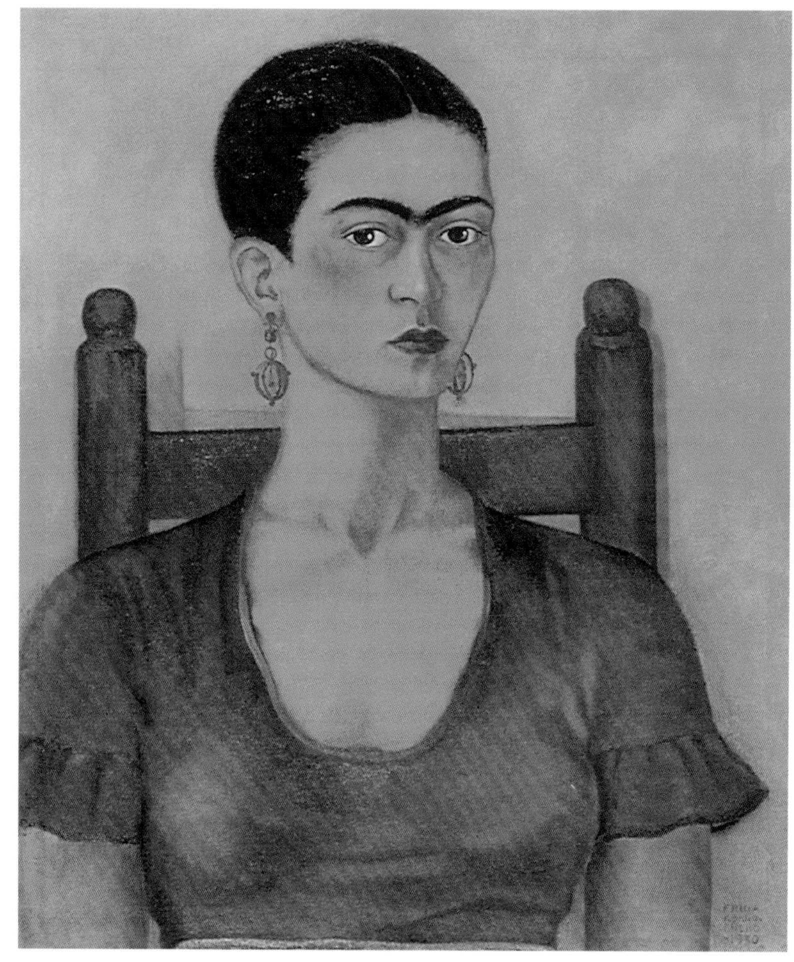

卡蘿身為 20 世紀最受矚目的女性畫家，事實上，她更是才華洋溢、想像力高强的服飾設計家。從她的作品中，我們可以欣賞到不同材質所創造出來的飾物，無論形式或色彩都有令人驚喜的感覺。

畫於 1930 年的這一幅自畫像，出現了紅色立體造型的長耳環。像是小燈籠似的珠子串接耳際，輕盈飄逸，舒緩了卡蘿帶著淺愁的臉部表情。而耳環的紅與上衣的綠，形成浪漫的對比，也是卡蘿對色彩運用的獨到之處。

卡蘿 (Frida Kahlo, 1907-1954)

芙烈達．卡蘿和迪亞哥．里維拉

1931 年
油彩畫布
100×78.7cm
舊金山現代美術館

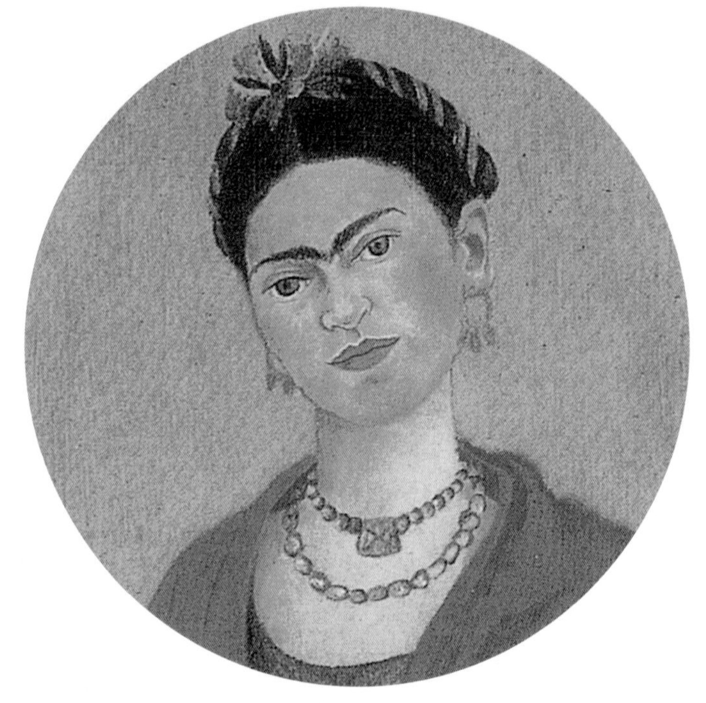

卡蘿與墨西哥畫家里維拉在 1929 年結婚，但是兩人的關係糾葛。在 1939 年一度離婚，次年又在舊金山復合。卡蘿所遭遇的肉體的傷害，使她對婚姻充滿渴望和有嚴重的不安與焦慮，如此錯綜複雜的情緒不斷投射於畫布，形成她的生命獨白。

這一幅作品是非常完整的兩人婚姻關係寫照。身材嬌小的卡蘿站在壯碩的畫家丈夫身旁，紅色披肩與主動牽手的描繪，說明了卡蘿對獲得狂戀偶像歡心的感受。她佩戴著雙層的天然石項鍊和金耳環，加上花樣的髮飾，很刻意的裝扮如同參加一場盛會，可想而知，那時她與里維拉還是甜蜜的夫與妻。

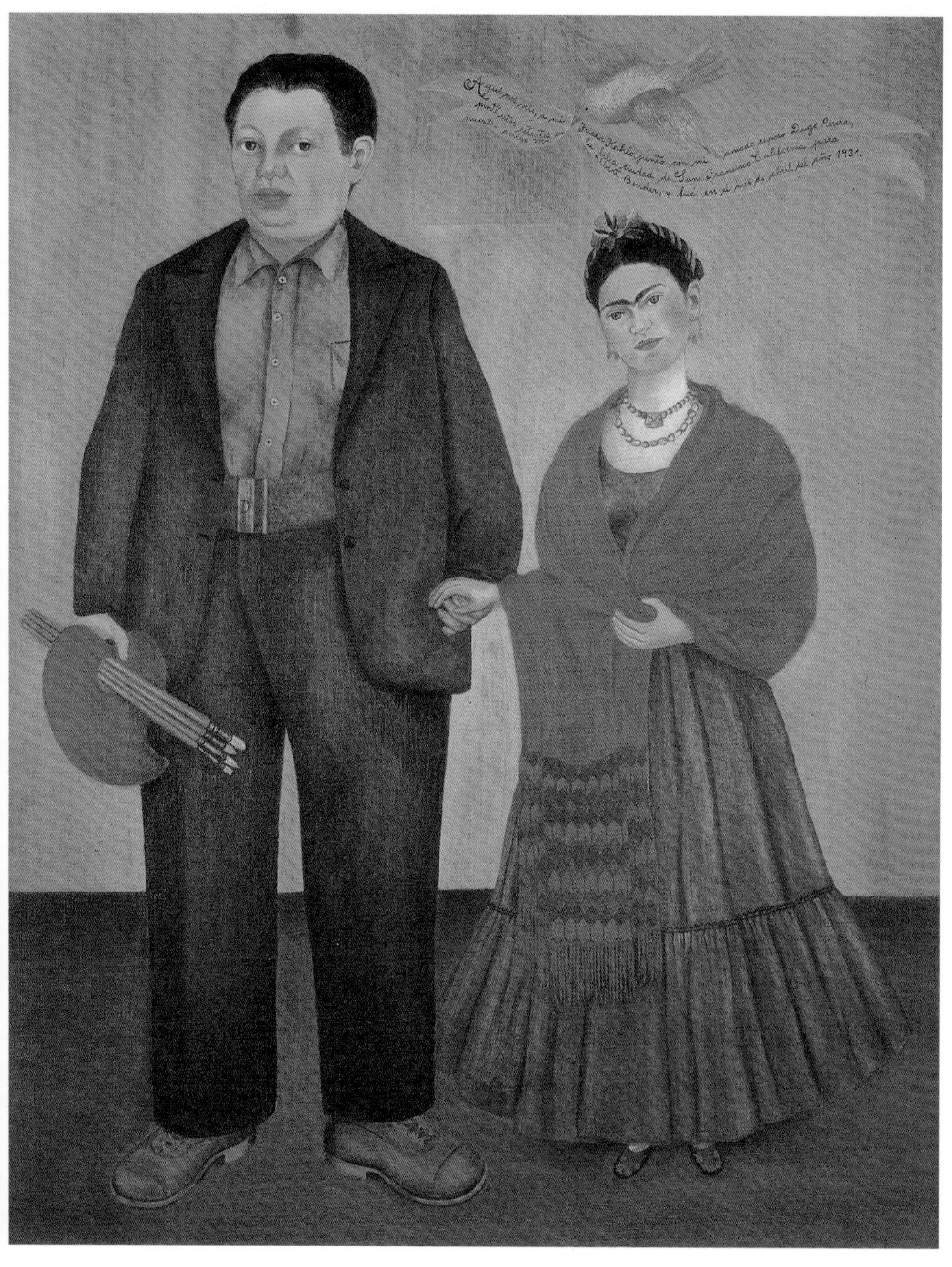

卡蘿

Frida Kahlo,
1907-1954

戴著項鍊的自畫像

1933 年
油彩金屬板
34.5×29cm
墨西哥私人收藏

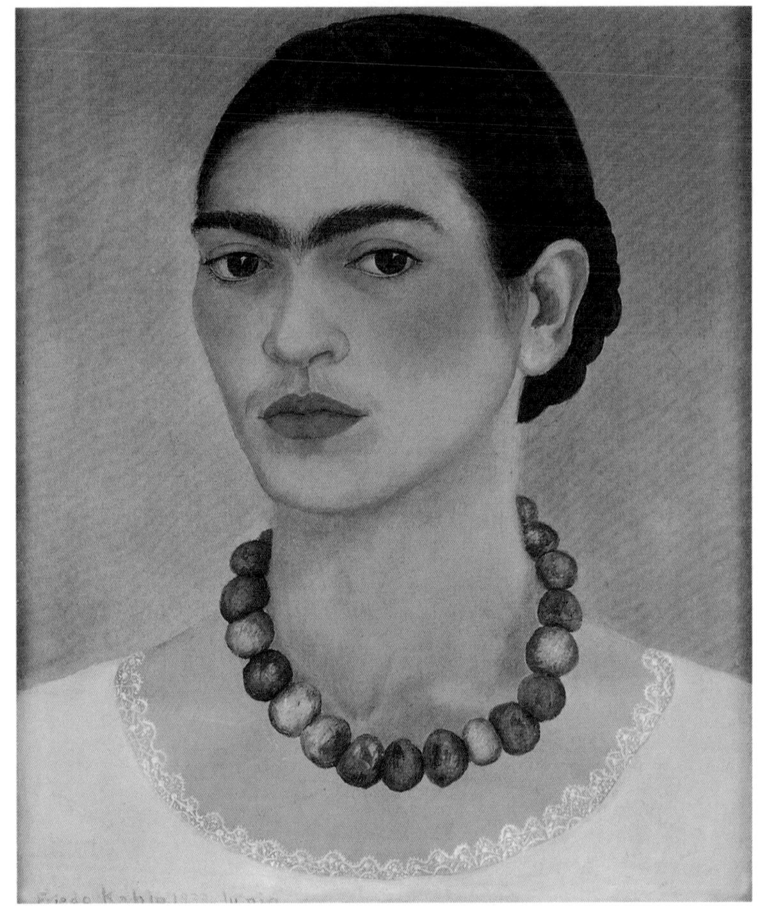

卡蘿曾經說過，她畫自畫像是因為她總是感到孤單寂寞，也是因為她最了解她自己。畫了自己的卡蘿想要從中獲得寂寥心靈的解放？她獲得了嗎？抑或從未獲得，以至於不斷地在畫布中渲洩，直到 1954 年，她告別數十年為病苦纏繞的生命。

從小就有遠大抱負，帶著男孩氣的卡蘿，成年後曾是激進分子，積極參與墨西哥革命活動。也許是內心的大志使之然，她在一些自畫像中都畫上鬍鬚，像這一幅〈戴著項鍊的自畫像〉，戴著圓石串成的頸飾的卡蘿，她唇上的鬍鬚和充滿原始風味的原石，似映現了女畫家堅毅剛强的一面。

卡蘿（Frida Kahlo, 1907-1954）

獻給艾洛塞醫生的自畫像

1940 年　油彩木板　40×59.5cm　美國私人收藏

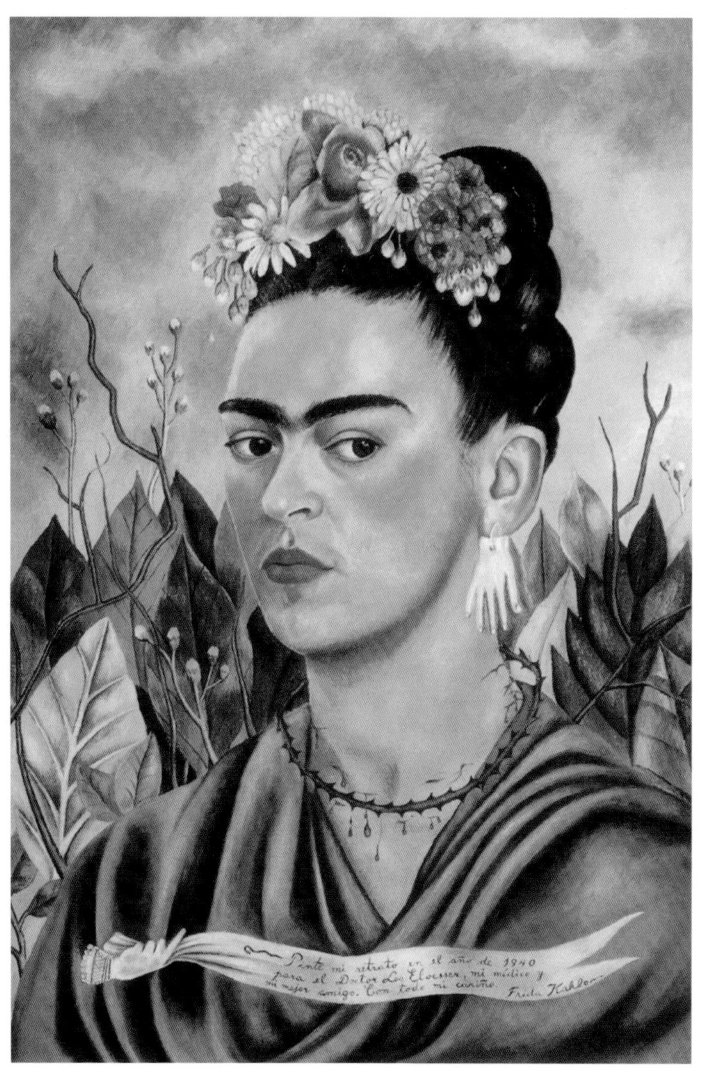

卡蘿在十八歲上學途中所遭受的車禍重大事故，致使她一生都在受病痛折磨，多次的腿部和脊椎手術，更加深了她的心理負擔。艾洛塞醫生是她最仰賴和信任的醫師和摯友。1939 年，再度被背脊劇痛襲擊的她，接受艾洛塞醫生建議去洛杉磯治療，在感激之餘，她畫了這幅自畫像做為謝禮。

〈獻給艾洛塞醫生的自畫像〉中的卡蘿，戴著母體文化中象徵再生的荊棘項鍊，其實也是她痛苦極致的濃縮。荊棘在她脖子上磨刺著，滲血傷痕清晰可見。然而在畫的枯枝背景旁，我們又看到含苞待放的新芽，還有束髮上的盛開鮮花，也都說明了卡蘿不向惡運低頭，從創作中不斷鼓舞自己並告慰關心她的友朋。

在這幅自畫像中，卡蘿戴著白色手狀的耳環，給人一種與荊棘項鍊對話的想像空間。

卡蘿（Frida Kahlo, 1907-1954）
與猿猴的自畫像

1938 年
油彩纖維板
49.5×39.4cm
水牛城歐布萊特－那克斯藝廊

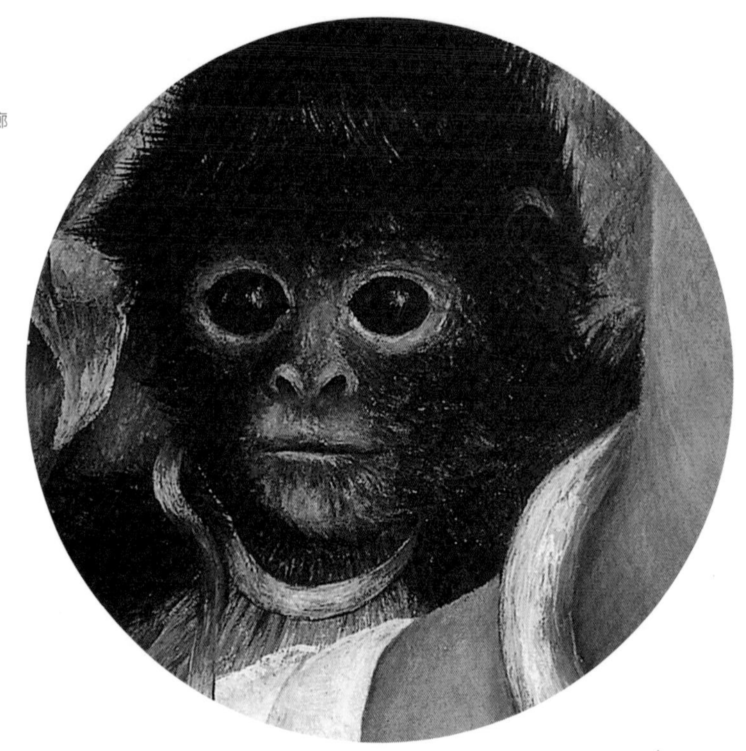

卡蘿的自畫像除了有不同植物出現，也常安排她飼養的動物出場，像狗、鸚鵡、猴子、鳥等，其中又以猴子最常出現。或許猴子最能體貼人意，在她孤獨時成為她最好的伴侶。

作於 1938 年的〈與猿猴的自畫像〉，背景似乎取自她墨西哥柯約肯宅第「藍屋」的花園植栽。神情若定的寵物猿猴在她右背後方，一手還搭在卡蘿的左肩上，好像好友的溫情慰藉。畫中卡蘿戴著天然材質做成的項圈，符合她最崇尚的原始情調。

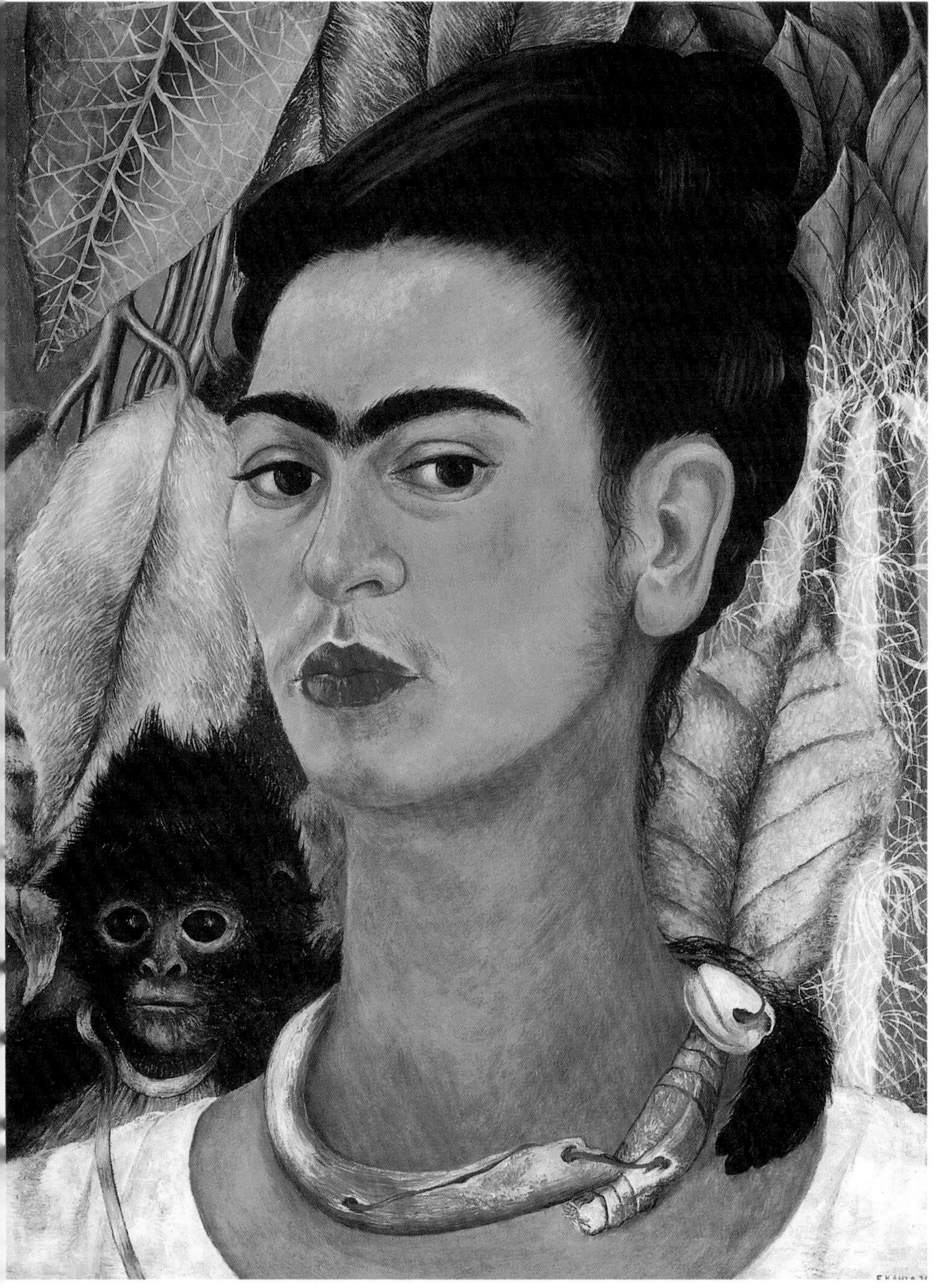

卡蘿（Frida Kahlo, 1907-1954）
歐羅塔與我

1938年　油彩畫布　71×52cm　美國私人收藏

芙烈達・卡蘿在這幅自畫像中，安排了一個類似劇場舞台的場景，一貫的典型卡蘿登場，帶些傲慢、微恨和冷酷神韻的坐像，如獨白中的堅定個體裙邊卻安排了一隻迷你動物。弱與強的分野在哪？巨大的心靈也可能有著輕薄身軀沒有的矛盾和創傷。卡蘿好像試圖從自畫像找到生命吶喊的依靠。

當然，卡蘿的自畫像做為她人生舞台的縮影，也都有令人耳目一新的展示性裝扮。畫中一襲民族風强烈的正式衣著，以金色鑲飾點醒上衣的陰暗，不過最具潮流感的還是那流線式的佩飾。同樣屬黃金色的垂鍊與服飾之搭配相當契合，呈現了卡蘿獨具一格的美學。

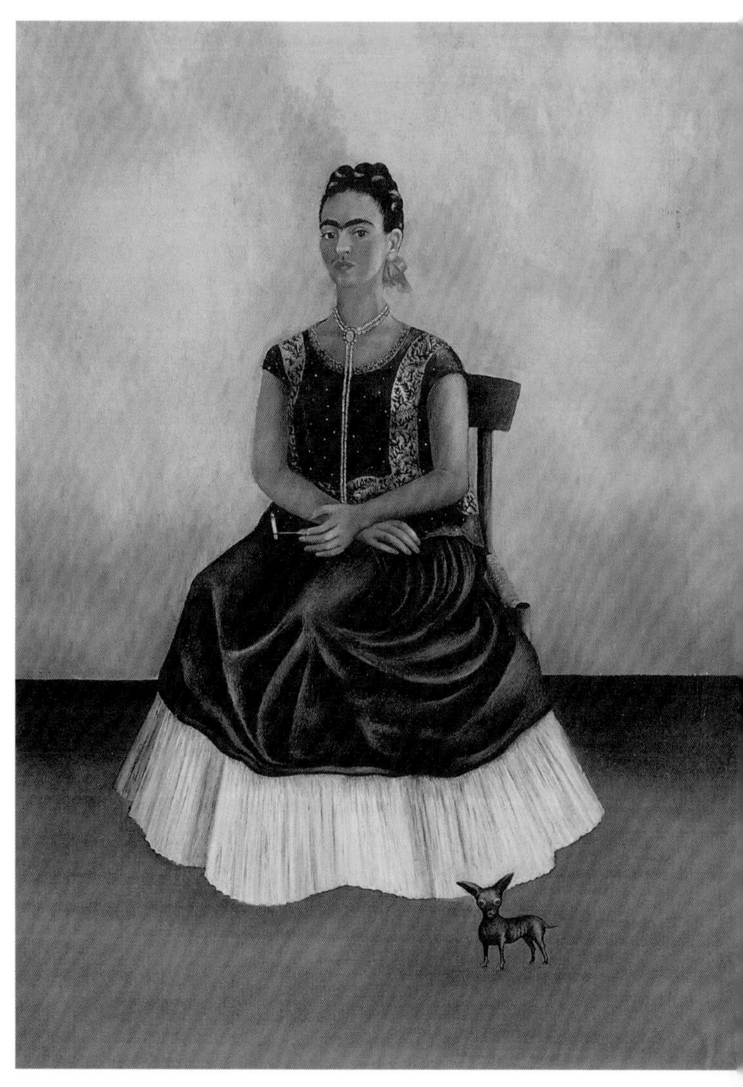

PLATE 99

卡蘿（Frida Kahlo, 1907-1954）

自畫像

1940 年　油彩纖維板　61×43cm　美國私人收藏

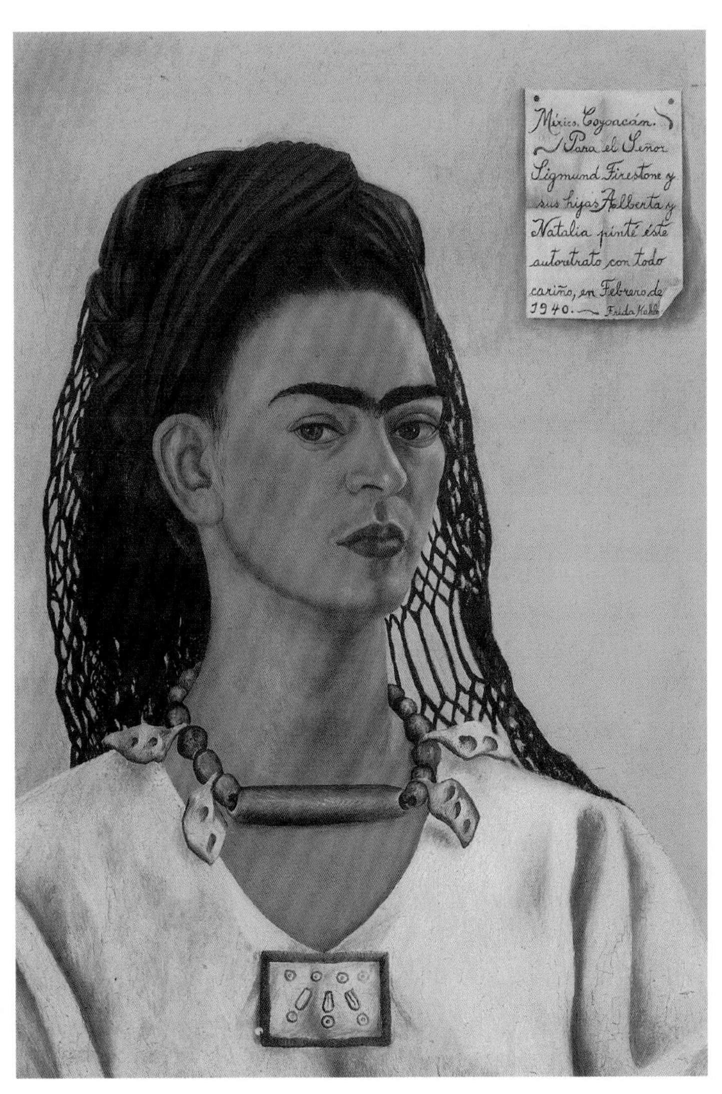

卡蘿未曾受過科班的美術訓練，但是她與生俱來的才華和因車禍意外導致的終身苦楚，讓她的彩筆人生比一個順利養成的畫家更具備雄心豪氣，也有更深層的生命煉獄感受，讓她揮灑。

一如這幅 1940 年自畫像所傳達的，那般冷漠和不妥協。她畫自己沒有閨中女性那樣脆弱嬌貴，一種屬於悍將的女之氣度，加上打從心底產生的不平鳴放，撼動觀者的視覺。

在此畫中，她披著編織的頭巾，黑色網線的穿透趣味和帶著原始感的硬式頸鍊，互相牽引，也形若對峙。她的無言，透過畫的物件有著沉重的隱喻味道。

PLATE 100

卡蘿

Frida Kahlo, 1907-1954

戴著荊棘頸鍊與蜂鳥的自畫像

1940 年
油彩畫布
61.3×47cm
德州大學亨利．蘭遜中心

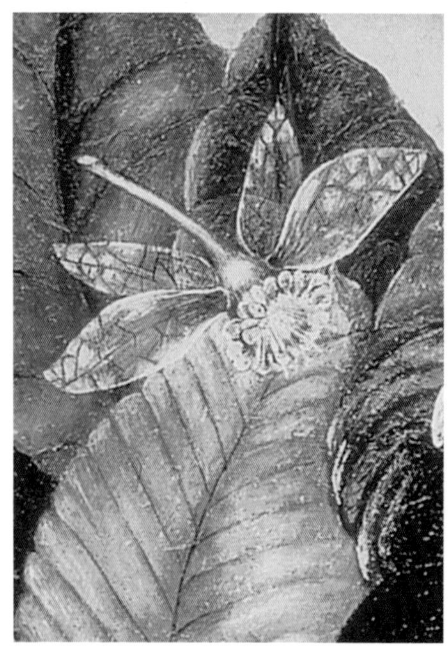

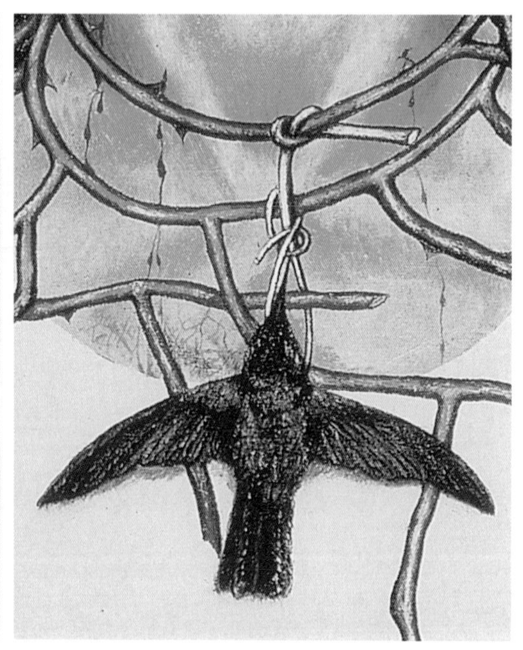

1940 年，卡蘿又一次動手術。這年她完成這一幅〈戴著荊棘頸鍊與蜂鳥的自畫像〉，再度以荊棘頸鍊裝扮自己。體積宛若披肩的荊棘頸鍊，傳達了她終年侵心的病體傷痕，被荊棘割傷的頸部，血滴緩緩。頸鍊有一隻蜂鳥居中懸掛，活生生的裝飾墜子，教人有些驚嚇。

如卡蘿所形容：她一生與死亡共舞。以至於在她的創作中，不時出現生與滅的交錯，她採用了明亮的植物和善解人意的動物來鋪陳畫像的背景，她這位主角演員正襟端坐的幕後底層，就用荊棘頸鍊來代言，也許那才是苦難女性最寫實之飾物！

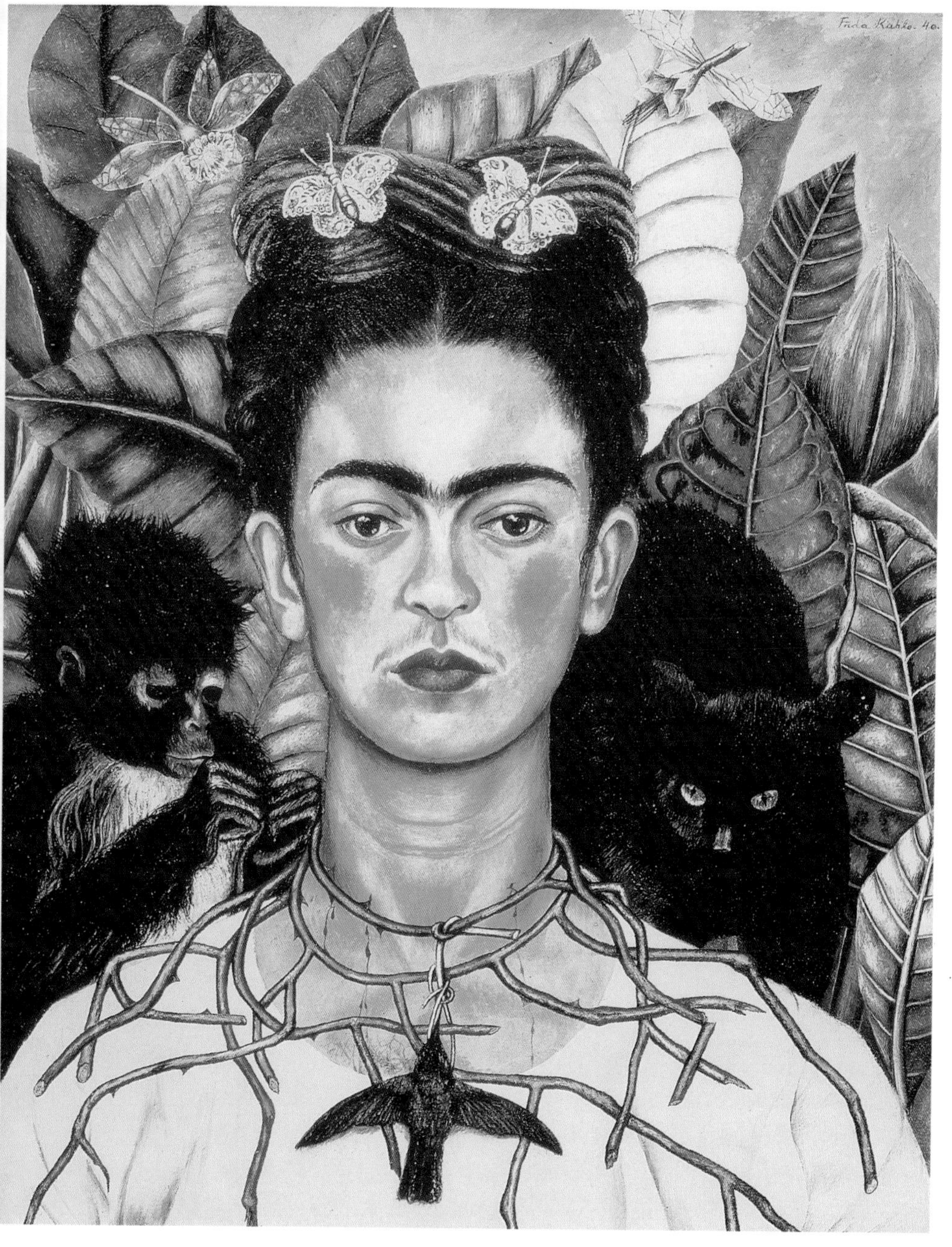
Frida Kahlo. 40.

國家圖書館出版品預行編目資料

名畫饗宴 100── 藝術中的首飾
藝術家出版社／主編
陳長華／著 .-- 初版 .
-- 臺北市：藝術家，2013.2
144 面；15.3×19.5 公分 .--
ISBN 978-986-282-089-6（平裝）
1. 西洋畫 2. 畫論
947.5 101027943

名畫饗宴100 藝術中的首飾

藝術家出版社／主編
陳長華／著

發 行 人 何政廣
主 編 王庭玫
編 輯 謝汝萱、鄧聿檠
美 編 張紓嘉
出 版 者 藝術家出版社
台北市重慶南路一段147號6樓
TEL：(02) 2371-9692～3
FAX：(02) 2331-7096
郵政劃撥 01044798 藝術家雜誌社帳戶

總 經 銷 時報文化出版企業股份有限公司
桃園縣龜山鄉萬壽路二段351號
TEL：(02) 2306-6842
南區代理 台南市西門路一段223巷10弄26號
TEL：(06) 261-7268
FAX：(06) 263-7698

製版印刷 欣佑彩色製版印刷股份有限公司
初 版 2013年 2 月
定 價 新台幣280元
I S B N 978-986-282-089-6

法律顧問 蕭雄淋

行政院新聞局出版事業登記證局版台業字第1749號